GROSSES HANDBUCH

ENGLISCH
GRAMMATIK

W0174396

Compact Verlag

© 2004 Compact Verlag München
Alle Rechte vorbehalten. Nachdruck, auch auszugsweise,
nur mit ausdrücklicher Genehmigung des Verlages gestattet.
Text: Simon Wilson, Barry Sandoval, Lise Cribbin
Chefredaktion: Evelyn Boos
Redaktion: Sabine Framing
Produktion: Wolfram Friedrich
Umschlaggestaltung: Inga Koch

ISBN 3-8174-7480-6
7174802

Besuchen Sie uns im Internet: www.compactverlag.de

Vorwort

Diese „Englisch Grammatik" ist ein umfangreiches Nachschlagewerk mit rund 90.000 Angaben, das alle Fragen zur englischen Grammatik ausführlich und übersichtlich behandelt.

Regeln und Sonderfälle werden durch anschauliche Beispiele erläutert. Die Übungen am Schluss des jeweiligen Kapitels ermöglichen die zuverlässige Überprüfung des Kenntnisstands.

Das Buch ist in zwei Hauptteile gegliedert. Im ersten Teil werden alle wichtigen Fragen zu den verschiedenen Wortarten, im zweiten Teil wichtige Fragen zum Satzbau im Englischen beantwortet.

Der Anhang bietet zusätzliche Informationen zu Aussprache, Silbentrennung, Zeichensetzung und Groß- und Kleinschreibung im Englischen sowie zu den Unterschieden zwischen britischem und amerikanischem Englisch.

Dieses Handbuch ist eine praktische und verlässliche Hilfe für Schule, Beruf und jeden, der privat mit der englischen Sprache zu tun hat.

Inhaltsverzeichnis

Benutzerhinweise

Das Buch ist in zwei Hauptteile gegliedert. Alle Fragen zu den Wortarten und -formen können im ersten Teil, alle Fragen zum Satzbau im zweiten Teil beantwortet werden.

Da es bei vielen Themen Überschneidungen zwischen den unterschiedlichen Stoffgebieten gibt, wurde ein praktisches Verweissystem eingeführt. Die einzelnen Kapitel und Unterkapitel sind durchnummeriert. Alle Verweise (→) im Buch beziehen sich auf die Nummerierung, nicht auf die Seitenzahlen. Damit die betreffende Einzelregel schnell und zuverlässig aufgefunden werden kann, wird zusätzlich zur Kapitelnummerierung die Nummer des jeweiligen Beispiels angegeben.

Dieses Lehrbuch dient dem Benutzer in zweifacher Hinsicht. Einerseits hilft es als Nachschlagewerk in allen Zweifelsfällen bei der Benutzung des Englischen.

Andererseits können Sie mit dieser Grammatik Ihren eigenen Wissensstand testen, indem Sie die Übungen an den Kapitelenden durcharbeiten. Je nach Ergebnis können Sie dann bestimmte Themen und Kapitel dieses Buches gezielt wiederholen.

I. Wortarten und -formen

1. Das Substantiv

Grundwissen: Das Substantiv bezeichnet Personen, Tiere, Dinge und abstrakte Begriffe.

1.1. Hauptklassen des Substantivs

Es gibt fünf Hauptklassen des Substantivs. Es ist wichtig, diese Klassen zu kennen, weil auf sie in diesem und den übrigen Kapiteln Bezug genommen wird.

Eigennamen. Eigennamen bezeichnen bestimmte Personen, Organisationen, historische Ereignisse, Tage, Länder, Orte und Überschriften (1):

(1) *Elizabeth*
     Turner
     British Rail
     Battle of Waterloo
     Tuesday
     Germany
     London
     Hamlet

Regeln: Eigennamen werden groß geschrieben.

Gattungsnamen. Gattungsnamen benennen ein oder mehrere Exemplare einer bestimmten Art. Es können Personen, Tiere, Pflanzen und Dinge bezeichnet werden (2):

(2) *woman*
     boy
     animal
     table

Sammelnamen. Unter Sammelnamen versteht man die Bezeichnung einer Gruppe von Personen oder Dingen (3):

(3) *army*
     team
     herd
     jury
     family
     police

Stoffnamen. Stoffnamen bezeichnen Substanzen (4):

(4) *tea*
     rain
     silk
     water
     salt

Abstrakta. Unter Abstrakta versteht man allgemeine, nicht-gegenständliche Begriffe (5):

(5) *ability*
     life
     death
     reason
     sympathy

1.2. Geschlecht

Regel: Während man im Deutschen jedem Hauptwort ein festes grammatikalisches Geschlecht zuteilt, wird im Englischen das Geschlecht der meisten Substantive durch ihr natürliches Geschlecht bestimmt. Demnach sind Personen entweder männlich oder weiblich. Dinge sind normalerweise sächlich. Dieses Geschlecht drückt sich meistens nicht im Substantiv selber aus, sondern im entsprechenden Personal- und Possessivpronomen (→ 3.1. Bsp. 5–8, 3.3. Bsp. 1, 3.4. Bsp. 1) (1):

(1) *The man is old.*   *Der Mann ist alt.*
     He is old.   *Er ist alt.*
     The woman is old.   *Die Frau ist alt.*
     She is old.   *Sie ist alt.*
     The tree is old.   *Der Baum ist alt.*
     It is old.   *Er ist alt.*

Geschlecht: Gattungsnamen

Merksatz: Die meisten Gattungsnamen, die Personen bezeichnen, können sich sowohl auf männliche als auch weibliche Personen beziehen. Dies gilt besonders für Berufsbezeichnungen (2):

(2) *artist*   *Künstler(in)*
     dancer   *Tänzer(in)*
     teacher   *Lehrer(in)*

Es gibt aber bei einigen Gattungsnamen die Möglichkeit, das Geschlecht der betreffenden Person zu betonen. Gattungsnamen mit der Nachsilbe *-ess* sind alle weiblich (3):

(3) *hostess*   *Gastgeberin*
     princess   *Prinzessin*
     actress   *Schauspielerin*
     goddess   *Göttin*
     waitress   *Kellnerin*

Hinweis: Einige weibliche Formen sind nicht mehr gebräuchlich. Sie werden durch den Gattungsnamen ersetzt, der beide Geschlechter bezeichnet. Man kann z. B. das Wort *poetess* durch das Wort *poet* ersetzen.

Gattungsnamen, die mit *-man* enden, können herkömmlicherweise nicht nur männliche Personen, sondern auch weibliche Personen bezeichnen (4). Will man es vermeiden, das Geschlecht zu spezifizieren, kann man die Endung *-person* statt *-man* anfügen (5):

(4) *chairman*   *der/die Vorsitzende*
     spokesman   *Sprecher(in)*
(5) *chairperson*   *der/die Vorsitzende*
     spokesperson   *Sprecher(in)*

Um das Geschlecht von Personen bzw. bestimmten Tieren zu unterscheiden, werden manchmal verschiedene Wörter für männliche und weibliche Personen bzw. Tiere benutzt (6):

(6) *husband/wife*   *der (Ehe-)Mann/die (Ehe-)Frau*
     fox/vixen   *der Fuchs/die Füchsin*

Hinweis: In manchen Fällen kann man das Geschlecht einer Person bzw. eines Tieres ausdrücken, indem man ein zusätzliches Wort zur Bezeichnung des Geschlechts voranstellt (7):

(7) *girlfriend*   *die Freundin*
     boyfriend   *der Freund*
     female doctor   *die Ärztin*
     male nurse   *der Krankenpfleger*

Hinweis: In einigen Fällen bezeichnet ein Gattungsname für ein Tier sowohl die Gattung als auch ein Geschlecht (8):

(8) *dog*   *der Hund/der Rüde*

1.3. Pluralbildung

Grundwissen: Die Pluralform eine Substantivs bezeichnet mehrere Wesen oder Sachen.

Regel: Gewöhnlich wird der Plural eines Substantivs gebildet, indem man -*s* an den Singular anhängt (1):

(1) *ship – ships*
     table – tables
     garden – gardens
     lamp – lamps
     writer – writers
     cat – cats
     dog – dogs

Regelmäßige Pluralbildung: Sonderfälle

Im Unterschied zum Deutschen gilt die obige Grundregel für die meisten englischen Substantive. Dennoch gibt es einige Ausnahmen. Endet das Substantiv auf einem Zischlaut (-*s*, -*x*, -*ch*, -*sh*, -*z*), hängt man -*es* an das Wort an (2):

(2) *bus – bus(s)es*
     class – classes
     dress – dresses
     tax – taxes
     box – boxes
     church – churches
     leech – leeches
     bush – bushes
     eyelash – eyelashes

Wenn das Substantiv auf einen Konsonanten (*b, t, d, n,* usw.) und *-y* endet, so wird *-y* im Plural zu *-ies* (3). Wenn das Substantiv auf einen Vokal (*a, e, i, o, u,*) und *-y* endet, so wird im Plural *-s* angehängt (4):

(3) *hobby – hobbies*
     city – cities
     lady – ladies
     worry – worries
     pony – ponies
(4) *boy – boys*
     toy – toys
     valley – valleys
     tray – trays

Die Pluralform der Substantive, die mit *-f* oder *-fe* enden, wird normalerweise gebildet, indem man das *-f* oder *-fe* durch *-ves* ersetzt (5):

(5) *half – halves*
     leaf – leaves
     wife – wives
     knife – knives

Aber es gibt auch einige Substantive, deren Plural mit *-fs* gebildet wird (6):

(6) *belief – beliefs*
     chief – chiefs

Daneben gibt es manche Substantive, die auf *-f* enden und deren Pluralschreibweise sowohl *-fs* als auch *-ves* erlaubt (7):

(7) *hoof – hoofs/hooves*

Substantive, die auf *-o* enden, bilden den Plural entweder mit *-os* oder *-oes* (8):

(8) *radio – radios*
     piano – pianos
     hero – heroes
     potato – potatoes
     tomato – tomatoes

Unregelmäßige Pluralformen

Neben der Pluralbildung mit -s und ihren Varianten gibt es im Englischen eine ganze Reihe von unregelmäßigen Pluralformen. Einige dieser Formen stammen aus dem Indogermanischen. Während das Deutsche hier oft Umlaute verwendet, ändert das Englische, da es keine Umlaute kennt, den Vokal. Die unregelmäßigen Pluralformen müssen gelernt werden (9):

(9) *man – men*
    woman – women
    foot – feet
    tooth – teeth
    louse – lice
    mouse – mice
    goose – geese
    ox – oxen
    child – children

Substantive, die im Plural die gleiche Form besitzen

Es gibt im Englischen einige Substantive, die im Singular und im Plural die gleiche Form besitzen, z. B. einige Tiernamen (10):

(10) *sheep – sheep*
     deer – deer

Dazu gehören auch manche Namen von Fischen (11):

(11) *fish – fish*   der Fisch – die Fische
     pike – pike   der Hecht – die Hechte
     plaice – plaice   die Scholle – die Schollen
     salmon – salmon   der Lachs – die Lachse
     trout – trout   die Forelle – die Forellen
     catfish – catfish   der Wels – die Welse

Einige Fahrzeuge besitzen im Singular und im Plural die gleiche Form (12):

(12) *aircraft – aircraft*

Pluralbildung: Stoffnamen

Manche Stoffnamen werden meist in der Singularform gebraucht (13):

(13) *His hair is grey.*   *Seine Haare sind grau.*
  The fruit is rotten.   *Das Obst ist faul.*

Wenn man dieselben Wörter im Plural benutzt, bezeichnen sie einzelne Exemplare (14):

(14) *He only has three hairs on his* *Er hat nur drei Haare auf*
    head.   *seinem Kopf.*
  Apples and oranges are both *Äpfel und Orangen sind*
    fruits.   *Früchte.*

Die Pluralbildung von Fremdwörtern

Viele Fremdwörter haben im Englischen ihre ursprüngliche Pluralform behalten (15):

(15) *analysis – analyses*
  thesis – theses
  datum – data
  medium – media
  crisis – crises
  phenomenon – phenomena

Andere Fremdwörter bilden den Plural mit *-s* (16):

(16) *area – areas*
  asylum -asylums

Oft sind die ursprüngliche Pluralform und die englische Form (mit *-s*) gleichermaßen gebräuchlich (17):

(17) *chateau – chateaux/chateaus*
  stadium – stadia/stadiums
  fungus – fungi/funguses

Die Pluralbildung von Völkernamen

Viele Völkernamen haben die regelmäßige englische Pluralform -*s* (18):

(18) *one American – two Americans*
one Dane – two Danes
one German – two Germans
one Italian – two Italians
one Spaniard – two Spaniards

Andere Völkernamen hingegen enden auf -*man* oder -*woman*. Deswegen haben sie eine unregelmäßige Pluralbildung (→1.3. Bsp. 9) (19):

(19) *one Englishwoman – two Englishwomen*
one Scotsman – two Scotsmen
one Welshman – two Welshmen
one Frenchwoman – two Frenchwomen

Endet ein Völkername mit -*ese* oder -*ss*, hat er im Singular und Plural die gleiche Form (20):

(20) *one Portuguese – two Portuguese*
one Chinese – two Chinese
one Japanese – two Japanese
one Swiss – two Swiss

Im Englischen werden Völkernamen groß geschrieben (→1.1. Bsp. 1).

Die Pluralbildung von zusammengesetzen Substantiven

Bei zusammengesetzten Substantiven erhält meistens das Grundwort das Pluralzeichen (21):

(21) *bedroom – bedrooms*	*das Schlafzimmer – die Schlafzimmer*
son-in-law – sons-in-law	*der Schwiegersohn – die Schwiegersöhne*
attorney general – attorneys general	*der Generalstaatsanwalt – die Generalstaatsanwälte*
mouse-trap – mouse-traps	*die Mausefalle – die Mausefallen*
sailing-boat – sailing-boats	*das Segelboot – die Segelboote*

Wenn kein Wortteil der eigentliche Sinnträger ist, so wird *-s* am Ende der Zusammensetzung angefügt (22):

(22) *go-between – go-betweens*	*der Vermittler – die Vermittler*
grown-up – grown-ups	*der Erwachsene – die Erwach-senen*
take-off – take-offs	*der Abflug – die Abflüge*
merry-go-round – merry-go-rounds	*das Karussell – die Karussells*

Besteht ein zusammengesetztes Substantiv aus *man/woman* und einem anderen Wort, treten beide Bestandteile in den Plural, wenn *man/woman* nur das Geschlecht betont (23):

(23) *woman teacher – women teachers*	*die Lehrerin – die Lehrerinnen*
manservant – menservants	*der Diener – die Diener*

1.4. Unzählbare Begriffe

Merksatz: Im Englischen kann man die meisten Begriffe zählen. Sie haben sowohl Plural- als auch Singularformen (1):

(1)   *house – houses*
     tree – trees
     shop – shops
     road – roads

Wenn man diese Substantive verwendet, kann man Numeralien (→ 10.1.) und andere Bestimmungswörter benutzen (2):

(2) *one bird – five birds*	*ein Vogel – fünf Vögel*
one book – thirty books	*ein Buch – dreißig Bücher*
one man – many men	*ein Mann – viele Männer*

Bei diesen Substantiven kann man auch den unbestimmten Artikel benutzen (→ 2.3.) (3):

(3)   *a woman*
     a car
     a computer

Solche Substantive werden zählbare Begriffe genannt.

Doch es gibt im Englischen eine ganze Reihe von Substantiven, die Dinge bezeichnen, die man nicht zählen kann (4):

(4) *milk*   *die Milch*
      food   *das Essen*
      water   *das Wasser*
      coal   *die Kohle*
      heat   *die Hitze*

Solche Substantive werden unzählbare Begriffe genannt. Im Englischen stehen sie entweder – wie hier – im Singular oder im Plural (5):

(5) *surroundings*   *die Umgebung – die Um-*
                                    gebungen

Regel: Wenn unzählbare Begriffe im Singular stehen, können sie nicht in den Plural gesetzt werden. Wenn sie im Plural stehen, können sie nicht in den Singular gesetzt werden. Man darf unzählbare Begriffe nie mit einem Zahlwort oder einem unbestimmten Artikel (→ 2.3.) verbinden.

Merksatz: Es gibt im Englischen einige unzählbare Begriffe, die im Deutschen zählbar sind. Während im Englischen viele dieser Begriffe nur im Singular stehen, können die entsprechenden Substantive im Deutschen sowohl Plural- als auch Singularform haben. Deswegen muss man sie lernen (6):

(6) *advice*   *der Rat – die Ratschläge*
      information   *die Information – die Informationen*
      evidence   *der Beweis – die Beweise*
      furniture   *das Möbel – die Möbel*
      progress   *der Fortschritt – die Fortschritte*
      knowledge   *die Kenntnis – die Kenntnisse*
      produce   *das Erzeugnis – die Erzeugnisse*
      machinery   *die Maschine – die Maschinen*
      cutlery   *das Besteck – die Bestecke*
      crockery   *das Geschirr – die Geschirre*
      damage   *der Schaden – die Schäden*
      merchandise   *die Ware – die Waren*
      homework   *die Hausaufgabe – die Hausauf-*
                                    gaben

Wenn man diese unzählbaren Begriffe in einem englischen Satz benutzt, müssen die Bestimmungswörter (z. B. Demonstrativpronomen) und Verben auch im Singular stehen (7):

(7) *Her advice is good.*   *Ihre Ratschläge sind gut.*
The homework is difficult.   *Die Hausaufgaben sind*
                                       schwierig.
This machinery is dangerous.   *Diese Maschinen sind*
                                       gefährlich.
His progress was slow.   *Seine Fortschritte waren lang-*
                                       sam.
The cutlery is dirty.   *Die Bestecke sind schmutzig.*
The furniture is worn.   *Die Möbel sind ramponiert.*

Andere unzählbare Begriffe sind nicht so schwierig zu lernen, weil sie auch im Deutschen unzählbar sind (8):

(8) *nonsense*   *der Unsinn*
     hospitality   *die Gastfreundschaft*
     patience   *die Geduld*
     laughter   *das Lachen*
     safety   *die Sicherheit*
     poverty   *die Armut*

Will man unzählbare Begriffe zählen, muss man Fügungen verwenden, die Arten, Teile oder Mengen bezeichnen (9):

(9) *These are nice pieces of*   *Das sind schöne Möbel/Möbel-*
     furniture.   *stücke.*
     It was a sensible piece of   *Es war ein vernünftiger Rat.*
     advice.
     Alice bought a bottle of water.   *Alice hat eine Flasche Wasser*
                                       gekauft.
     Adam bought three loaves of   *Adam hat drei Brote gekauft.*
     bread.
     I gave Paul three cups of tea.   *Ich habe Paul drei Tassen Tee*
                                       gegeben.
     That is a new type of paper.   *Das ist eine neue Sorte Papier.*

Substantive wie Stoffnamen oder Abstrakta (→ 1.1.), die als Ober-begriffe unzählbar sind, können zählbar sein, wenn einzelne Exemplare bezeichnet werden.

Wenn z. B. die Substantive *stone* und *cake* als Oberbegriff ihre jewei-ligen Klassen bezeichnen, sind sie unzählbare Begriffe (10). Wenn sie konkrete einzelne Exemplare der Stoffklassen *stone* bzw. *cake* be-zeichnen, sind sie zählbar (11).

(10) *Stone is a very solid material.*   *Stein ist ein sehr hartes Material.*
     Cake is sweet.   *Kuchen schmeckt süß.*
(11) *He picked up a stone.*   *Er hob einen Stein auf.*
     Jack is baking a cake.   *Jack backt eine Kuchen.*

Im Allgemeinen ist die zählbare Form eines Substantivs spezifischer und konkreter als seine unzählbare Form (12):

(12) *We use gas instead of coal.*   *Wir verwenden Gas statt Kohle.*
     One should never touch a hot   *Man sollte nie eine heiße Kohle*
       coal.   *anfassen.*
     Crime is a problem in many   *Kriminalität ist ein Problem*
       cities.   *in vielen Städten.*
     Shoplifting is a crime.   *Ladendiebstahl ist ein Verbre-*
                                      chen.

Hinweis: Bezeichnungen für Getränke, die normalerweise unzählbare Begriffe sind, können in einer Gaststätte als zählbare Begriffe verwendet werden (13):

(13) *I would like two teas, please.*   *Ich möchte zwei Tassen Tee*
                                      bitte.
     Three coffees, please.   *Ich möchte drei Tassen Kaffee,*
                                      bitte.

Merksatz: Im Englischen haben Substantive manchmal mehrere unterschiedliche Bedeutungen. Solche Substantive können sowohl zur Gruppe der zählbaren als auch zur Gruppe der unzählbaren Begriffe gehören, je nach Bedeutung (14):

(14) *wood*   *das Holz/der Wald*
     In a wood she found lots of   *In einem Wald fand sie viele*
       pieces of wood.   *Holzstücke.*
     marble   *der Marmor/die Murmel*
     A piece of marble is very heavy.   *Ein Stück Marmor ist sehr*
                                      schwer.
     A marble is very light.   *Eine Murmel ist sehr leicht.*

Merksatz: Während im Englischen einige unzählbare Begriffe nur eine Pluralform haben, können die entsprechenden Substantive im Deutschen sowohl Singular- als auch Pluralformen haben (15):

(15) *goods*   *die Ware – die Waren*
     wages   *der Lohn – die Löhne*

outskirts	*der Außenbezirk – die Außenbezirke*
contents	*der Inhalt – die Inhalte*
customs	*der Zoll – die Zölle*

Wenn man einen solchen unzählbaren Begriff in einem Satz verwendet, müssen im Englischen die Bestimmungswörter (z. B. *these*) und Verben auch im Plural stehen (16):

(16) *The surroundings are very beautiful.*   *Die Umgebung ist sehr schön.*

These wages are very low.   *Dieser Lohn ist sehr niedrig.*
The contents are interesting.   *Der Inhalt ist interessant.*
These goods are too expensive.   *Diese Ware ist zu teuer.*

Paarwörter

Regel: Die so genannten Paarwörter stehen immer im Plural. Paarwörter bezeichnen Gegenstände, die aus zwei identischen Teilen bestehen. Wenn man Paarwörter verwendet, darf man sie nie in Verbindung mit dem unbestimmten Artikel (→ 2.3.) oder mit Zahlwörtern (→10.1.) benutzen (17):

(17)	
glasses	*die Brille – die Brillen*
jeans	*die Jeans*
trousers	*die Hose – die Hosen*
binoculars	*das Fernglas – die Ferngläser*
scissors	*die Schere – die Scheren*
tights	*die Strumpfhose – die Strumpfhosen*
shorts	*die kurze Hose – die kurzen Hosen*
braces	*die Hosenträger*
pliers	*die Zange – die Zangen*
swimming trunks	*die Badehose – die Badehosen*
pyjamas	*der Schlafanzug – die Schlafanzüge*
scales	*die Waage – die Waagen*
knickers	*der Schlüpfer – die Schlüpfer*

Gebraucht man ein Paarwort in einem Satz, müssen im Englischen die Bestimmungswörter (z. B. *this, that*) und die Verben auch im Plural stehen (18):

(18) His trousers are too short.   Seine Hosen sind zu kurz.
My scales are broken.   Meine Waage ist kaputt.
Her scissors are sharp.   Ihre Schere ist scharf.

Zur Bezeichnung der Anzahl bei diesen Paarwörtern verwendet man die Fügung a pair of (19):

(19) He uses a nice pair of binocu-   Er benutzt ein schönes Fernglas.
lars.
She owns more than twenty   Sie besitzt mehr als zwanzig
pairs of trousers.   Hosen.
A pair of pyjamas, please.   Einen Schlafanzug, bitte.
I packed five pairs of swimming   Ich habe fünf Badehosen einge-
trunks.   packt.

Substantive, die nur der Form nach im Plural stehen

Es gibt im Englischen einige Substantive, die trotz der Pluralform als Singular betrachtet werden. Dazu gehören die Namen von Wissenschaften, die mit -ics enden (20):

(20) mathematics   die Mathematik
politics   die Politik
physics   die Physik
phonetics   die Phonetik
classics   die Altphilologie
linguistics   die Linguistik
economics   die Wirtschaftswissenschaft
mechanics   die Mechanik

Auch einige Krankheiten fallen darunter (21):

(21) measles   die Masern
shingles   die Gürtelrose
mumps   der/die Mumps
rickets   die Rachitis
German measles   die Röteln

Ebenso rechnen einige Spiele dazu (22):

(22) darts   das Pfeilwurfspiel
marbles   das Murmelspiel

billiards	das Billard
bowling	das Bowling
draughts	das Damespiel
dominoes	das Dominospiel

Manche Eigennamen (→ 1.1. Bsp. 1) haben eine Pluralform, werden aber als Singular betrachtet (23):

(23) *the United States*
the United Nations

Auch das Substantiv *news* wird trotz seiner Pluralform wie ein Singular behandelt (24):

(24) *news*   *die Nachricht – die Nachrichten*

Da die genannten Substantive als Singular gewertet werden, müssen die Bestimmungswörter (z. B. *this, that*) und die Verben innerhalb des Satzes im Singular stehen (→ 1.4. Bsp. 7, 16, 18) (25):

(25) *Mathematics is my favourite subject.*
    Mathematik ist mein Lieblingsfach.

Emily thinks that politics are very interesting.
    Emily meint, dass Politik sehr interessant sei.

Genetics is a controversial science.
    Genetik ist eine umstrittene Wissenschaft.

Darts is a popular sport.
    Das Pfeilwurfspiel ist eine beliebte Sportart.

Marbles is a game for children.
    Das Murmelspiel ist ein Spiel für Kinder.

Bowls is played in the open-air.
    Bowling wird im Freien gespielt.

Measles is unpleasant.
    Masern sind unangenehm.

The United States is a big country.
    Die Vereinigten Staaten sind ein großes Land.

Sonderfall: Namen von Wissenschaften, die mit *-ics* enden, können manchmal als Plural betrachtet werden, wenn sie nicht das gesamte wissenschaftliche Gebiet, sondern nur bestimmte Beispiele oder Eigenschaften bezeichnen (26):

(26) *John's mathematics are atrocious.*
    Johns Mathematikkenntnisse sind grauenhaft.

Politics in England are complicated.
    Die Politik in England ist kompliziert.

Sammelnamen: Singular oder Plural?

Sammelnamen gelten manchmal als Singular und manchmal als Plural. Wird ein Sammelname verwendet, um eine ganze Gruppe als Einheit zu bezeichnen, wird er immer als Singular betrachtet (27):

(27) *Each government does its best*   *Jede Regierung tut ihr Bestes,*
     to solve social problems.   *um soziale Probleme zu*
                                   lösen.

     Kate's band always plays well.   *Kates Band spielt immer gut.*
     My favourite team always loses. *Meine Lieblingsmannschaft ver-*
                                   liert immer:

Wenn ein Sammelname die einzelnen Mitglieder einer Gruppe meint, wird er als Plural behandelt (28):

(28) *The government have lost con-* *Die Regierung ist nicht mehr*
     trol of the situation.   *Herr der Lage.*
     Kate's band have lost their   *Kates Band hat ihre Instrumente*
     instruments.   *verloren.*
     The team have played weil.   *Die Mannschaft hat gut gespielt.*

Hinweis: Es wird immer gebräuchlicher, einige Sammelnamen als Plural zu bewerten, v. a. solche, die eine Gruppe von Leuten bezeichnen (29):

(29) *government*   *die Regierung*
     team   *die Mannschaft*
     band   *die Band*
     family   *die Familie*
     crowd   *die Menschenmenge*
     public   *die Öffentlichkeit*
     majority   *die Mehrheit*
     parliament   *das Parlament*
     firm   *die Firma*

Regel: Einige Sammelnamen werden üblicherweise als Plural betrachtet (30):

(30) *police*   *die Polizei*
     clergy   *die Geistlichkeit*
     people   *die Leute*
     cattle   *das Vieh*
     poultry   *das Geflügel*
     vermin   *das Ungeziefer*

Wenn man solche Sammelnamen in einem Satz benutzt, müssen im Englischen die Bestimmungswörter und Verben auch im Plural stehen (31):

(31) *The police train their officers*   *Die Polizei bildet ihre Beamten*
     well.   *gut aus.*
     The clergy work hard.   *Die Geistlichen arbeiten hart.*
     Many people drive cars.   *Viele Leute fahren mit dem Auto.*
     The cattle are in the field.   *Das Vieh ist auf dem Feld.*
     Poultry are often kept in a cage.   *Geflügel wird oft in einem Käfig*
                                      gehalten.

Hinweis: Das Substantiv *people* kann nicht nur die Leute, sondern auch *das Volk* bedeuten. Wenn es *das Volk* heißt, wird es wie im Deutschen verwendet (32):

(32) *The English are a strange*   *Die Engländer sind ein wunder-*
     people.   *liches Volk.*
     The peoples of Africa had to   *Die Völker Afrikas mussten für*
     fight for their freedom.   *ihre Freiheit kämpfen.*

1.5. Pluralbildung: Plural im Englischen, Singular im Deutschen

In einigen Fällen gebraucht man im Englischen eine Pluralform, wenn man im Deutschen eine Singularform benutzen würde. Dies gilt für Substantive wie *life* und *death* (1):

(1) *All the passengers lost their*   *Bei dem Unglück kamen alle*
     lives in the crash.   *Passagiere ums Leben.*
     After the deaths of his brothers   *Nach dem Tod seiner Brüder*
     he had to give up his job.   *musste er seinen Job auf-*
                                        geben.

Wenn mehrere durch *and* verbundene Adjektive, die verschiedene Sachen bezeichnen, vor einem Substantiv stehen, wird dieses immer in den Plural gesetzt (2):

(2) *We have seen the first and*   *Wir haben den ersten und*
     second parts of the series.   *den zweiten Teil der Serie*
                                        gesehen.
     She owns flats an the first,   *Sie besitzt Wohnungen im*
     second and third floors.   *ersten, zweiten und dritten*
                                        Stock.

Im Gegensatz zum Deutschen stehen im Englischen Substantive, die Gewicht, Maß oder Wert bezeichen, im Plural (3):

(3) *He drank two litres of beer.*   *Er trank zwei Liter Bier.*
     I only have five pounds.   *Ich habe nur fünf Pfund.*
     He has put on three kilos.   *Er hat drei Kilo zugenommen.*
     Yesterday the temperature was   *Gestern betrug die Temperatur*
        thirty degrees.   *dreißig Grad.*

Merksatz: Die Fügung aus Zahl und Substantiv, die der Form nach im Plural steht, wird als Einheit empfunden und wie ein Singular behandelt. Deswegen werden die Bestimmungswörter (z. B. *another*) und die Verben, die ihr zugeordnet sind, im Singular verwendet (4):

(4) *Ten pounds is not enough.*   *Zehn Pfund reichen nicht.*
     A good twenty degrees is   *Mindestens zwanzig Grad*
        today's temperature.   *beträgt heute die Temperatur.*

1.6. Genitiv

Grundwissen: Während man im Deutschen vier Fälle (Nominativ, Genitiv, Dativ und Akkusativ) anhand der Form des Substantivs und des dazugehörigen Artikels unterscheidet, tritt im Englischen nur in einem Fall eine Änderung auf, und zwar im Genitiv. In den anderen Fällen bleiben das Substantiv und der dazugehörige Artikel immer unverändert.

Nominativ (1):

(1) *the man*   *der Mann*
     the woman   *die Frau*
     the car   *das Auto*

Dativ (2):

(2) *the man*   *dem Mann*
     the woman   *der Frau*
     the car   *dem Auto*

Akkusativ (3):

(3) *the man*   *den Mann*
     the woman   *die Frau*
     the car   *das Auto*

Regel: Im Englischen ändert sich nur im Genitiv die Form eines Substantivs. Es gibt zwei Möglichkeiten, den Genitiv zu bilden. Man kann 's an das Substantiv anfügen oder die Präposition *of* verwenden. Die beiden Genitivformen haben die gleiche Bedeutung. Sie bezeichnen bestimmte Beziehungen.

Der Genitiv drückt Zugehörigkeits- oder Besitzverhältnisse aus (4):

(4) *the man's house*	*das Haus des Mannes*
Mr. Smith's pipe	*Mr. Smiths Pfeife*
the woman's money	*das Geld der Frau*
Ruth's shoe	*Ruths Schuh*
the door of the house	*die Haustür*
the driver of the car	*der Autofahrer*
the dog's bone	*der Hundeknochen*
Robert's brothers	*Roberts Brüder*

Der Genitiv gibt die Urheberschaft an (5):

(5) *The man's letter was illegible.*	*Der Brief des Mannes war unleserlich.*
No one heard Mr. Smith's cries.	*Niemand hat Mr. Smiths Rufe gehört.*
He read Ruth's poem.	*Er las Ruths Gedicht.*
The effects of the explosion were still visible.	*Die Wirkungen der Explosion waren immer noch sichtbar.*
He was woken by the dog's bark.	*Er wurde vom Bellen des Hundes aufgeweckt.*

Man muss den Genitiv auch dann verwenden, wenn es darum geht, den Umstand der Betroffenheit von einer Handlung auszudrücken (6):

(6) *John's release from jail was imminent.*	*Johns Freilassung aus dem Gefängnis stand kurz bevor.*
Joan's appointment as leader came as a suprise.	*Joans Berufung als Leiterin kam überraschend.*
The killing of the cat has shocked the whole street.	*Die Tötung der Katze hat die ganze Straße schockiert.*

Die 's-Genitivform: Bildung

Regel: Man bildet die 's-Genitivform, indem man 's an die Singular-form eines Substantivs anhängt (7):

(7) *My mother's purse was very*   *Das Portemonnaie meiner*
        expensive.   *Mutter war sehr teuer.*
     Germany's motorways are   *Deutschlands Autobahnen sind*
        very impressive.   *sehr beeindruckend.*
     Mary's job is very difficult.   *Marys Job ist sehr schwierig.*
     The girl's laughter was   *Das Lachen des Mädchens war*
        beautiful.   *schön.*

Im Plural fügt man ' an die regelmäßige Pluralform eines Substantivs. Dies gilt aber nur, wenn die Pluralform eines Substantivs auf -s endet (→1.3. Bsp. 1–8) (8):

(8) *The ladies' dresses are pretty.*   *Die Kleider der Damen sind*
                                                hübsch.
     My brothers' school is far   *Die Schule meiner Brüder ist*
        away.   *weit entfernt.*
     My sisters' friends are very   *Die Freunde meiner Schwestern*
        clever.   *sind sehr klug.*
     The boys' boots are dirty.   *Die Stiefel der Jungen sind*
                                                schmutzig.

Wenn das Substantiv eine unregelmäßige Pluralform hat, muss man 's an das Wort anhängen (→ 1.3. Bsp. 9) (9):

(9) *The children's room is upstairs.* *Das Kinderzimmer ist oben.*
     The women's hopes were in   *Die Hoffnungen der Frauen*
        vain.   *waren umsonst.*
     The men's department is very   *Die Herrenabteilung ist sehr*
        big.   *groß.*

An Eigennamen, die auf -s enden, kann man entweder 's oder ' anfügen (10):

(10) *Mr Lewis's canary is sick.*   *Der Wellensittich von Mr. Lewis*
                                                ist krank.
     Burns' poetry is very good.   *Die Dichtung von Burns ist sehr gut.*
     Thomas's father is rich.   *Der Vater von Thomas ist reich.*
     Mr Bates' hause is around the   *Das Haus von Mr. Bates ist um*
        corner.   *die Ecke.*

Hinweis: Bei fremden Eigennamen, die auf -s enden, wird normalerweise nur ' angefügt (11):

(11) *Euripides' plays are world-*   *Die Stücke von Euripides sind*
       famous.   *weltberühmt.*
     Socrates' philosophy is still   *Die Philosophie von Sokrates ist*
       influential.   *noch immer einflussreich.*

Sonderfall: Bei bestimmten Ausdrücken wird ebenfalls nur ' gebraucht (12):

(12) *For goodness' sake!*   *Um Himmels willen!*

Bei zusammengesetzten Substantiven wird der 's-Genitiv in seinen Varianten mit dem letzten Bestandteil gebildet (13):

(13) *The attorney general's brief-*   *Die Aktentasche des General-*
       case is very large.   *staatsanwaltes ist sehr groß.*
     My mother-in-law's telephone   *Das Telefon meiner Schwieger-*
       is red.   *mutter ist rot.*

Auch wenn zwei oder mehr Personen durch einen Umstand persönlich verbunden sind, wird der 's-Genitiv in seinen Varianten nur mit dem letzten Namen gebildet (14):

(14) *John and Bob's room is down-*   *Johns und Bobs Zimmer ist*
       stairs.   *unten.*
     Rogers and Hammerstein's   *Rogers und Hammersteins*
       musicals are very popular.   *Musicals sind sehr beliebt.*

Wenn aber zwei oder mehr Personen zufällig vereint sind, dann wird jeder Name in den 's-Genitiv gesetzt (15):

(15) *John's and Bob's rooms are*   *Johns und Bobs Zimmer sind*
       both very tidy.   *beide ordentlich aufgeräumt.*
     Shakespeare's and Marlowe's   *Shakespeares und Marlowes*
       plays are still played.   *Stücke werden immer noch*
                                                             aufgeführt.

Der 's-Genitiv: Gebrauch

Regel: Man verwendet 's normalerweise bei Personbezeichnungen (16):

(16) *Mr Teed's boss is on holiday.*   *Mr. Teeds Chef ist auf Urlaub.*
Mary's brother cannot write.   *Marys Bruder kann nicht schreiben.*

Our neighbours' piano is out of tune.   *Das Klavier unserer Nachbarn ist verstimmt.*
The boss's secretary is in his office.   *Die Sekretärin des Chefs ist in seinem Büro.*

Wird aber die Person ausführlicher beschrieben, muss man die *of*-Präposition verwenden (17):

(17) *He is the brother of the man who works for ICI.*   *Er ist der Bruder des Mannes, der bei ICI arbeitet.*
Who is the husband of the woman in the green dress?   *Wer ist der Ehemann der Frau, die das grüne Kleid trägt?*

Um Überraschung, Bewunderung, Entrüstung usw. auszudrücken, kann man die Person am Ende des Satzes nennen. In so einem Fall wird die *of*-Präposition gebraucht (18):

(18) *Bad weather delayed the arrival of the Queen.*   *Das schlechte Wetter hat die Ankunft der Königin verzögert.*
He insulted the wife of the managing director.   *Er beleidigte die Frau des leitenden Direktors.*

Man verwendet 's auch bei Tiernamen (19):

(19) *My dog's name ist Rex.*   *Mein Hund heißt Rex.*
The bird's song was unusual.   *Der Gesang des Vogels war ungewöhnlich.*
The dog's kennel is in the garden.   *Die Hundehütte ist im Garten.*

Bei Tiernamen wird die *of*-Präposition nur benutzt, um etwas zu betonen (20):

(20) *That's not a garage. That's the kennel of our dog, Rover.*   *Das ist keine Garage. Das ist der Hundezwinger unseres Hundes Rover.*

Man gebraucht 's häufig bei Ländern, Städten und Institutionen (21):

(21) *Britain's economy is strong.*   *Großbritanniens Wirtschaft ist*
                                     stark.

      London's nightlife is good.   *Londons Nachtleben ist gut.*
      The company's accounts are   *Die Bücher der Firma sind*
       secret.   *geheim.*
      The university's intake is rising.   *Die Zulassungszahlen der Uni-*
                                      versität steigen.

Man kann 's verwenden, wenn man besonders beeindruckende, komplizierte oder interessante Produkte menschlichen Tuns bezeichnen möchte (22):

(22) *The play's theme is love and*   *Das Thema des Stückes ist Lie-*
       passion.   *be und Leidenschaft.*
      Football's history is very inter-   *Die Geschichte des Fußballs ist*
      esting.   *sehr interessant.*
      The plane's wings shook.   *Die Flügel des Flugzeugs*
                                    wackelten.
      The car's wheels spun.   *Die Räder des Autos drehten*
                                     sich.

Man gebraucht 's bei vielen Zeitangaben (23):

(23) *This week's magazine is very*   *Die Zeitschrift von dieser Woche*
       boring.   *ist sehr langweilig.*
      We had an hour's rest.   *Wir haben uns eine Stunde aus-*
                                    geruht.
      This job requires one year's   *Für diese Stelle braucht man ein*
      experience.   *Jahr Berufserfahrung.*
      an hour's journey by rail   *eine einstündige Bahnfahrt*

Man benutzt 's bei einigen Wertangaben (24):

(24) *I'd like one euro's worth of*   *Ich möchte für einen Euro Äpfel.*
      apples.

Man verwendet 's bei manchen Längenangaben (25):

(25) *He lives a stone's throw away*   *Er wohnt einen Steinwurf*
       from the station.   *vom Bahnhof entfernt.*
      He keeps his landlord at arm's   *Er hält sich seinen Vermieter*
      length.   *vom Leibe.*

Bei einigen Längenangaben muss man aber die *of*-Präposition benutzen (26):

(26) *It is a distance of three miles*   *Der Bahnhof ist drei Meilen vom*
      from the Town Hall to the   *Rathaus entfernt.*
      station.

Hinweis: Man gebraucht *'s* auch bei bestimmten festen Ausdrücken (27):

(27) *He can play to his heart's*   *Er darf nach Herzenslust*
      content.   *spielen.*
      Paula is at her wit's end.   *Paula ist am Ende ihrer*
                                  Weisheit.

      In his mind's eye he could still   *Vor seinem geistigen Auge konn-*
      see Mary.   *te er immer noch Mary sehen.*

Wenn das Bezugswort des Genitivs eine Ortsangabe (z. B. Wohnung, Kirche, öffentliches Gebäude, Praxis) wäre, kann man sie normalerweise auslassen und den *'s*-Genitiv ohne Bezugswort verwenden (28):

(28) *I've got to go to the baker's.*   *Ich muss zum Bäcker gehen.*
      We'll be at Mike's tonight.   *Heute Abend sind wir bei Mike.*
      Do I really have to go to the   *Muss ich wirklich zum Zahnarzt?*
      dentist's?
      Tomorrow I want to go to St.   *Morgen will ich die St.-Pauls-*
      Paul's.   *Kathedrale besuchen.*

Sonderfall: Dreht es sich um ein großes, berühmtes Kaufhaus, kann man bloßes *-s* anfügen (29):

(29) *Janet bought it in Harrods.*   *Janet hat es bei Harrods*
                                  gekauft.

Man kann das Bezugswort weglassen, wenn es aus dem Vorhergehenden zu erschließen ist (30):

(30) *You don't have to buy a guide*   *Du musst keinen Führer kaufen.*
      book. You can borrow David's.   *Du kannst dir Davids aus-*
                                  leihen.

      My car is faster than Tony's.   *Mein Auto ist schneller als*
                                  Tonys.

      Whose trousers are those? –   *Wem gehört die Hose? – Sie*
      They are Tom's.   *gehört Tom.*

Der of-Genitiv: Gebrauch

Die *of*-Präposition wird hauptsächlich verwendet, wenn man Sachen oder abstrakte Begriffe bezeichnet (31):

(31) *The walls of the town are very*   Die Stadtmauern sind sehr hoch.
     high.
     Who was the inventor of the   Wer war der Erfinder der Glüh-
     lightbulb?   birne?
     The roof of the house was   Das Hausdach wurde beschä-
     damaged.   digt.

Man kann die *of*-Präposition auch bei einigen Sammelnamen benutzen (32):

(32) *The members of the jury listen-*   Die Geschworenen hörten kon-
     ed intently.   zentriert zu.
     The noise of the crowd was   Der Lärm der Zuschauermenge
     deafening.   war ohrenbetäubend.
     Parliament cannot ignore the   Das Parlament kann den Willen
     will of the people.   des Volkes nicht ignorieren.

Hinweis: Bei Schlagzeilen gebraucht man oft den *'s*-Genitiv statt der *of*-Präposition, weil er kürzer ist (33):

(33) *LIGHTBULB'S INVENTOR DIES*   Der Erfinder der Glühbirne ist
                                       gestorben.
     CROWD'S NOISE DEAFENING   Der Lärm der Zuschauermenge
                                       war ohrenbetäubend.

Die *of*-Präposition wird bei einigen Mengen- und unbestimmten Zahlenangaben verwendet (34):

(34) *Three pieces of cake, please.*   Drei Stück Kuchen, bitte.
     Emily drank a cup of tea.   Emily hat eine Tasse Tee ge-
                                       trunken.
     He knocked over a pile of news-   Er hat einen Stapel Zeitungen
     papers.   umgestoßen.
     He lives hundreds of miles away.   Er wohnt Hunderte von Meilen
                                       entfernt.
     Pat bought two metres of   Pat hat zwei Meter Stoff gekauft.
     material.

Man benutzt die *of*-Präposition nach geographischen Bezeichnungen und nach Wörtern wie *month*, wenn sie mit dem bestimmten Artikel stehen. Dadurch wird der Eigenname an seinen zugehörigen Gattungsnamen angeschlossen (35):

(35) *The city of Cambridge is dependent on the university.*
He lives in the county of Yorkshire.
I was born in the month of September.

Die Stadt Cambridge ist angewiesen auf die Universität.
Er wohnt in der Grafschaft Yorkshire.
Ich bin im September geboren.

Man gebraucht die *of*-Präposition nach Titeln (36):

(36) *What's the Archbishop of Canterbury called?*
Brenda would like to meet the Prince of Wales.

Wie heißt der Erzbischof von Canterbury?
Brenda möchte den Herzog von Wales kennen lernen.

Man verwendet die *of*-Präposition bei Bezeichnungen für geschichtliche Ereignisse, um zu erklären, wo diese geschehen sind (37):

(37) *The Battle of Waterloo was in 1815.*
The Treaty of Versailles was controversial.

Die Schlacht von Waterloo war im Jahr 1815.
Der Vertrag von Versailles war umstritten.

Hinweis: Es gibt im Englischen gewisse Substantive, Adjektive und Verben, auf die regelmäßig eine Ergänzung mit der *of*-Präposition folgt. Die entsprechenden deutschen Wörter nehmen oft andere Präpositionen an. Deswegen muss man die englischen Wörter lernen (38):

(38) *the fear of*
the want of
the lack of
the hope of
the thought of
to be afraid that
to accuse of
to approve of
to disapprove of

die Furcht vor
der Mangel an
der Mangel an
die Hoffnung auf
der Gedanke an
befürchten
anklagen
billigen
missbilligen

Der doppelte Genitiv

Merksatz: Es gibt im Englischen den doppelten Genitiv. Er ist eine Kombination aus einem Bezugswort, der *of*-Präposition und einer Personenbezeichnung bzw. einem Eigennamen im *'s*-Genitiv. Man benutzt den doppelten Genitiv, wenn das Bezugswort nur eine von mehreren Sachen oder Personen bezeichnet. Vor dem Bezugswort steht entweder ein unbestimmter Artikel (→ 2.3.), ein Zahlwort (→ 10.1.), ein Demonstrativ- (→ 3.5.) bzw. ein Indefinitpronomen (→ 3.6.), oder es wird artikellos gebraucht (39):

(39) *I'm a good friend of Ian's.*	*Ich bin ein guter Freund von Ian.*
Caroline hasn't seen any plays of Pinter's.	*Caroline hat keine Stücke von Pinter gesehen.*
He knows two relatives of the Queen's.	*Er kennt zwei Verwandte der Königin.*
That book of your uncle's is no good.	*Dieses Buch deines Onkels taugt nichts.*
My parents were friends of Churchill's.	*Meine Eltern waren Freunde von Churchill.*

Übungen

1. Bestimmen Sie bei den folgenden Wörtern, ob das Substantiv ein
   Eigenname, ein Gattungsname, ein Sammelname, ein Stoffname
   oder ein Abstraktum ist:

a. Germany	e. choir	i. book
b opinion	f. audience	j. snow
c. chair	g. ambition	
d. coffee	h. Hamlet	

2. Bestimmen Sie bei den folgenden Gattungsnamen, ob sie nur
   Männer bzw. Frauen bezeichnen oder ob sie sowohl für Männer als
   auch für Frauen gebraucht werden:

a. doctor	d. singer
b. stewardess	e. fireman
c. secretary	

3. Setzen Sie die Wörter, die in Klammern stehen, in den Plural:

a. Look at the beautiful (tree) over there!
b. You can keep the (box).
c. Would you like to see our beautiful (church)?
d. Where did you put the (dictionary)?
e. Have you seen our (sheep)?
f. I am going to hang the (picture) above the fireplace.
g. Have you fed the (calf) yet?
h. We all admired the returning (hero).
i. Harry gave the (child) five pounds.
j. Julia carefully put the (cod) back into the water.
k. I think you are using the wrong (criterion).
l. Have you completed your (inquiry) yet?
m. I'm going to speak to the (boss).
n. Don't stamp on my (foot).
o. Why is Derek hiding in the (bush).
p. Lillian gets on well with her (brother-in-law).
q. Brenda always found the (ferry) very romantic.
r. Roger wants to sell his (radio).

4. Setzen Sie die richtigen englischen Wörter in die Lücken ein. **Hinweis:** Wichtig ist, ob die Substantive im Englischen im Singular oder im Plural verwendet werden:

a. The news ... (*sein*) depressing.
b. Where are you going to put the ... (*Möbel*)?
c. John has broken his ... (*Brille*).
d. Bronchitis ... (*sein*) not very pleasant.
e. It is sometimes difficult to find ... (*Unterkünfte*) in London.
f. Elizabeth is busy doing her ... (*Hausaufgaben*).
g. John was very impressed by the beautiful ... (*Umgebung*).
h. Fred gave me some good ... (*Ratschläge*).
i. Have you seen the ... (*Hose*)?
j. The United Nations ... (*sein*) very busy.
k. Could you give me some ... (*Informationen*).
l. Where do you get your ... (*Haare*) cut?

5. Setzen Sie in die Lücken die richtigen Fügungen ein, die die Substantive zählbar machen:

a. Jim wants five ... pyjamas for Christmas.
b. Wendy gave me an interesting ... information.
c. How many ... furniture have we sold this week?
d. George owns ten ... shorts.

6. Setzen Sie die richtige Genitivform der eingeklammerten Substantive an der richtigen Stelle ein:
z. B. Mary was wearing the coat. (her mother)
     Mary was wearing her mother's coat.

a. They borrowed the car. (Mary and John)
b. Where did you find the helmet? (the policeman)
c. All day they could hear the noise. (the cars)
d. He always wanted to be on the cover. (a magazine)
e. John bought the record-player. (Mr Jones)
f. The shoes are very pretty. (the girls)
g. Let's go see the film. (John)
h. What is the name? (the woman who runs the post office)
i. The scent was lovely. (the flowers)
j. Lawrence cannot resist the taste. (pizza)
k. The loyalty was unmistakable. (the dog)
l. The decision was a surprise. (the Prime Minister)
m. The legs were broken. (the chair)
n. Some found the performance a little disappointing. (the players)

o. The members are very enthusiastic. (choir)
p. Even from afar he could see the glow. (the light)
q. The shop has closed down. (Mr Todd)
r. The words haunted me. (the boy)

Lösungen

1. a. Eigenname
   b. Abstraktum
   c. Gattungsname
   d. Stoffname
   e. Sammelname
   f. Sammelname
   g. Abstraktum
   h. Eigenname
   i. Gattungsname
   j. Stoffname

2. a. sowohl Männer als auch Frauen
   b. Frauen
   c. sowohl Männer als auch Frauen
   d. sowohl Männer als auch Frauen
   e. Männer

3. a. trees
   b. boxes
   c. churches
   d. dictionaries
   e. sheep
   f. pictures
   g. calves
   h. heroes
   i. children
   j. cod
   k. criteria
   l. inquiries
   m. bosses
   n. feet
   o. bushes
   p. brothers-in-law
   q. ferries
   r. radios

4. a. is
   b. furniture
   c. glasses
   d. is
   e. accommodation
   f. homework
   g. surroundings
   h. advice
   i. trousers
   j. is
   k. information
   l. hair

5. a. a pair of
   b. piece of
   c. pieces of
   d. pairs of

6. a. They borrowed Mary and John's car.
   b. Where did you find the policeman's helmet?
   c. All day they could hear the noise of the cars.
   d. He always wanted to be on the cover of a magazine.
   e. John bought Mr. Jones'/Mr. Jones's record-player.
   f. The girls' shoes are very pretty.
   g. Let's go see John's film.
   h. What is the name of the woman who runs the post office?
   i. The scent of the flowers was lovely.
   j. Lawrence cannot resist the taste of pizza.

k. The dog's loyalty was unmistakeable.
l. The Prime Minister's decision was a surprise.
m. The legs of the chair were broken.
n. Some found the players' performance a little disappointing.
o. The members of the choir are very enthusiastic.
p. Even from afar he could see the glow of the light.
q. Mr Todd's shop has closed down.
r. The boy's words haunted me.

2. Der Artikel

2.1. Der bestimmte Artikel

Grundwissen: Im Deutschen hat der bestimmte Artikel drei verschiedene Formen, nämlich *der, die* und *das*. Im Englischen dagegen hat er nur eine einzige Form. Er heißt immer *the*, gleichgültig ob ein Substantiv im Englischen männlich (1), weiblich (2) oder sächlich (3) ist:

(1) *the man*
the boy
the husband

(2) *the woman*
the girl
the wife

(3) *the tree*
the door
the book

Der englische bestimmte Artikel hat im Singular und im Plural (→ 1.3.) die gleiche Form (4):

(4) *the lion/the lions*   *der Löwe/die Löwen*
the wave/the waves   *die Welle/die Wellen*
the car/the cars   *das Auto/die Autos*

Der englische bestimmte Artikel hat auch im Genitiv (→ 1.6. Bsp. 4) die gleiche Form (5):

(5) *the woman's house*   *das Haus der Frau*
the dog's ball   *der Ball des Hundes*
the corner of the table   *die Ecke des Tisches*

Wie im Deutschen steht der bestimmte Artikel im Englischen normalerweise vor dem Substantiv und seinen Attributen (6):

(6) *the brown teapot*   *die braune Teekanne*
the very small girl   *das sehr kleine Mädchen*
the first swallow   *die erste Schwalbe*

Merksatz: Man spricht den englischen bestimmten Artikel auf verschiedene Weise aus. Entscheidend ist dabei, wie man den Anlaut des folgenden Wortes ausspricht, nicht, wie man ihn schreibt. Steht der bestimmte Artikel vor Wörtern mit konsonantischem Anlaut, dann wird er [ðə] ausgesprochen (7):

(7)   *the* [ðə] *magazine*
     the [ðə] *universe*
     the [ðə] *European continent*

Beginnt das nächste Wort mit einem vokalischen Anlaut oder einem stummen *h*, dann wird der bestimmte Artikel [ðiː] ausgesprochen (8):

(8)   *the* [ðiː] *arrival*
     the [ðiː] *hour*
     the [ðiː] *empty bottle*

Hinweis: Wenn man den bestimmten Artikel betonen will, kann man ihn [ðiː] aussprechen. Dies gilt auch, wenn er vor einem Vokal steht (9):

(9)   *He is the* [ðiː] *poet of the twen-*   *Er ist der (= der größte) Dichter*
     tieth century.   *des zwanzigsten Jahrhun-*
                                         derts.
     I have the [ðiː] *solution to your*   *Ich habe die (= die ideale)*
     problems.   *Lösung Ihrer Probleme.*

Der bestimmte Artikel: Gebrauch

Regel: Der bestimmte Artikel wird verwendet, um eine Person, eine Sache oder einen Begriff aus einer größeren Zahl oder Gesamtheit hervorzuheben und näher zu bestimmen (10):

(10) *The woman standing next to the*   *Die Frau, die neben dem Klavier*
       piano is my aunt.   *steht, ist meine Tante.*
       I wonder if the new bloke is any   *Ich frage mich, ob der Neue*
       good?   *etwas taugt?*
       George lives in the house next   *George wohnt im Haus neben*
       to the railway station.   *dem Bahnhof.*

Oft wird der bestimmte Artikel gebraucht, weil ein Substantiv in einem bestimmten Zusammenhang nur eine einzige Person oder Sache bezeichnen kann (11):

(11) *Could you open the wine,*   *Könnten Sie bitte den Wein*
     please?   *öffnen (d. h. den Wein, der*
                               schon auf dem Tisch steht)?

     My husband works in the   *Mein Mann arbeitet in der Fabrik*
       factory.   *(d. h. der Zuhörer weiß, wel-*
                               che Fabrik gemeint ist).

     She's in the garden.   *Sie ist im Garten (d. h., im*
                               Garten dieses bestimmten
                               Hauses).

     He has already phoned the   *Er hat den Zahnarzt schon*
       dentist.   *angerufen (d. h., er hat seinen*
                               eigenen Zahnarzt schon ange-
                               rufen).

Wenn eine Hervorhebung überflüssig ist oder nicht beabsichtigt wird, steht das Substantiv ohne einen Artikel (12):

(12) *Snakes are poisonous.*   *Schlangen sind giftig.*
     Tea is the favourite drink of the   *Tee ist das Lieblingsgetränk*
       English.   *der Engländer.*
     Flats are expensive in London.   *Wohnungen sind teuer in*
                               London.

Der bestimmte Artikel bei Eigennamen

Regel: Während man im Deutschen manchmal einen bestimmten Artikel vor einem Eigennamen verwendet, benötigen Eigennamen im Englischen normalerweise keinen bestimmten Artikel (13). Auch Personennamen mit einem Titel (14) oder einer Verwandtschaftsbezeichnung (15) brauchen keinen bestimmten Artikel:

(13) *James and Joanne are brother*   *(Der) James und (die) Joanne*
     and sister.   *sind Geschwister.*
     France is a beautiful country.   *Frankreich ist ein schönes Land.*
(14) *Queen Elizabeth is on holiday*   *Königin Elizabeth ist momentan*
     at the moment.   *im Urlaub.*
(15) *Uncle John is coming*   *Morgen kommt Onkel John.*
     tomorrow.

Im Unterschied zum Deutschen verwendet man im Englischen keinen bestimmten Artikel, wenn ein Adjektiv (→ 4.) vor dem Eigennamen steht (16):

(16) *Good old Martin Amery was*   *Der gute alte Martin Amery trank*
     always fond of his beer.   *immer gern Bier.*
     Little Kate is asleep.   *Die kleine Kate schläft.*
     Old Keeble has just written a   *Der alte Keeble hat gerade ein*
     book about medieval France.   *Buch über die Geschichte*
                                           Frankreichs im Mittelalter
                                           geschrieben.

Bei den meisten geografischen Bezeichnungen (d. h. den Namen von
Erdteilen, Ländern, Orten, Seen, Bergen usw.) wird im Englischen der
bestimmte Artikel weggelassen, gleichgültig ob er im Deutschen
gesetzt wird (17):

(17) *Peter would like to see Africa.*   *Peter möchte Afrika sehen.*
     Dennis lives in Switzerland.   *Dennis wohnt in der Schweiz.*
     Some people think that London   *Einige Leute meinen, dass Lon-*
     is dirty.   *don dreckig ist.*
     Lake Windermere is the largest   *Der Windermere-See ist der*
     lake in England.   *größte See in England.*
     Annette has stood on Mount   *Annette hat auf dem Berg Sinai*
     Sinai.   *gestanden.*

Der bestimmte Artikel steht nicht vor den Namen der meisten Straßen,
Plätze, Brücken, Parkanlagen, Bahnhöfe usw. Er entfällt gewöhnlich,
wenn ein Gattungsname wie *street, square, bridge, park* und *station*
dem Eigennamen folgt (18):

(18) *He owns a shop in Oxford*   *Er besitzt ein Geschäft in der*
     Street.   *Oxford Street.*
     We saw Trafalgar Square yester-   *Gestern haben wir den Trafalgar*
     day.   *Square gesehen.*
     We've got to cross Hammer-   *Wir müssen die Hammersmith-*
     smith Bridge.   *brücke überqueren.*
     After we've seen Hyde Park   *Nachdem wir den Hydepark*
     we've got to go to Victoria   *gesehen haben, müssen wir*
     Station.   *zum Victoriabahnhof fahren.*

Sonderfälle: Es gibt Ausnahmen bei den geografischen Bezeichnungen und Ortsnamen. Der bestimmte Artikel wird vor den Namen
von Ländern, Inseln und Gebirgen gebraucht, wenn sie im Plural
stehen oder wenn die *of*-Präposition vor dem Eigennamen verwendet
wird (19):

(19) *Utrecht is in the Netherlands.*   *Utrecht ist in den Niederlanden.*
   The United States is the most   *Die Vereinigten Staaten sind das*
   powerful country in the world.   *mächtigste Land der Welt.*
   Andy has been skiing in the   *Andy ist in den Alpen Ski ge-*
   Alps.   *fahren.*
   You can see the Isle of Man   *Man kann die Isle of Man von*
   from the coast of England.   *der Küste Englands aus*
      sehen.

Der bestimmte Artikel steht immer vor den Namen von Flüssen, Kanä-
len und Meeren (20):

(20) *You ought to see the Rhine*   *Du solltest den Rhein sehen,*
   before you die.   *bevor du stirbst.*
   The Suez Canal is very impres-   *Der Suezkanal ist sehr beein-*
   sive.   *druckend.*
   Do you really want to swim in   *Möchten Sie wirklich in der*
   the North Sea?   *Nordsee schwimmen?*
   Stuart wants to buy an island in   *Stuart will eine Insel im Pazifik*
   the Pacific.   *kaufen.*

Wenn der Name einer Straße oder eines Gebäudes aus einem Gattungsnamen und/oder einem Adjektiv abgeleitet ist, muss man den
bestimmten Artikel verwenden (21):

(21) *He lives near the Mall.*   *Er wohnt in der Nähe der Mall.*
   The Empire State Building   *Das Empire State Building ist*
   is one of the most famous   *eines der berühmtesten*
   buildings in America.   *Gebäude in Amerika.*
   Sylvia's favourite paintings are   *Sylvias Lieblingsgemälde be-*
   in the National Gallery.   *finden sich in der National*
      Gallery.

Merksatz: Man verwendet einen bestimmten Artikel bei Eigennamen
z. B. auch, wenn Personennamen im Plural stehen (22):

(22) *The Taylors are coming round*   *Die Taylors kommen heute*
   tonight.   *Abend vorbei.*

Setzt man nähere Bestimmungen zu einem Eigennamen hinzu, muss
man ebenfalls den bestimmten Artikel benutzen. Wenn man z. B. die
of-Präposition nach einem Eigennamen verwendet, erhält der Eigenname einen bestimmten Artikel (23):

(23) *The Italy of today is different from the Italy of the Middle Ages.*	*Das heutige Italien ist anders als das mittelalterliche Italien.*
The England of King William was very violent.	*Das England König Williams war sehr gewalttätig.*

Wenn man einen Eigennamen näher definiert, indem man einen Relativsatz benutzt, muss der bestimmte Artikel vor dem Eigennamen stehen (24):

(24) *The David I loved no longer exists.*	*Der David, den ich liebte, existiert nicht mehr.*
The New York I once knew has disappeared.	*Das New York, das ich einmal kannte, ist verschwunden.*

Wenn man Adjektive gebraucht, die Unterschiede hervorheben, muss man ebenfalls den bestimmten Artikel setzen (25):

(25) *Do you mean the tall Mr Bedford or the small one?*	*Meinen Sie den großen Mr. Bedford oder den kleinen?*

Der bestimmte Artikel bei Gattungsnamen

Regel: Wenn Gattungsnamen ohne nähere Bestimmungen im allgemeinen Sinne verwendet werden, stehen sie ohne den bestimmten Artikel (26):

(26) *Children are not just small adults.*	*Kinder sind nicht einfach kleine Erwachsene.*
Dictionaries are often very useful.	*Wörterbücher sind oft sehr nützlich.*
George collects stamps.	*George sammelt Briefmarken.*

Die Gattungsnamen *school, university, church, hospital, bed* usw. werden ohne den bestimmten Artikel gebraucht, wenn der Zweck der Institution oder des Gegenstands und nicht das Gebäude oder der Gegenstand selbst gemeint ist (27):

(27) *Do I really have to go to school today?*	*Muss ich wirklich heute zur Schule gehen?*
Roberta is studying medicine at university.	*Roberta studiert Medizin an der Universität.*
They took Fred to hospital.	*Sie haben Fred ins Krankenhaus gebracht.*

Although Darren was lying in bed he couldn't get to sleep.	*Obwohl Darren im Bett lag, konnte er nicht einschlafen.*

Diese Gattungsnamen werden jedoch mit dem bestimmten Artikel verwendet, wenn sie einfach ein Gebäude oder einen Gegenstand bezeichnen (28):

(28) | | |
|---|---|
| *The school stands in a beautiful park.* | *Die Schule sieht in einem schönen Park.* |
| *We live next to the university.* | *Wir wohnen neben der Universität.* |
| *They had to close the hospital down.* | *Sie mussten das Krankenhaus schließen.* |
| *The bed is old but comfortable.* | *Das Bett ist alt, aber bequem.* |

Sonderfälle: Einige Gattungsnamen, wie *cathedral, cinema, office* oder *theatre* stehen mit dem bestimmten Artikel (29):

(29) | | |
|---|---|
| *The bishop is preaching in the cathedral tonight.* | *Heute Abend predigt der Bischof in der Kathedrale.* |
| *Let's go to the cinema!* | *Gehen wir ins Kino!* |
| *Nancy's father was still at the office.* | *Nancys Vater war noch im Büro.* |
| *Jeffrey is going to the theatre.* | *Jeffrey geht ins Theater.* |

Die Gattungsnamen *car, train, bus, plane* usw. werden ohne den bestimmten Artikel gebraucht, wenn man an den Zweck des Fahrzeugs und nicht an das Fahrzeug selbst denkt (30):

(30) | | |
|---|---|
| *I like travelling by car.* | *Ich fahre gern mit dem Auto.* |
| *Jacqueline would like to travel to Venice by train.* | *Jacqueline möchte mit dem Zug nach Venedig fahren.* |
| *It's quicker by bus.* | *Es ist schneller mit dem Bus.* |
| *Why don't you go by plane?* | *Warum fliegen Sie nicht mit dem Flugzeug?* |

Diese Gattungsnamen werden mit dem bestimmten Artikel verwendet, wenn das Fahrzeug selbst gemeint ist (31):

(31) | | |
|---|---|
| *It was Richard's turn to wash the car.* | *Richard war an der Reihe, das Auto zu waschen.* |
| *The train is always crowded on a Friday.* | *Freitags ist der Zug immer überfüllt.* |

They were all waiting for the bus.   *Sie warteten alle auf den Bus.*

It seems certain that the plane was new.   *Es gilt als sicher, dass das Flugzeug neu war.*

Die Gattungsnamen *dinner, lunch, breakfast, tea* usw. stehen ohne den bestimmten Artikel, wenn man an die Mahlzeit im allgemeinen und nicht an eine bestimmte Mahlzeit denkt (32):

(32) *Mother likes to go for a walk after dinner.*   *Nach dem Abendessen geht Mutter gern spazieren.*

  Would you like to come for lunch?   *Möchten Sie zum Mittagessen kommen?*

  At what time do you eat breakfast?   *Um wie viel Uhr frühstücken Sie?*

  We have tea at five.   *Um fünf Uhr trinken wir Tee.*

Diese Gattungsnamen werden mit dem bestimmten Artikel gebraucht, wenn man eine Mahlzeit näher bestimmt oder wenn man an die Speisen selbst denkt (33):

(33) *The dinner we had last night was excellent.*   *Das Essen, das wir gestern Abend hatten, war ausgezeichnet.*

  The lunch was disappointing.   *Das Mittagessen war enttäuschend.*

  The English breakfast is a hearty meal.   *Das englische Frühstück ist eine kräftige Mahlzeit.*

  The tea in Harrods is very good.   *Der Tee bei Harrods ist sehr gut.*

Der bestimmte Artikel bei Sammelnamen

Der bestimmte Artikel fehlt bei Sammelnamen, wenn sie einen sehr weiten Sinn haben (34):

(34) *Even mankind is dependent on the environment.*   *Auch die Menschheit ist auf die Umwelt angewiesen.*

  Posterity judges the works of every poet.   *Die Nachwelt beurteilt die Werke jedes Dichters.*

Der bestimmte Artikel bei Stoffnamen

Bei Stoffnamen steht kein bestimmter Artikel, wenn man sie im allgemeinen Sinne verwendet. Dies gilt auch, wenn ein Attribut beigefügt ist (35):

(35) Bread is cheap in Spain.   Das Brot ist in Spanien billig.
     In England red wine is very   In England ist der Rotwein sehr
     popular.   beliebt.

Der bestimmte Artikel bei Abstrakta

Bei Abstrakta fehlt der bestimmte Artikel, wenn man sie im allgemeinen Sinne verwendet. Diese Regel gilt auch, wenn ein Attribut hinzugesetzt ist (36):

(36) Work is often boring.   Die Arbeit ist oft langweilig.
     Human life is precious.   Das menschliche Leben ist
                              wertvoll.

Der bestimmte Artikel bei einer Reihung von Substantiven

Wenn man zwei oder mehr zusammengehörige Substantive aufzählt, braucht man den Artikel nicht zu wiederholen (37):

(37) The milk, bread and potatoes   Die Milch, das Brot und die
     cost altogether five euro.   Kartoffeln kosten insgesamt
                                     fünf Euro.
     The shirt and tie don't belong   Das Hemd und der Schlips
     to me.   gehören mir nicht.
     The bonnet, radiator and head-   Die Motorhaube, der Kühler und
     lights were all damaged.   die Scheinwerfer waren alle
                                     beschädigt.

Will man aber die einzelnen Glieder der Aufzählung gleichmäßig betonen, muss man auch den bestimmten Artikel mehrmals verwenden (38):

(38) The Labour Party and the Con-   Die Arbeiterpartei und die Kon-
     servative Party are old rivals.   servativen sind alte Rivalen.
     The Robertsons and the Wil-   Die Familie Robertson und die
     sons met on Brighton Beach.   Familie Wilson trafen sich am
                                     Strand von Brighton.

2.2. Der bestimmte Artikel: Besonderheiten

Der bestimmte Artikel bei Zeitangaben

Allgemeine Zeitangaben stehen ohne den bestimmten Artikel (1):

(1)	*on Saturday*	*am Samstag*
	on Thursday afternoon	*am Donnerstag Nachmittag*
	next Friday	*nächsten Freitag*
	at night	*in der Nacht*
	at noon	*am Mittag*
	at Christmas	*zu Weihnachten*
	in September	*im September*

Wenn man aber den Zeitpunkt näher definiert, verwendet man den bestimmten Artikel (2):

(2)	*I'm going on holiday on the Saturday before my birthday.*	*Am Samstag vor meinem Geburtstag fahre ich in Urlaub.*
	Where were you on the night of the 24th, October?	*Wo waren Sie in der Nacht zum 25. Oktober?*
	The August of 1976 was very hot.	*Der August 1976 war sehr heiß.*

Gebraucht man *in, during* und *in the course of* vor Substantiven, die Tageszeiten bezeichnen, dann muss man auch den bestimmten Artikel benutzen (3):

(3)	*during the night*	*während der Nacht*
	in the morning	*am Morgen*
	in the course of the afternoon	*im Verlauf des Nachmittags*

Der bestimmte Artikel bei gewissen Mengenangaben

Während der bestimmte Artikel normalerweise vor dem Substantiv und seinen Attributen (→ 2.1. Bsp. 6) steht, wird er bei gewissen Mengenangaben zwischen Mengenbezeichnung und Substantiv gestellt (4):

(4)	*all the time*	*die ganze Zeit*
	all the pieces of cake	*alle Kuchenstücke*
	both the tables	*die beiden Tische*

half the money	die Hälfte des Geldes
half the time	die halbe Zeit
double the size	zweimal so groß
most of the time	die meiste Zeit
twice the amount	zweimal so viel
three times the length	dreimal so lang

Der bestimmte Artikel bei most

Wenn man *most* ohne *of* und als Superlativ verwendet, kann das Wort sowohl mit als auch ohne bestimmten Artikel stehen (5):

(5) John's got (the) most points. John hat die meisten Punkte.
     Who has planted (the) most   Wer hat die meisten Bäume
       trees?   gepflanzt?

Wenn aber dieses Wort die Mehrheit oder der größere Teil bedeutet, fehlt der bestimmte Artikel (6):

(6) He's better than most people. Er ist besser als die meisten
                                       Menschen.
     Most people like watching   Die meisten Menschen sehen
       television.   gern fern.
     I spent most of the winter in Ich habe fast den ganzen Winter
       bed.   im Bett verbracht.

Der bestimmte Artikel bei festen Redewendungen

Im Englischen gibt es einige feste Redewendungen mit bestimmtem Artikel. Im Deutschen fehlt er gelegentlich (7):

(7) at the beginning   anfänglich, zuerst
     at the beginning of the book am Anfang des Buches
     at the end   am Schluss, am Ende
     on the contrary   im Gegenteil
     it is the custom   es ist Sitte/Brauch
     with the exception of   mit Ausnahme von
     What is the matter?   Was ist los?
     on the whole   im Großen und Ganzen
     at the expense of   auf Kosten von
     with the help of a friend   mit Hilfe eines Freundes
     in the presence of   in Gegenwart von

Andererseits gibt es im Englischen einige feste Redewendungen, bei denen der bestimmte Artikel wegfällt, während er im Deutschen teils gesetzt wird (8):

(8) *in memory of*   *zur Erinnerung/im Gedenken an*
     in practice   *in der Praxis*
     in acknowledgement of   *in Anerkennung*
     in public   *in der Öffentlichkeit*
     by chance   *durch Zufall*
     out of danger   *außer Gefahr*
     for example   *zum Beispiel*
     a man of peace   *ein friedfertiger/friedliebender*
                                       Mensch

     in search of   *auf der Suche nach*
     on condition that   *unter der Bedingung/Vorraus-*
                                       setzung, dass
     at first sight   *auf den ersten Blick*
     in comparison with   *im Vergleich zu*
     in fact   *eigentlich*

2.3. Der unbestimmte Artikel

Grundwissen: Der unbestimmte Artikel, der im Deutschen *ein* oder *eine* heißt, lautet im Englischen *a* oder *an*. Entscheidend für die Form des englischen unbestimmten Artikels ist dabei, wie man den Anlaut des folgenden Wortes ausspricht, nicht, wie man ihn schreibt. Steht der unbestimmte Artikel vor Wörtern mit konsonantischem Anlaut, dann heißt er *a* (1):

(1) *a balcony*
     a big dog
     a radio
     a university
     a long day

Beginnt das nächste Wort mit einem vokalischen Anlaut oder mit einem stummen *h*, dann lautet der unbestimmte Artikel *an* (2):

(2) *an orange*
     an egg
     an easy task
     an hour
     an old clock

Will man den unbestimmten Artikel betonen, muss man ihn anders aussprechen. Die *a*-Form lautet [eɪ], wenn sie hervorgehoben wird; die *an*-Form wird [æn] gesprochen, wenn sie akzentuiert wird (3):

(3)   *Did you say a* [eɪ] *tree or the*   *Haben Sie ein Baum oder der*
      [ðiː] *tree?*   *Baum gesagt?*
      I said an [æn] *orange, not the*   *Ich habe eine Orange, nicht die*
      [ðiː] *orange.*   *Orange gesagt.*

Der unbestimmte Artikel lautet *a* bzw. *an*, gleichgültig ob das nachfolgende Substantiv im Englischen männlich (4), weiblich (5) oder sächlich (6) ist:

(4)   *a man*
      a husband
      a chairman

(5)   *a woman*
      a wife
      a female doctor

(6)   *a stone*
      an apple
      a bus

Für die Form des unbestimmten Artikels ist es auch irrelevant, ob ein Substantiv im Genitiv (→ 1.6. Bsp. 4) steht (7):

(7)   *a man's best friend*   *der beste Freund eines Mannes*
      the position of a house   *die Lage eines Hauses*
      a woman's pride   *der Stolz einer Frau*

Der unbestimmte Artikel: Gebrauch

Regel: Der unbestimmte Artikel wird bei der Singularform eines zählbaren Begriffes (1.4. Bsp. 3) verwendet. Man gebraucht ihn in Verbindung mit Substantiven, die einzelne Personen, Sachen oder Begriffe bezeichnen, nicht näher bestimmt oder hervorgehoben werden und bisher noch nicht genannt wurden. Wie im Deutschen steht der unbestimmte Artikel normalerweise vor dem Substantiv und seinen Attributen (8):

(8)   *William was certain he'd seen a*   *William war sicher, dass er einen*
      man in the old house.   *Mann in dem alten Haus gese-*
                                     hen hatte.

An old bull stood in the middle of the field.	*Ein alter Bulle stand in der Mitte des Feldes.*
There is a bottle of milk in the fridge.	*Eine Flasche Milch steht im Kühlschrank.*
Hilary has bought a very funny book.	*Hilary hat ein sehr lustiges Buch gekauft.*

Der unbestimmte Artikel bei Gruppenbezeichnungen

Regel: Im Gegensatz zum Deutschen muss man den unbestimmten Artikel setzen, wenn man eine Person als Mitglied einer Gruppe benennt. Der unbestimmte Artikel steht deshalb bei Bezeichnungen für Berufe (9, 10):

(9) *Sabina is a doctor.*	*Sabina ist Ärztin.*
Robert works as a sales assistant.	*Robert arbeitet als Verkäufer.*
(10) *Mr. Eliot would like to become a teacher.*	*Mr. Eliot möchte Lehrer werden.*

Der unbestimmte Artikel wird vor Bezeichnungen für Nationalität oder ethnische Herkunft gesetzt (11):

(11) *Mr. Brown is an American.*	*Mr. Brown ist Amerikaner.*
Laura's mother is an Italian.	*Lauras Mutter ist Italienerin.*

Der unbestimmte Artikel wird bei Bezeichnungen für religiöse Zugehörigkeit gebraucht (12):

(12) *David is an Anglican.*	*David ist Anglikaner.*
Do you think she's a Methodist?	*Meinst du, dass sie Methodistin ist?*

Der unbestimmte Artikel steht bei Bezeichnungen für die Mitgliedschaft in einer politischen Partei oder einer anderen, speziellen Gruppe (13):

(13) *John Major was a Liberal before he became a Conservative.*	*John Major war Liberaler, bevor er Konservativer wurde.*
(14) *Jim is a member of Parliament.*	*Jim ist Abgeordneter des Unterhauses.*
You have to be a member.	*Man muss Mitglied sein.*

Sonderfall: Wenn man das Verb *to turn* in Verbindung mit Gruppen-bezeichnungen verwendet, entfällt der unbestimmte Artikel (15):

(15) *Shakespeare was an actor be-*   *Shakespeare war Schauspieler,*
       fore he turned playwright.   *bevor er Dramatiker wurde.*

Sonderfall: Der unbestimmte Artikel steht nicht bei Bezeichnungen für Stellungen, die man als einzigartig betrachtet, weil sie nur einer Person zukommen können (16):

(16) *Since 1952 Elizabeth II has*   *Seit 1952 ist Elisabeth II. Königin*
       been Queen of England.   *von England.*
       Ronald Reagan was President   *Ronald Reagan war acht Jahre*
       of the United States for eight   *lang Präsident der Vereinigten*
       years.   *Staaten.*
       Don wants to be captain of the   *Don will Kapitän der Fußball-*
       football team.   *mannschaft werden.*

Der unbestimmte Artikel nach as

Man verwendet den unbestimmten Artikel nach *as* bei zählbaren Begriffen (17):

(17) *As a boy he was fat and shy.*   *Als Junge war er dick und*
                                          schüchtern.
       We regarded John as a risk.   *Wir betrachteten John als Risiko.*
       His film portrays Dracula not as   *Sein Film stellt Dracula nicht als*
       a villain but as a hero.   *Schurken, sondern als Helden*
                                          dar.

Der unbestimmte Artikel nach gewissen Verben

Man gebraucht den unbestimmten Artikel nach Verben wie *to die, to be born* oder *to wake up*, um das Subjekt zu ergänzen. Im Deutschen steht hier *als* (18):

(18) *It is Roger's ambition to die*   *Es ist Rogers Ziel, als reicher*
       a rich man.   *Mann zu sterben.*
       He was born a prince.   *Er wurde als Prinz geboren.*
       He woke up a new man.   *Er erwachte als neuer Mensch.*

Der unbestimmte Artikel folgt auf Verben wie *make, declare, proclaim, consider, find* usw., um das Objekt zu ergänzen. Im Deutschen werden hier oft Ausdrücke mit *zu* bzw. *als* verwendet (19):

(19) *They made him a company   Sie machten ihn zum Direktor
        director.   des Unternehmens.
     The critics have declared her   Die Kritiker haben ihr Stück als
        play a success.   Erfolg gewertet.
     The government proclaimed   Die Regierung hat ihn zum Ver-
        him a traitor.   räter erklärt.
     My sister considers David Bowie Meine Schwester betrachtet
        a genius.   David Bowie als ein Genie.
     Linda finds Derek a bore.   Linda findet, dass Derek lang-
                                             weilig ist.*

Der unbestimmte Artikel bei Personennamen

Der unbestimmte Artikel darf zu einem Personennamen gesetzt werden, wenn der Sprecher betonen will, dass er die erwähnte Person nicht kennt (20):

(20) *A John Smith phoned you   Ein gewisser John Smith hat
        yesterday.   dich gestern angerufen.
     Do you know a Peter Bennett?   Kennen Sie einen gewissen
                                             Peter Bennett?*

Der unbestimmte Artikel darf auch mit einem Personennamen verbunden werden, wenn die erwähnte Person sehr berühmt und ein Begriff geworden ist (21):

(21) *She's got the brains of an Ein- Sie hat die Intelligenz eines Ein-
        stein and the looks of a   stein und das Aussehen
        Garbo.   einer Garbo.*

Der unbestimmte Artikel bei Mahlzeiten

Gattungsnamen für Mahlzeiten stehen normalerweise ohne den unbestimmten Artikel (→ 2.1. Bsp. 32). Man darf aber den unbestimmten Artikel bei Mahlzeiten verwenden, wenn ein Adjektiv ergänzend hinzutritt (22):

(22) *The prisoner ate a hearty break-*   *Der Gefangene aß ein kräftiges*
     fast.   *Frühstück.*
     I think it is important to eat a   *Ich meine, dass es wichtig ist,*
     good lunch.   *mittags gut zu essen.*

Man darf den unbestimmten Artikel auch bei feierlichen Mahlzeiten benutzen (23):

(23) *Each year the college holds a*   *Jedes Jahr gibt das College ein*
     dinner in commemoration of   *Abendessen zum Gedenken*
     its founder.   *an seinen Gründer.*
     I was invited to a lunch in cele-   *Ich wurde zur Feier des Sieges*
     bration of the victory.   *zum Mittagessen eingeladen.*

Der unbestimmte Artikel bei Stoffnamen

Bei Stoffnamen (→ 1.1. Bsp. 4) gebraucht man keinen unbestimmten Artikel, wenn sie als Oberbegriffe fungieren und daher unzählbare Begriffe (→ 1.4.) darstellen. Wenn man aber einen Stoffnamen verwendet, um ein zählbares Einzelexemplar (→ 1.4. Bsp. 1–3) zu bezeichnen, muss man den unbestimmten Artikel benutzen (24):

(24) *I'd like a glass of water, please.*   *Ich möchte ein Glas Wasser,*
                                        bitte.
     Normally I use an iron.   *Normalerweise benutze ich ein*
                                        Bügeleisen.
     The police are looking for   *Die Polizei sucht einen Jugend-*
     a youth.   *lichen.*

Der unbestimmte Artikel bei Abstrakta

Bei Abstrakta (→ 1.1. Bsp. 5) steht der unbestimmte Artikel nur, wenn er im bestimmten Sinne bzw. in festen Redewendungen gebraucht wird (25):

(25) *Dawn suffers from a fear of*   *Dawn hat Angst vor Spinnen.*
     spiders.
     He was gripped by a strange   *Er wurde von einer merkwürdi-*
     excitement.   *gen Aufregung ergriffen.*
     You have shown an almost   *Du hast eine fast unglaubliche*
     unbelievable stupidity.   *Dummheit an den Tag*
                                        gelegt.

Der unbestimmte Artikel bei unzählbaren Begriffen

Bei unzählbaren Begriffen (→1.4.) verwendet man keinen unbestimmten Artikel. Will man ein einzelnes Stück nennen, muss man *a piece of* usw. verwenden (→ 1.4. Bsp. 9) (26):

(26)	*a piece of information*	*eine Information*
	an item of news	*eine Nachricht*
	a piece of litter	*ein Stück Abfall*
	a period of cold weather	*eine Kaltwetterperiode*

Der unbestimmte Artikel bei Zahlen

Merksatz: Der unbestimmte Artikel ist aus dem Zahlwort (→ 10.1.) *one* entstanden und deswegen kann man ihn bei einigen Zahlen (→ 10.1. Bsp. 2) verwenden (27):

(27)	*a hundred*	*hundert*
	a thousand	*tausend*
	a million	*eine Million*
	a couple	*ein Paar*
	a dozen	*ein Dutzend*
	an eighth	*ein Achtel*
	a quarter	*ein Viertel*
	He has won a quarter of a million dollars.	*Er hat eine viertel Million Dollar gewonnen.*
	a quarter of an hour	*eine Viertelstunde*

2.4. Der unbestimmte Artikel: Besonderheiten

Die Stellung des unbestimmten Artikels: Unregelmäßigkeiten

Während der unbestimmte Artikel normalerweise vor dem Substantiv und seinen Attributen steht (→ 2.3. Bsp. 8), wird er in Verbindung mit *half, such* und *quite* nachgestellt (1):

(1)	*I'd like half a pound of tomatoes, please.*	*Ich möchte ein halbes Pfund Tomaten, bitte.*

He came half an hour later.	*Er kam eine halbe Stunde später.*
Margaret had such a nice day.	*Margaret hat so einen schönen Tag gehabt.*
Do you have such a book?	*Haben Sie so ein Buch?*
He made quite a good impression.	*Er machte einen ziemlich guten Eindruck.*
It is quite a fast car.	*Es ist ein ziemlich schnelles Auto.*

Der unbestimmte Artikel steht in der Regel hinter *rather* (2). Wenn aber ein Adjektiv das Substantiv ergänzt, kann der unbestimmte Artikel entweder vor oder nach *rather* gebraucht werden (3):

(2)	*The film was rather a surprise.*	*Der Film war eine ziemliche Überraschung.*
(3)	*He is rather an interesting man./ He is a rather interesting man.*	*Er ist ein ziemlich interessanter Mann.*
	Emily lives in rather a big house./Emily lives in a rather big house.	*Emily wohnt in einem ziemlich großen Haus.*

Der unbestimmte Artikel wird nach *what* in Ausrufen nur vor zählbaren Begriffen verwendet (4). Folgt aber ein unzählbarer Begriff auf den Ausruf *what*, entfällt im Gegensatz zum Deutschen der unbestimmte Artikel (5):

(4)	*What a pretty little ribbon!*	*Was für ein hübsches kleines Band!*
	What a man!	*Was für ein Mann!*
(5)	*What dreadful weather!*	*Was für ein scheußliches Wetter!*
	What beautiful scenery!	*Was für eine schöne Landschaft!*

Der unbestimmte Artikel steht nach Adjektiven, die durch *as, so, too, how* und *however* hervorgehoben werden (6):

(6)	*Today is as lovely a day as yesterday.*	*Heute ist genau so ein schöner Tag wie gestern.*
	I've never read so difficult a book before.	*So ein schwieriges Buch habe ich noch nie gelesen.*
	Rarely had she met so stubborn a man.	*Selten hatte sie so einen sturen Mann kennen gelernt.*
	That's too difficult a question to answer.	*Diese Frage ist zu schwer zu beantworten.*
	How beautiful a view!	*Welch schöne Aussicht!*

However fast a man may be, he cannot run faster than an ostrich.	*Egal wie schnell ein Mann ist, schneller als ein Strauß kann er nicht laufen.*

Der unbestimmte Artikel wird nie bei *plenty of* verwendet (7):

(7) *He's got plenty of time.*	*Er hat viel Zeit*
Ann has bought plenty of tomatoes.	*Ann hat eine Menge Tomaten gekauft.*

Der unbestimmte Artikel kann bei *part of* stehen oder entfallen (8). Wenn man aber *part of* mit einem Adjektiv verwendet, muss man den unbestimmten Artikel benutzen (9):

(8) *(A) part of the house has not yet been repaired.*	*Ein Teil des Hauses wurde noch nicht repariert.*
Rosemary read (a) part of the book and then gave up.	*Rosemary las einen Teil des Buches und gab dann auf.*
(9) *A large part of our life we spend in bed.*	*Einen großen Teil unseres Lebens verbringen wir im Bett.*
She has painted a small part of the windowframe.	*Sie hat einen kleinen Teil des Fensterrahmens gestrichen.*

Der unbestimmte Artikel bei nachgestellten Zeit-, Maß- und Mengenangaben

Wenn man nachgestellte Zeit-, Maß- und Mengenbegriffe gebraucht, die eine zahlenmäßig gleiche Verteilung angeben, muss der unbestimmte Artikel als Zahlbegriff gesetzt werden. In diesem Fall bedeutet er *je, pro* oder *per* (10):

(10) *Mary does the shopping twice a week.*	*Mary kauft zweimal die Woche ein.*
My shop sells 300 copies of his book a day.	*Mein Geschäft verkauft täglich 300 Exemplare seines Buches.*
Milk costs about one euro a bottle.	*Die Milch kostet ungefähr einen Euro je Flasche.*
How much does this material cost a metre?	*Wieviel kostet dieser Stoff pro Meter?*
These pears are two euro a kilo.	*Diese Birnen kosten zwei Euro pro Kilo.*

Der unbestimmte Artikel bei festen Redewendungen

Es gibt im Englischen viele feste Redewendungen, in denen der unbestimmte Artikel im auffälligen Gegensatz zum Deutschen verwendet wird (11):

(11) *to be at a loss*   *in Verlegenheit sein*
    to be in a good/bad mood   *gute/schlechte Laune haben*
    to be in a hurry   *in Eile sein*
    to be in a position to do some-   *in der Lage sein, etwas zu tun*
      thing
    to come to a standstill   *zum Stillstand kommen*
    to come to an end   *zu Ende gehen*
    to have a feeling that   *das Gefühl haben, dass*
    to have a good mind to do   *gute Lust haben, etwas zu tun*
      something
    to have a headache   *Kopfschmerzen haben*
    to have a temperature   *Fieber haben*
    to have an appetite   *Appetit haben*
    to make a noise   *Lärm machen*
    to take a seat   *sich setzen/Platz nehmen*
    to take an interest in   *Interesse haben an*
    as a result   *als Ergebnis*
    as a rule   *in der Regel*
    as a whole   *als Ganzes*
    for a change   *zur Abwechslung*
    tor a long time   *lange Zeit*
    for a time   *eine Zeit lang*
    in a friendly way   *auf freundliche Art*
    in a loud voice   *mit lauter Stimme*
    without a break   *ohne Unterbrechung*

Es gibt im Englischen viele feste Redewendungen, in denen auf das Verb *to have* ein Substantiv mit unbestimmtem Artikel folgt. Im Unterschied dazu gebraucht man im Deutschen normalerweise nur ein Verb (12):

(12) *to have a go*   *versuchen/probieren*
    to have a look at something   *sich etwas ansehen*
    to have a smoke   *eine Zigarette/Pfeife rauchen*
    to have a walk   *spazieren gehen/einen Spazier-*
                                          gang machen
    to have a bath   *baden/ein Bad nehmen*

Übungen

1. Wählen Sie die Sätze aus, in denen man *the* als [ðiː] aussprechen muss:

a. Do you want to go to the cinema?
b. The university was very popular with foreign students.
c. We have to catch the early train.
d. The human race is already millions of years old.
e. Did you tell the shop-assistant that it was broken?
f. The assistant was on holiday.
g. The house stands alone.
h. The awful thing is, I can't even remember her name.
i. The car is packed with shopping.
j. What is your opinion of the European Parliament?

2. Entscheiden Sie mit *ja* oder *nein*, ob der bestimmte Artikel vor den eingeklammerten Wörtern stehen muss:

a. Today we are going on (holiday).
b. We locked up (house) and gave (keys) to our neighbour.
c. Tommy, our dog, sprang into (car).
d. We drove along (Regent Street).
e. Mother switched on (radio).
f. We listened to a strange radio programme being broadcast from (Switzerland).
g. After an hour we crossed (Thames).
h. We were on our way to (Netherlands).
i. I was looking forward to seeing (good old Johann Piets) again.
j. As we crossed (English Channel) it began to rain.
k. We decided it was time to eat (dinner).
l. I was glad that I did not have to be in (school).
m. We spent two weeks in (city of Utrecht) before returning home.
n. Our neighbours (Millers), greeted us.
o. Father went to (church) the next day.
p. My sister has always been fascinated by (modern architecture).
q. During (afternoon) we visited (Lloyds Building), a famous sight in London.
r. We went by bus to (Oxford Circus).
s. I rested in (Regent's Park).
t. In those days (life) seemed so easy.
u. I saw my friend Reg. He was sitting back enjoying (sun) on his face.
v. Later he asked me for (advice) and (information).

w. He asked whether it was unhealthy to spend (Sunday mornings) in (bed).
x. That evening, we had (ham) for (supper).
y. Mother showed Julia (silk) she had bought (day) before.
z. Father switched on (television) to watch a programme about (school) he went to when he was little.

3. Setzen Sie den bestimmten Artikel an der richtigen Stelle im Satz ein:

a. Most of guests arrived late.
b. Stuart scored most goals.
c. All children were playing outside.
d. Half of women present were wearing trouser suits.
e. It rained all time.

4. Entscheiden Sie, ob *a* oder *an* vor den Wörtern in Klammern stehen muss:

a. Trevor has bought (new suit).
b. Mary had to wait for (hour) in the rain.
c. Mavis has (unusual job).
d. When he became a police officer he had to buy (uniform).
e. On the way home, Danny bought (newspaper).
f. Doctors recommend that we should eat (orange) every day.
g. A screwdriver is (useful tool).
h. My uncle Bob is (interesting man).
i. He tried to cross the Atlantic in (beautiful pea-green boat).
j. The new airport is (arresting sight).

5. Entscheiden Sie mit *ja* oder *nein*, ob der unbestimmte Artikel vor den eingeklammerten Wörtern stehen muss:

a. Laura is (doctor).
b. Mr Archibald is (president) of the Cricket Club.
c. As (Methodist), Albert loved Wesley's hymns.
d. He has always wanted to live in (cottage).
e. Kate lives in (village) called Swinefleet.
f. Every Friday there is (market) on the square.
g. Mr McLaren is (Scotsman).
h. Tripe is considered (delicacy) in Lyons.
i. His enemies tried to portray him as (coward).
j. Every Saturday we buy (bread).

k. Last week we had (very strange weather).
l. While reading the newspaper, Teresa came across (item of news) which interested her.
m. To his dismay, Tom noticed (fly) in his soup.
n. Normally Mr Peacock eats (light lunch).
o. Mrs Quincey is (author).
p. The police are still looking for (evidence).
q. Mrs Marcus admitted to (fascination) for handball.
r. Colin attended pottery Glasses twice (week).
s. Cordelia could feel (sand) in her shoes.
t. What would you like for (breakfast), sir?
u. Paul wants to be (accountant).
v. Do you have (money)?
w. Mary leads (happy life).
x. To speak in public requires (special kind of courage).
y. Jean puts (make-up) on every morning.
z. Anne is (member) of the Bridge Club.

6. Setzen Sie den unbestimmten Artikel an der richtigen Stelle im Satz ein:

a. It was quite hot day.
b. What wonderful sunset!
c. Rarely had she seen such handsome man.
d. It was too long book to read in one day.
d. However high mountain is, someone will climb it.

Lösungen

1. In den folgenden Sätzen muss man *the* als [ðiː] aussprechen: c., f. und h.

2.
a.	nein	j.	ja	s.	nein
b.	ja	k.	nein	t.	nein
c.	ja	l.	nein	u.	ja
d.	nein	m.	ja	v.	nein
e.	ja	n.	ja	w.	nein
f.	nein	o.	nein	x.	nein
g.	ja	p.	nein	y.	ja
h.	ja	q.	ja	z.	ja
i.	nein	r.	nein		

3. a. Most of the guests arrived late.
   b. Stuart scored the most goals.
   c. All the children were playing outside.
   d. Half of the women present were wearing trouser suits.
   e. It rained all the time.

4. a. a
   b. an
   c. an
   d. a
   e. a
   f. an
   g. a
   h. an
   i. a
   j. an

5. a. ja
   b. nein
   c. ja
   d. ja
   e. ja
   f. ja
   g. ja
   h. ja
   i. ja
   j. nein
   k. nein
   l. ja
   m. ja
   n. ja
   o. ja
   p. nein
   q. ja
   r. ja
   s. nein
   t. nein
   u. ja
   v. nein
   w. ja
   x. ja
   y. nein
   z. ja

6. a. It was quite a hot day.
   b. What a wonderful sunset!
   c. Rarely had she seen such a handsome man.
   d. It was too long a book to read in one day.
   e. However high a mountain is, someone will climb it.

3. Das Pronomen

Grundwissen: Pronomen (Fürwörter) sind Wörter, die an der Stelle von Substantiven (→ 1.) stehen. Man verwendet sie häufig, um eine Wiederholung eines bereits genannten Substantivs zu vermeiden.

3.1. Das Personalpronomen

Grundwissen: Wir setzen das Personalpronomen (das persönliche Fürwort) als Stellvertreter für Personen und Sachen (1):

(1) *John is in the bedroom.*
     He is in the bedroom.

     Amanda is looking for Tony.
     She is looking for him.

     Tom and Judith are playing chess.
     They are playing chess.

Die Formen des Personalpronomens

Die Formen des Personalpronomens sind im Englischen einfacher als im Deutschen, weil es nur zwei gibt. Sie werden die Subjekt- und die Objektform genannt (2):

(2)

	Subjektform	Objektform
1. Person Singular	*I*	*me*
2. Person Singular	*you*	*you*
3. Person Singular	*he, she, it*	*him, her, it*
1. Person Plural	*we*	*us*
2. Person Plural	*you*	*you*
3. Person Plural	*they*	*them*

Regel: Man gebraucht die Subjektform des Personalpronomens als Stellvertreter für Personen und Sachen, die das Subjekt eines Satzes bilden (3). Die Objektform verwendet man, wenn eine Person oder Sache das Objekt eines Satzes darstellt und/oder wenn eine Präposition (→ 7.) vorausgeht (4):

(3) *James is going home.*
He is going home.

The violin is lying on the table.
It is lying on the table.

(4) *Mary gave William a pencil.*
Mary gave him a pencil.

The flowers are for Andrea.
The flowers are for her.

Das Personalpronomen und das Geschlecht

Regel: Im Gegensatz zum Deutschen ist das Pronomen im Englischen die einzige Möglichkeit, das Geschlecht auszudrücken; Sachen und Begriffe sind normalerweise sächlich (→ 1.2. Bsp. 1). Man muss sie in der 3. Person Singular durch *it* ersetzen. Diese Regel gilt, gleichgültig ob das Personalpronomen in der Objekt- oder Subjektform steht (→ 3.1. Bsp. 2–4) (5):

(5) *The television is broken.*
It is broken.

Janine has bought a table.
Janine has bought it.

Philosophy is taught at most universities.
It is taught at most universities.

Hinweis: Die Bedeutungen des deutschen *es* und des englischen *it* sind manchmal unterschiedlich (→ 3.9.).

In der Regel sind nur Personen und bestimmte Tiere männlich oder weiblich (→ 1.3. Bsp. 6–7). Entscheidend ist allerdings das natürliche Geschlecht eines Wesens (→ 1.3. Bsp. 1). In der 3. Person Singular lautet das männliche bzw. weibliche Personalpronomen *he* oder *she* in der Subjektform, *him* oder *her* in der Objektform (6):

(6) *Bob is in love with Caroline.*
He is in love with her.

The stewardess brought Sara a newspaper.
She brought her a newspaper.

Entscheidend für das Personalpronomen eines Tieres ist sein Verhältnis zum Menschen. Meistens werden Tiere als sächlich betrachtet. Deswegen wird ihnen das Personalpronomen *it* gegeben. Wenn aber das Verhältnis zwischen Mensch und Tier so nah ist, dass das Tier einen Namen trägt, wird es als männlich oder weiblich eingestuft. Man teilt insbesondere Haustieren die Personalpronomen *he/him* bzw. *she/her* zu (7):

(7) *Is Nancy's new cat a "he" or*   *Ist Nancys neue Katze ein Kater*
    a "she"?   *oder eine Katze?*
    Rover is a good guard dog. *Rover ist ein guter Wachhund.*
    He's an Alsatian.   *Er ist ein Schäferhund.*

Hinweis: Manchmal werden Schiffe und Fahrzeuge als Frauen personifiziert, um Innigkeit oder Zuneigung auszudrücken. Sie werden in diesem Fall mit *she/her* bezeichnet (8):

(8) *John has bought a new boat.* *John hat ein neues Boot*
    He calls her Mabel.   *gekauft. Er nennt es Mabel.*
    She's a really lovely car. *Es ist ein besonders schönes*
                         Auto.

Das unbestimmte Personalpronomen: das deutsche man

Regel: Im Englischen werden mehrere Wörter im Sinne des deutschen unbestimmten Personalpronomens *man* verwendet. Im formellen Englisch wird *one* gebraucht, um über Personen im Allgemeinen zu sprechen (9):

(9) *A knowledge of grammar is* *Grammatikkenntnisse sind wich-*
    important if one wants to   *tig, wenn man eine Fremd-*
    understand a foreign lan-   *sprache verstehen will.*
    guage.

In der Umgangssprache ist aber das Wort *you* häufiger als *one*. Man benutzt es im gleichen Sinne (10):

(10) *You can't play football well* *Man kann nicht gut Fußball spie-*
    if you don't practise.   *len, wenn man nicht übt.*

Wenn man über nicht näher bestimmte Personen sprechen will, die wahrscheinlich nicht anwesend sind, bietet das Englische andere Möglichkeiten an: Bezieht man sich auf einen einzelnen Unbekannten, kann man *someone* benutzen (11). Meint man mehrere Unbekannte, kann man *they* oder *people* verwenden (12):

(11) *Someone stole my bike last night.*   *Jemand/Man hat gestern Abend mein Rad gestohlen.*

(12) *They drink more wine than beer in France.*   *Man trinkt mehr Wein als Bier in Frankreich.*
People say that he has got a great future ahead of him.   *Man sagt, dass er eine große Zukunft vor sich habe.*

Die Höflichkeitsform: das deutsche du und Sie

Während im Deutschen der Unterschied zwischen *du* und der Höflichkeitsform *Sie* sehr wichtig ist, kennt das Englische keine Unterscheidung. Man spricht jeden mit *you* an. Ob man *you* als *du* oder *Sie* übersetzt, hängt vom Zusammenhang ab (13):

(13) *"Would you like to see the latest Spielberg film?" Mary asked her boyfriend.*   *»Möchtest du den neuesten Spielberg-Film anschauen?«, fragte Mary ihren Freund.*
"Do you think it's serious, doctor?"   *»Meinen Sie, dass es ernst ist, Herr Doktor?«*

Das Personalpronomen: die Wortstellung

Regel: Bei der Wortstellung der Personalpronomen bieten sich im Englischen zwei Möglichkeiten an. Erstens: Man kann das indirekte Objekt des Satzes vor das direkte Objekt stellen (14):

(14) *I gave Tony a book.*
I gave him a book.

John cooked Alice a meal.
John cooked her a meal.

Zweitens: Wenn man eine Präposition (z. B. *to* oder *for*) (→ 7.) benutzt, muss das direkte Objekt dem Verb folgen, während das indirekte Objekt hinter der Präposition steht (15):

(15) *I gave it to Tony.*
I gave it to him.

John cooked it for Alice.
John cooked it for her.

Diese zweite Möglichkeit ist im Englischen gebräuchlicher.

Hinweis: Wenn man *I* (die 1. Rerson Singular des Personalpronomens) in Zusammenhang mit einem Personennamen oder einem anderen Personalpronomen benutzt, steht der Personenname oder das Personalpronomen vor dem *I* (16):

(16) *George and I*
     you and I

Das Personalpronomen: umgangssprachliche Formen

Wie so oft im Englischen entsprechen die grammatischen Regeln nicht immer dem wirklichen Sprachgebrauch. Die umgangssprachlichen Formen des Personalpronomens existieren sozusagen trotz der Regeln. Während die Schriftsprache normalerweise den obigen Regeln folgt, wird es in der Umgangssprache immer gebräuchlicher, bei bestimmten Konstruktionen die Objektform des Personalpronomens statt der Subjektform zu verwenden.

Die Objektform des Personalpronomens wird häufig in der Umgangssprache benutzt, um das Verb *to be* zu ergänzen (17):

(17) *It is them who did it.*   *Sie sind die Täter.*
     It's me who's in here.   *Ich bin der Verantwortliche hier.*
     It's us who have to put up   *Wir sind diejenigen, die sich mit*
        with him.   *ihm abfinden müssen.*

In der Umgangssprache steht die Objektform des Personalpronomens häufig nach *than* und *as* bei Vergleichen (18):

(18) *John is wittier than her.*   *John ist witziger als sie.*
     Martin can run faster than me.   *Martin kann schneller laufen als*
                                              ich.
     We are just as efficient as them.   *Wir sind genauso effizient wie*
                                              sie.
     No one is as happy as us.   *Niemand ist so glücklich wie wir.*

Die Objektform des Personalpronomens wird häufig auch dann in der Umgangssprache verwendet, wenn das Personalpronomen allein in verkürzten Sätzen ohne Prädikat gebraucht wird (19), und zwar besonders in Kurzantworten auf *who*-Fragen (20):

(19) *Yes folks! Me again!*   *Ja, Leute! Ich schon wieder!*
(20) *Who smashed the window? –*   *Wer hat das Fenster zerbro-*
     Her.   *chen? – Sie.*
     Who would like a piece of cho-   *Wer möchte ein Stück Schoko-*
       colate? – Me.   *lade? – Ich.*

Hinweis: Obwohl diese Beispiele gebräuchliche Umgangssprache darstellen, sollte man im schriftlichen Englisch immer den formellen Regeln folgen.

3.2. Das Reflexivpronomen

Regel: Das Reflexivpronomen (das rückbezügliche Fürwort) wird verwendet, wenn das Pronomen und das Subjekt eines Satzes dieselbe Person oder Sache bezeichnen (1):

(1) *John is talking to himself.*   *John spricht mit sich (selbst).*
     Wendy and Richard have hurt   *Wendy und Richard haben sich*
       themselves.   *wehgetan.*
     I just want to enjoy myself.   *Ich will mich bloß amüsieren.*

Die Form des Reflexivpronomens

Während es im Deutschen drei Formen des Reflexivpronomens gibt, nämlich Genitiv (z. B. meiner), Dativ (z. B. mir) und Akkusativ (z. B. mich), kennt man im Englischen nur eine Form (2):

(2)

	Singular	Plural
1. Person	*myself*	*ourselves*
2. Person	*yourself*	*yourselves*
3. Person	*himself*	
	herself	*themselves*
	itself	

Weitere Beispiele (3):

(3) *Help yourselves!*   *Bedient euch!*
     She bought herself a drink.   *Sie hat sich ein Getränk gekauft.*
     This time you've excelled your- *Dieses Mal hast du dich selbst*
     self.   *übertroffen.*

Das unbestimmte Reflexivpronomen

Das unbestimmte Personalpronomen *one* (→ 3.1. Bsp. 9) hat seine eigene Reflexivform, nämlich *oneself* (4):

(4) *One mustn't always talk about*   *Man darf nicht immer nur über*
     oneself.   *sich selbst reden.*

Das Reflexivpronomen: im Englischen seltener als im Deutschen

Das Reflexivpronomen kommt im Englischen seltener vor als im Deutschen. Nach einigen Verben kann es entfallen (5):

(5) *He washed (himself).*   *Er hat sich gewaschen.*
     He shaved (himself).   *Er hat sich rasiert.*
     She dressed (herself).   *Sie hat sich angezogen.*
     They surrendered (themselves)   *Sie haben sich dem Feind er-*
     to the enemy.   *geben.*

Es ist im Englischen üblicher, diese Verben (5) ohne Reflexivpronomen zu verwenden. Man sollte ein Reflexivpronomen nur setzen, wenn es unbedingt notwendig ist, z. B. wenn eine Tat eine ungewöhnliche oder schwierige Leistung für das Subjekt darstellt (6) oder wenn eine Tat mehrmals mit verschiedenen Objekten wiederholt wird (7):

(6) *She's only three but she can*   *Sie ist nur drei Jahre alt, aber*
     already dress herself.   *sie kann sich schon alleine*
                                      anziehen.
(7) *He washed himself and then he* *Er hat sich selbst gewaschen,*
     washed the children.   *und danach hat er die Kinder*
                                      gewaschen.

Man benutzt im Deutschen das Reflexivpronomen bei mehreren Verben, die im Englischen keines bei sich haben (8):

(8)

to meet	*sich treffen*
to imagine	*sich vorstellen/sich einbilden*
to look forward to	*sich freuen auf*
to relax	*sich entspannen*
to refuse	*sich weigern*
to approach	*sich nähern*
to lie down	*sich hinlegen*
to move	*sich bewegen*
to recover	*sich erholen*
to sit down	*sich setzen*
to apply for	*sich bewerben um*
to apologise	*sich entschuldigen*
to hurry	*sich beeilen*
to remember	*sich erinnern*
to open	*sich öffnen*
to feel	*sich fühlen*

Um das Reflexivpronomen im Englischen zu vermeiden, kann man manchmal eine passive Konstruktion verwenden (9):

(9)

to get married	*heiraten/sich verheiraten*
to get dressed	*sich anziehen*
to get washed	*sich waschen*
to get shaved	*sich rasieren*

I got washed and dressed and then left the house.	*Ich habe mich gewaschen und angezogen, und danach habe ich das Haus verlassen.*

Ortspräpositionen: das persönliche Pronomen statt des Reflexivpronomens

Nach Ortspräpositionen wie *before, in front of* usw. ersetzt das Personalpronomen im Englischen häufig das Reflexivpronomen (→ 3.1. Bsp. 2) (10):

(10)

Could you please shut the door behind you?	*Könnten Sie bitte die Tür hinter sich zumachen?*
He put his pencil in front of him on the desk.	*Er legte seinen Bleistift vor sich auf den Schreibtisch.*
We looked about us.	*Wir haben uns umgesehen.*

Das Reflexivpronomen an Stelle des Personalpronomens

Manchmal kann man das Reflexivpronomen statt des Personalpronomens (Subjekt- und Objektform) (→ 3.1. Bsp. 2) verwenden, und zwar nach *and, or, as, than, like, except* und *but* (in der Bedeutung von *except*) (11):

(11) *Jane, Charlotte and myself will be coming round.*	*Jane, Charlotte und ich werden vorbeischauen.*
Either Ian or myself will accompany you.	*Entweder Ian oder ich werden Sie begleiten.*
Sonia never met anyone as happy as herself.	*Sonia hat nie jemanden kennen gelernt, der so glücklich war wie sie.*
There was nobody in the library but themselves.	*Außer ihnen war niemand in der Bibliothek.*

each other und one another

Wenn man eine wechselseitige Beziehung zwischen zwei Personen beschreiben will, muss man *each other* benutzen (12). Bei mehr als zwei Personen wird normalerweise *one another* bevorzugt (13):

(12) *John and Mary write to each other regularly.*	*John und Mary schreiben sich regelmäßig.*
(13) *The five friends haven't seen one another for a long time.*	*Die fünf Freunde haben sich schon lange nicht gesehen.*

Man kann sowohl *each other* als auch *one another* im Genitiv (→ 1.6. Bsp. 4–6) verwenden (14):

(14) *We get on each other's/one another's nerves.*	*Wir gehen uns auf die Nerven.*

Das Reflexivpronomen als verstärkendes Pronomen

Das verstärkende Pronomen entspricht dem deutschen *selbst*. Im Englischen hat es dieselbe Form wie das Reflexivpronomen (→ 3.2. Bsp. 2). Es wird gebraucht, um ein Substantiv (→ 1.1.) oder ein Personalpronomen (→ 3.1.) hervorzuheben. Normalerweise steht das verstärkende Pronomen hinter dem Wort, das man betonen will (15):

(15) *Afterwards we met the Presi-*   *Nachher haben wir den Präsi-*
     dent himself.   *denten selbst getroffen.*
   I like the picture itself but not   *Ich mag das Bild selbst, aber*
     the frame.   *nicht den Rahmen.*
   The Queen herself opened the   *Die Königin selbst hat die*
     bridge.   *Brücke eingeweiht.*
   Did you see the boss himself or   *Hast du den Chef selbst oder*
     just his secretary?   *nur seine Sekretärin gesehen?*

Wenn man das Subjekt eines Satzes hervorheben will, kann man das
verstärkende Pronomen auch an das Satzende stellen (16):

(16) *I closed the door myself.*   *Ich habe selbst die Tür zuge-*
                                   macht.
   He built the house himself.   *Er hat selbst das Haus gebaut.*
   She has spoken to the head-   *Sie hat selbst mit dem Schul-*
     master herself.   *leiter gesprochen.*

Wenn die Präposition (→ 7.) *by* vor das verstärkende Pronomen gesetzt
wird, ändert sich die Bedeutung (17):

(17) *We did it ourselves.*   *Wir haben es selbst gemacht.*
   We did it by ourselves.   *Wir haben es ganz allein*
                                   gemacht (d. h. ohne Hilfe).
   He lives in the castle himself.   *Er wohnt selbst im Schloss.*
   He lives in the castle by himself.   *Er wohnt ganz allein im Schloss.*

3.3. Das adjektivische Possesivpronomen

Grundwissen: Das Possessivpronomen (das besitzanzeigende Fürwort) wird im Englischen und im Deutschen vergleichbar verwendet.
Die Ausnahmefälle sind unten beschrieben. Es drückt normalerweise
Besitz oder Zugehörigkeit aus. Es hat zwei Formen, das adjektivische
und das substantivische Possessivpronomen.

Die Form des adjektivischen Possesivpronomens

Regel: Im Gegensatz zum Deutschen werden die adjektivischen Possessivpronomen im Englischen nicht dekliniert. Sie richten sich nur
nach dem Besitzer (1):

(1)

	Singular	Plural
1. Person	*my*	*our*
2. Person	*your*	*your*
3. Person	*his*	*their*
	her	
	its	

Welche Form des adjektivischen Possessivpronomens man in der 3. Person Singular benutzt, hängt vom Geschlecht des Besitzers ab (→ 3.1. Bsp. 5–8).

Das adjektivische Possessivpronomen: die Wortstellung

Das adjektivische Possessivpronomen steht immer vor einem Substantiv (2):

(2) *My father is taller than your father.*
He has lost his football boots.
We are proud of our garden.
Their car has broken down.

Diese Regel besagt, dass im Unterschied zum Deutschen das adjektivische Possessivpronomen im Englischen immer hinter *all, both, double* und *half* gesetzt wird (3):

(3) *She spends all her money on*   *Sie gibt ihr ganzes Geld für*
     clothes.   *Kleidung aus.*

Das adjektivische Possessivpronomen: Abweichungen vom deutschen Gebrauch

Anders als im Deutschen wird im Englischen das adjektivische Possessivpronomen regelmäßig bei Körperteilen (4) und Kleidungsstücken (5) verwendet. Das adjektivische Pronomen kann auch bei Abstrakta (→ 1.1. Bsp. 5) wie *life, mind* usw. gebraucht werden, wenn diese mit einer bestimmten Person zusammenhängen (6):

(4) *He has broken his leg.*   *Er hat sich das Bein gebrochen.*
     I shook my head.   *Ich schüttelte den Kopf.*

She cut her finger.	*Sie hat sich in den Finger geschnitten.*
The priest raised his eyes to heaven.	*Der Pfarrer erhob die Augen zum Himmel.*
(5) *You must iron your trousers tonight.*	*Du musst heute Abend die Hose bügeln.*
My keys are in my pocket.	*Meine Schlüssel sind in der Hosentasche.*
(6) *They lost their lives in a car crash.*	*Sie sind bei einem Autounfall ums Leben gekommen.*
Keep your mind on the job!	*Bleib mit den Gedanken bei der Arbeit!*

Manchmal wird im Englischen das adjektivische Possessivpronomen benutzt, während im Deutschen die Dativform eines Personal- oder Reflexivpronomens steht (7):

(7) *The clowns were painting their faces.*	*Die Clowns malten sich das Gesicht an.*
I put on my stockings.	*Ich ziehe mir die Strümpfe an.*
She was racking her brains.	*Sie zerbrach sich den Kopf.*

Wenn Körperteile und Kleidungsstücke aber Opfer von Gewalt werden, entfällt das adjektivische Possessivpronomen häufig (8):

(8) *John grabbed me by the arm and hit me in the face.*	*John packte mich am Arm und schlug mir ins Gesicht.*
He got a knock on the head.	*Er hat einen Schlag auf den Kopf bekommen.*
He grabbed me by the collar.	*Er packte mich am Kragen.*

Das adjektivische Possessivpronomen mit own

Das Wort *own* dient häufig dazu, das adjektivische Possessivpronomen zu verstärken. Wenn es unmittelbar vor dem Substantiv verwendet wird, entspricht es den deutschen Wörtern *eigen* oder *selbst* (9):

(9) *That is my own bike.*	*Das ist mein eigenes Rad.*
Why don't you play with your own ball?	*Warum spielst du nicht mit deinem eigenen Ball?*
Did he cut his own hair?	*Hat er sich die Haare selbst geschnitten?*

Wenn *my own, your own* usw. dem Verb *to be* folgen und ohne Substantiv gebraucht werden, entspricht die Konstruktion dem deutschen Verb *gehören* (10):

(1)   *Have you rented this car? – No,*   *Haben Sie dieses Auto gemie-*
       it's my own.   *tet? – Nein, es gehört mir.*

My own, your own usw. werden mit der *of*-Präposition nachgestellt, wenn vor dem dazugehörigen Substantiv der unbestimmte Artikel (→ 2.3.) (11), ein Zahlwort (→ 10.) (12) oder ein indefinites Pronomen (→ 3.6.) (13) steht. Diese Konstruktion entspricht dem deutschen Wort *eigen*, wenn es ohne Possessivpronomen verwendet wird:

(11) *We want a house of our own.*   *Wir wollen ein eigenes Haus.*
(12) *He has three children of his*   *Er hat drei eigene Kinder.*
      own.
(13) *She has no friends of her own.*   *Sie hat keine eigenen Freunde.*

3.4. Das substantivische Possessivpronomen

Grundwissen: Das substantivische Possessivpronomen dient dazu, ein adjektivisches Possessivpronomen und sein nachstehendes Substantiv durch ein einziges Wort zu ersetzen.

Die Form des substantivischen Possessivpronomens

Regel: Im Gegensatz zum Deutschen sind die substantivischen Possessivpronomen immer unveränderlich (1):

(1)

	Singular	Plural
1. Person	*mine*	*ours*
2. Person	*yours*	*yours*
3. Person	*his*	*theirs*
	hers	
	its	

Die substantivischen Possessivpronomen werden immer ohne Artikel und ohne Apostroph gebraucht. Welche Form des substantivischen Possessivpronomens man in der 3. Person Singular benutzt, hängt vom Geschlecht des Besitzers ab (→ 3.1. Bsp. 5–8).

Gebrauch des substantivischen Possessivpronomens

Die substantivischen Possessivpronomen werden häufig verwendet, um die Wiederholung eines Substantivs zu vermeiden (2):

(2) *If your radio is still broken you can borrow mine.* *Wenn dein Radio noch kaputt ist, kannst du dir meines borgen.*

 His car is faster than hers. *Sein Auto fährt schneller als ihres.*

 Our television is old, theirs is new. *Unser Fernseher ist alt, ihrer ist neu.*

Wenn das substantivische Possessivpronomen mit dem Verb *to be* verbunden ist, hat die Konstruktion oft die Bedeutung des deutschen Verbs *gehören* (3):

(3) *These trousers are yours.* *Diese Hose gehört dir.*
 Is that dog yours? *Gehört Ihnen der Hund?*
 The red bike is mine. *Das rote Rad gehört mir.*

Das substantivische Possessivpronomen mit der of-Präposition

Das substantivische Possessivpronomen kann mit der *of*-Präposition verbunden werden. Diese Konstruktion entspricht häufig der deutschen Konstruktion *von* und Personalpronomen. Sie folgt auf ein Substantiv, vor dem der unbestimmte Artikel (→ 2.3.) (4), ein Zahlwort (→ 10.1.) (5), ein indefinites Pronomen (→ 3.6.) (6) oder gar kein Bestimmungswort steht (7):

(4) *Steven is a friend of mine.* *Steven ist ein Freund von mir.*
(5) *You've got five plates of ours.* *Du hast fünf Teller von uns.*
(6) *He hasn't met any colleagues of mine.* *Er hat noch keine Kollegen von mir kennen gelernt.*
(7) *They are customers of hers.* *Sie sind Kunden von ihr.*

Hinweis: Die Konstruktion aus *of*-Präposition und substantivischem Possessivpronomen wird manchmal gewählt, um Überraschung, Ärger usw. auszudrücken (8):

(8) *That's no business of yours!*   *Das geht Sie nichts an!*
     He's no friend of mine!   *Er ist kein Freund von mir!*
     Why is that dog of ours so dirty?   *Warum ist unser Hund so*
                                            schmutzig?
     That old rug of his is worth five   *Sein alter Teppich ist fünftau-*
     thousand pounds?   *send Pfund wert?*

3.5. Das Demonstrativpronomen

Grundwissen: Demonstrativpronomen (hinweisende Fürwörter) dienen dazu, etwas deutlich hervorzuheben. Die englischen Demonstrativpronomen *this* und *that* entsprechen den deutschen Wörtern *dies* bzw. *jenes*. Sie werden aber oft unterschiedslos verwendet und deswegen manchmal beide mit *dies* übersetzt.

Form der Demonstrativpronomen

Die Demonstrativpronomen stehen entweder im Singular oder im Plural (1). Im Unterschied zum Deutschen richtet sich die Form eines Demonstrativpronomens nicht nach dem Geschlecht des dazugehörigen Substantivs (→ 1.2. Bsp. 1) (2). Sie werden nie gebeugt:

	Singular	Plural
(1)	*this* *that*	*these* *those*
(2)	*this/that man* *this/that woman* *this/that house*	*these/those men* *these/those women* *these/those houses*

Gebrauch der Demonstrativpronomen

Regel: Man verwendet die Demonstrativpronomen normalerweise, um Personen oder Sachen zu bezeichnen, die anwesend sind oder schon erwähnt wurden (3). Obwohl man *this/that* gelegentlich durch den bestimmten Artikel *the* (→ 2.1.) ersetzen kann (4), weisen die Demonstrativpronomen viel deutlicher und spezifischer als *the* auf etwas hin:

(3) *Have you seen this man before?* Haben Sie diesen Mann schon vorher gesehen?
     Those flowers are dandelions. Dies sind Löwenzahnblumen.
     Jim can't come round. But that's nothing new! Jim kann nicht vorbeikommen. Aber das ist nichts Neues!

(4) *You mean the/that man over there?* Du meinst den Mann dort drüben?
     You are right. The/That case is too heavy. Sie haben Recht. Der/Dieser Koffer ist zu schwer.

This und that: Unterschiede in der Bedeutung

Manchmal werden *this/these* und *that/those* austauschbar gebraucht (5):

(5) *This/That book is interesting.* Dieses Buch ist interessant.
     These/Those pictures are nice. Diese Bilder sind schön.

Weist man auf etwas hin, was sowohl räumlich als auch zeitlich entfernter liegt, muss man *that/those* benutzen (6). Bezieht man sich dagegen auf etwas, was räumlich und zeitlich näher liegt, muss man *this/these* verwenden (7):

(6) *That cloud looks like a castle.* Die Wolke dort sieht wie ein Schloss aus.
     That man over there is a famous writer. Der Mann dort drüben ist ein berühmter Schriftsteller.
     Last year we went to Italy. That was a good holiday. Letztes Jahr sind wir nach Italien gefahren. Das war ein guter Urlaub.
     All that morning it had been raining. Den ganzen Vormittag hatte es geregnet.

(7) *This chair is more comfortable than that chair over there.* Dieser Sessel ist bequemer als der Sessel dort drüben.

The potatoes in this shop are cheaper than in that other shop.	Die Kartoffeln in diesem Laden sind billiger als in dem anderen Laden.
This year is warmer than last year.	Dieses Jahr ist es wärmer als letztes Jahr.

Hinweis: Ein Sprecher wählt *this/these*, um etwas noch Folgendes anzukündigen (8). Etwas vorher Erwähntes greift man dagegen mit *that/those* auf (9):

(8) *These were his final words: "Thank you very much!"*
    You've got to bear this in mind: he is still young.

    Seine letzten Worte waren: »Danke schön!«
    Du musst Folgendes bedenken: Er ist noch jung.

(9) *It is very expensive. That's all I know.*
    He's very popular in Spain. I'm surprised by that.
    I'm leaving home. And that's that!

    Es ist sehr teuer. Das ist alles, was ich weiß.
    Er ist in Spanien sehr beliebt. Das überrascht mich.
    Ich gehe von zu Hause weg. Und damit basta!

Die Demonstrativpronomen: adjektivischer und substantivischer Gebrauch

Bei adjektivischem Gebrauch steht das Demonstrativpronomen vor seinem Substantiv. Die Singularformen *this* und *that* kommen nur in Verbindung mit einem Substantiv im Singular vor (10):

(10) *This plate is hot.*
     Where did you find this book?
     Who is that boy over there?
     That dog has been barking all day.

Die Pluralformen *these/those* treten nur mit einem Substantiv im Plural auf (11):

(11) *These cups are dirty.*
     Why are these houses so small?
     Why did you buy those trousers?
     Those flowers are blooming again.

Wenn man ein Demonstrativpronomen substantivisch verwendet, steht es stellvertretend für ein Substantiv. In der Regel müssen dann die Singularformen *this/that* mit dem Stützwort *one* verbunden werden (12):

(12) *Which cake would you like –*   *Welchen Kuchen möchtest du –*
     this one or that one?   *diesen oder jenen/den da?*
     This painting is an original but   *Dieses Bild ist ein Original,*
     that one is a forgery.   *jenes/das da aber ist eine Fäl-*
         schung.

In folgenden Fällen können *this* und *that* ohne das Stützwort *one* stehen:
– wenn das Substantiv, das sie ersetzen, eine Sache bezeichnet (13),
– wenn sie als Stellvertreter für einen ganzen Satz oder ein Ereignis fungieren, das man wahrgenommen, aber noch nicht erwähnt hat (14),
– oder wenn sie in den Ausdrücken *this/that is* vorkommen (15):

(13) *Have you seen this?*   *Haben Sie das gesehen?*
     This umbrella is mine and that is   *Dieser Schirm gehört mir, und*
     yours.   *jener/der da gehört dir.*
(14) *That is not true.*   *Das ist nicht wahr.*
     What was that?   *Was war das?*
     That was a good film.   *Das war ein guter Film.*
(15) *This is Robert, and that is his*   *Dies/Das ist Robert, und das ist*
     friend, Mike.   *sein Freund Mike.*

Im Unterschied zu den Singularformen stehen die Pluralformen *these/those* immer ohne das Stützwort *one*, wenn man sie substantivisch verwendet (16):

(16) *Don't you have any tomatoes*   *Haben sie keine Tomaten, die*
     riper than those?   *reifer sind als diese?*
     These oranges are juicier than   *Diese Orangen sind saftiger als*
     those.   *jene/die da.*
     Would you like these trousers or   *Möchtest du diese Hose oder*
     these?   *diese?*

Anders als im Deutschen gebraucht man die Pluralformen *these/those*, wenn das folgende Verb und das folgende Substantiv im Plural stehen (17):

(17) *These are the best years of your*   *Dies sind die besten Jahre dei-*
     life.   *nes Lebens.*
     These are the men who stole   *Dies sind die Männer, die ihr*
     your money, Mr Smith.   *Geld gestohlen haben, Mr.*
         Smith.

Die Demonstrativpronomen: umgangssprach-
licher Gebrauch

Die Demonstrativpronomen treten häufig in der englischen Umgangssprache auf. Sie dienen dazu, die Ausdrucksweise familiärer, unge-
zwungener, lebhafter oder gefühlsbetonter zu gestalten (18):

(18) *Yesterday I saw this really beau-*   *Gestern habe ich ein wirklich*
    tiful girl.   *schönes Mädchen gesehen.*
    As I was walking down the   *Als ich die Straße entlang ging,*
    road, this really stupid bloke   *kam mir ein wirklich blöder*
    came up to me.   *Typ entgegen.*
    I can't stand that new man.   *Ich kann den Neuen nicht aus-*
                                    stehen.

    Turn that radio down!   *Stell das Radio leiser!*
    Here comes that dreadful man   *Da kommt der schreckliche*
    with that unspeakable haircut.   *Mann mit dem abscheulichen*
                                      Haarschnitt.

Das in der Umgangssprache gebrauchte Demonstrativpronomen wird
ziemlich oft mit dem Possessivpronomen in der nachgestellten *of*-
Fügung (→ 3.4. Bsp. 4–8) verbunden (19):

(19) *That dog of yours is driving me*   *Ihr Hund macht mich wahnsin-*
    mad.   *nig.*
    Those shoes of yours are really   *Deine Schuhe sind wirklich*
    nice.   *schön.*
    I like that new film of his.   *Sein neuer Film gefällt mir gut.*

3.6. Die indefiniten Pronomen

Grundwissen: Die indefiniten Pronomen dienen dazu, bei Sachen, Mengen und bei Personen Gruppen zu bezeichnen. Einige indefinite Pronomen können zusätzlich die Unbestimmtheit von Personen oder Sachen kennzeichnen.

some und any

Regel: *some* und seine Zusammensetzungen werden gebraucht, um etwas Unbestimmtes zu bezeichnen, das wahrscheinlich verfügbar oder erreichbar ist. Man benutzt sie daher meist in positiven Aussagesätzen und Fragen, wenn man eine positive Antwort erwartet. *any* und seine Zusammensetzungen werden verwendet, um etwas Unbestimmtes zu bezeichnen, wenn seine Verfügbarkeit nicht sicher ist. Man benutzt sie daher meist in negativen Aussagen, um Zweifel oder Skepsis anzudeuten. Sie stehen in Fragen, wenn man nicht weiß, ob die Antwort negativ oder positiv sein wird, oder wenn man mit einer negativen Antwort rechnet. Ob man *some* oder *any* setzt, ist oft eine Frage der Einstellung.

some und any: Gebrauch

some und *any* dienen bei zählbaren Substantiven im Singular dazu, eine unbestimmte Person oder Sache zu bezeichnen (1). In dieser Bedeutung entsprechen sie manchmal dem deutschen Wort *irgendein*:

(1) *I saw some bloke in cowboy boots yesterday.*   *Gestern habe ich irgendeinen Typen gesehen, der Cowboystiefel trug.*

Some day you'll be sorry for this.   *Irgendwann einmal wird dir das noch leid tun.*

I don't need any new coat.   *Ich brauche keinen neuen Mantel.*

I won't accept just any job.   *Ich will nicht irgendeine Stelle annehmen.*

some ... or other (2) ist noch unbestimmter als *some* allein und kann auch andeuten, dass dem Sprecher das Bezeichnete gleichgültig ist.

(2) *He's learning some foreign language or other.*   *Er studiert irgendeine Fremdsprache.*

Bei unzählbaren Substantiven können *some* und *any* eine unbestimmte Menge kennzeichnen. Dies gilt besonders häufig für Stoffnamen (3):

(3) *Some sugar, please.*	*Etwas Zucker, bitte.*
Have some cheese.	*Nehmen Sie ein bisschen Käse.*
I'm a vegetarian. I haven't eaten any meat in years.	*Ich bin Vegetarier. Seit Jahren habe ich kein Fleisch gegessen.*
Mike hadn't seen any water for miles.	*Weit und breit/Meilenweit hatte Mike kein Wasser gesehen.*

Bei einem Substantiv im Plural können *some* und *any* für eine unbestimmte Anzahl stehen (4):

(4) *Some boys play football.*	*Manche Jungen spielen Fußball.*
Some trees lose their leaves in winter.	*Einige Bäume verlieren im Winter die Blätter.*
I don't know if any girls play football.	*Ich weiß nicht, ob Mädchen Fußball spielen.*
I can't think of any good pubs nearby.	*Mir fallen keine guten Pubs in der Nähe ein.*

In Fragen wird *some* verwendet, wenn man etwas höflich anbietet oder wenn man eine positive Antwort erwartet (5). *any* setzt man hingegen, wenn die Antwort noch ungewiss ist oder wenn man mit einer negativen Antwort rechnet (6):

(5) *Would you like some coffee?*	*Möchten Sie etwas Kaffee?*
Did you offer Charlie some beer?	*Hast du Charlie Bier angeboten?*

(6) *Don't you want any coffee?*	*Möchtest du keinen Kaffee?*
Did you give Charlie any money?	*Hast du Charlie Geld gegeben?*

some und *any* können auch als substantivische Pronomen in Bezug auf ein vorausgehendes Substantiv verwendet werden (7):

(7) *I need some ink.*	*Ich brauche etwas Tinte.*
Could you give me some?	*Könntest du mir welche geben?*
I'm sorry, I don't have any.	*Es tut mir Leid, ich habe keine.*

Diese Regeln gelten auch für die Zusammensetzungen von *some* und *any* (8):

(8) *somebody* *anybody*
    something *anything*
    somewhere *anywhere*
    sometimes
    somehow *anyhow*
    somewhat

    Somebody opened the door. *Jemand hat die Tür geöffnet.*
    Has anybody opened the door? *Hat jemand die Tür geöffnet?*

some und any: Sonderfälle

some kann den deutschen Wörtern *etwa* oder *ungefähr* entsprechen, wenn es vor Zahlwörtern steht (9):

(9) *He weighs some ninety kilos.* *Er wiegt ungefähr neunzig Kilo.*
    She spent some ten days in the *Sie hat etwa zehn Tage in der*
    desert. *Wüste verbracht.*

Kommt *any* in einem positiven Satz vor, bedeutet es *jeder/jedes beliebige* oder *gleichgültig welcher*. Wenn man *any* so benutzt, schließt es Zweifel oder Skepsis aus (10):

(10) *You can take any train to get to* *Sie können jeden Zug nehmen,*
     Bristol. *um Bristol zu erreichen.*
     You can find out about Shake- *Sie können sich über Shake-*
     speare in any encyclopaedia. *speare in allen Enzyklopädien*
     informieren.

Wenn *any* vor einem Adjektiv oder einem Adverb steht, hat es im Deutschen keine Entsprechung (11):

(11) *Is the book any good?* *Taugt das Buch etwas?*
     Can't you walk any faster? *Kannst du nicht schneller*
     gehen?

every und each

Regel: *every* und *each* bedeuten etwa das deutsche Wort *jeder*. Gelegentlich sind sie austauschbar, aber es gibt auch einen wichtigen Unterschied zwischen ihnen: Man verwendet *every*, wenn man jede Person oder Sache innerhalb einer bestimmten Anzahl in einem ganz allgemeinen Sinn meint. *every* heißt also *jeder ohne Ausnahme*. Dagegen verwendet man *each*, wenn man jede einzelne Person oder Sache aus einer begrenzten Anzahl betont (12):

(12) *Every day he goes jogging.* *Jeden Tag (ohne Ausnahme) geht er joggen.*

 Each job application will be considered separately. *Man wird jede (einzelne) Bewerbung gesondert betrachten.*

Wenn *each* nachgestellt wird, bedeutet es *je* (13):

(13) *These oranges cost 1 euro each.* *Die Orangen kosten je 1 Euro.*

 You can eat three sausages each. *Sie dürfen je drei Würste essen.*

Von *every* gibt es auch Zusammensetzungen (14):

(14) *everyone/everybody* *jeder, alle*
 everything *alles*
 everywhere *überall*

all und no

Regel: *all* wird im Deutschen normalerweise mit *alle* übersetzt. Es bezieht sich auf einen Plural oder auf einen unzählbaren Begriff, wenn dieser Singularform hat (→ 1.5. Bsp. 6) (15):

(15) *All birds have wings.* *Alle Vögel haben Flügel.*
 All information is free. *Alle Auskünfte sind frei.*

Hinweis: *all the* bedeutet *alle aus einer bestimmten Anzahl* (16).

(16) *All the boys wore kilts.* *Alle Jungen haben Schotten-röcke angehabt.*

all kann manchmal auch *ganz* bedeuten (17):

(17) *Alice spent all day in the library.* *Alice hat den ganzen Tag in der Bibliothek verbracht.*

Regel: *no* bedeutet normalerweise *kein* (18). Im Allgemeinen ist *no* stärker als *not ... any* (19):

(18) *There were no interesting films.*   *Es gab keine interessanten*
                                           Filme.
(19) *I've not seen any comfortable*   *Ich habe keine bequemen Schu-*
     shoes.   *he gesehen.*
     I've seen no comfortable shoes.   *Ich habe (gar) keine bequemen*
                                           Schuhe gesehen.

Die substantivische Form von *no* lautet *none* und bedeutet *keiner*.
none bezieht sich auf ein vorausgehendes Substantiv oder steht vor
einer *of*-Fügung (20):

(20) *Is there any cake left? – No,*   *Ist noch ein Stück Kuchen*
     none at all.   *übrig? – Nein, gar keines.*
     None of the girls were at home.   *Keines der Mädchen war zu*
                                           Hause.

much und many

Regel: *much* bedeutet *viel* oder *viele*. Es kann nur bei unzählbaren
Begriffen verwendet werden, die in der Singularform stehen (→ 1.4.
Bsp. 6) (21). *many* heißt *viele*. Es kann nur bei zählbaren Begriffen im
Plural gebraucht werden (22):

(21) *Do you have much furniture?*   *Haben Sie viele Möbel?*
     We don't have much money.   *Wir haben nicht viel Geld.*
(22) *Do you have many friends?*   *Haben Sie viele Freunde?*
     We don't have many pictures.   *Wir haben nicht viele Bilder.*

Hinweis: In der Regel sollte man *much* nur in Fragen und in verneinten
Sätzen benutzen (21). Dasselbe gilt für *many* (22). In Aussagesätzen
kann man anstelle von *much* und *many* meistens *a lot of* verwenden.
Es kann sowohl bei zählbaren als auch bei unzählbaren Begriffen
gesetzt werden (23):

(23) *He earns a lot of money.*   *Er verdient viel Geld.*
     A lot of people go to Spain for   *Viele Leute fahren in den Ferien*
     their holiday.   *nach Spanien.*

Sonderfälle: Bei Aussagesätzen mit *as, too, so* und *how* nur *much*
oder *many* verwenden (24):

(24) *You can read as many books*   *Du darfst so viele Bücher lesen,*
     as you like.   *wie du willst.*
     It costs too much money.   *Es kostet zu viel Geld.*

a few/a little und few/little

Regel: *few* bedeutet *wenige*; *a few* heißt *einige* oder *ein paar*. *little* entspricht *wenig*. *a little* bezeichnet *ein wenig*. *few* und *a few* werden nur bei zählbaren Begriffen (→ 1.4. Bsp. 1–3) im Plural verwendet (25, 26), *little* und *a little* hingegen nur bei unzählbaren Begriffen mit Singularform (→ 1.4. Bsp. 6) (27, 28):

(25) *Few stars are as famous as Clint Eastwood.*   *Wenige Stars sind so berühmt wie Clint Eastwood.*

(26) *He arrived a few minutes late.*   *Er ist ein paar Minuten zu spät gekommen.*

(27) *There is little milk left.*   *Es bleibt wenig Milch übrig.*

(28) *We only made a little progress.*   *Wir haben nur wenige Fortschritte gemacht.*

few und *little* entsprechen fast Verneinungen. Sie heben die Kleinheit einer Summe oder Menge hervor: Es gibt fast keine Stars, die so berühmt sind wie Clint Eastwood (25). Die Milchflasche ist fast leer (27). *a few* und *a little* haben dagegen positivere Bedeutung. Sie betonen, dass die Summen oder Mengen trotz ihrer Kleinheit existieren: Die Minuten (26) und die Fortschritte (28) waren wenige, aber mehr als nichts.

both, either und neither

Regel: *both, either* und *neither* bezeichnen eine Gruppe von zwei Personen oder Sachen. Sie können nur bei zählbaren Begriffen verwendet werden.

both besitzt dieselbe Bedeutung wie *beide*. Man kann es an mehreren verschiedenen Stellen im Satz gebrauchen (29):

(29) *Both boys studied physics.*
Both of the boys studied physics.
Both the boys studied physics.
The boys both studied physics.

both kann auch substantivisch benutzt werden (30):

(30) *Both studied physics.*

Hinweis: Wenn die Zahl der Personen oder Sachen noch nicht erwähnt wurde, muss man *the two* setzen (31):

(31) *The two boys studied physics.*   *Die beiden/die zwei Jungen haben Physik studiert.*

both ... and heißt dagegen *sowohl ... als auch* (32):

(32) *The boys want to study both mathematics and physics.*

either bedeutet *der eine oder der andere von zweien* (33). *neither* heißt *weder der eine noch der andere von zweien* (34). Man kann beide Wörter substantivisch verwenden (35):

(33) *You can use either car.*   *Du darfst jedes der zwei Autos benutzen.*

(34) *Neither car can go very fast.*   *Weder das eine Auto noch das andere fährt sehr schnell.*

(35) *You can use either. Neither can go very fast.*

Hinweis: *neither* wird hauptsächlich als Subjekt bzw. Teil des Subjekts gebraucht. Beim Objekt eines Satzes wird es normalerweise durch *not ... either* ersetzt (36):

(36) *He has not seen either film.*   *Er hat beide Filme nicht gesehen.*

     He has not seen either.   *Er hat beide nicht gesehen.*

Diese Regel gilt auch, wenn man *not ... either* oder *neither* als Adverbien (→ 5.) in der Bedeutung *auch nicht* verwendet (37):

(37) *I haven't seen him either.*   *Ich habe ihn auch nicht gesehen.*

     Neither has she.   *Sie auch nicht.*

either ... or bedeutet *entweder ... oder* (38). *neither ... nor* bedeutet *weder ... noch* (39):

(38) *You can have either an ice cream or a lollipop.*
(39) *You can have neither an ice cream nor a lollipop.*

3.7. Das Interrogativpronomen

Grundwissen: Das Interrogativpronomen (das fragende Fürwort) dient dazu, nach Personen und Sachen zu fragen.

who

Regel: Das Interrogativpronomen *who* fragt nach Personen. In seinem gewöhnlichen, umgangssprachlichen Gebrauch entspricht es den deutschen Fragewörtern *wer* (Nominativ) (1), *wem* (Dativ) (2) und *wen* (Akkusativ) (3):

(1) *Who can type quickly?*
(2) *Who did you give it to?*
(3) *Who could I ask?*

Im formellen Englisch bevorzugt man aber *whom* für den Dativ und den Akkusativ (4):

(4) *To whom did you give it?*
     Whom could I ask?

Gebraucht man *who* mit einer Präposition (→ 7.), muss sie am Satzende stehen (5):

(5) *Who did you get that diamond*   *Von wem hast du den Diamant-*
         ring from?   *ring?*
     Who are you going to give that   *Wem willst du den Diamantring*
         diamond ring to?   *geben?*

Wenn man die formelle Form *whom* benutzt, müssen die Präpositionen vor das Interrogativpronomen gestellt werden (6):

(6) *From whom did you get that diamond ring?*
     To whom are you going to give that diamond ring?

whose

Um nach dem Besitz oder der Zugehörigkeit zu tragen, muss man das Interrogativpronomen *whose (wessen)* verwenden (7):

(7) *Whose diamond ring is that?*   *Wessen Diamantring ist das?/*
                                                    Wem gehört der Diamantring?
     Whose car is that?   *Wessen Auto ist das hier?/*
                                                    Wem gehört das Auto?

what und which

Will man sowohl nach Sachen als auch nach Personen fragen, muss man *what* oder *which* gebrauchen.
Regel: *what* wird normalerweise benutzt, wenn die Auswahl nicht begrenzt ist, d. h. wenn man ganz allgemein nach etwas fragt. Im Deutschen heißt es gewöhnlich *welch, was für* oder *was* (8, 9):

(8) *What books did you buy this*   *Welche Bücher hast du diesmal*
        time?   *gekauft?*
     What soap operas do you   *Welche Familienserien schauen*
        watch?   *Sie an?*
(9) *What's in your handbag?*   *Was ist in deiner Handtasche?*
     What did that?   *Was hat das gemacht?*

what kann als Objekt (8) oder Subjekt (9) eines Satzes verwendet werden. Im zweiten Fall steht es allein (ohne Substantiv).

what wird auch gebraucht, um nach Eigenschaften zu tragen. Oft folgen dann *kind of* oder *sort of* (10):

(10) *What kind of people have you*   *Was für Leute hast du einge-*
         invited?   *laden?*
      What sort of car have you   *Was für ein Auto haben Sie*
         bought?   *gekauft?*

Mit *what* kann man eine Person auch nach Beruf, Nationalität, Sternzeichen, Religion usw. fragen (11):

(11) *I'm a carpenter: What are*   *Ich bin Zimmermann. Was*
         you?/What do you do?   *machen Sie?*
      I'm a Methodist. What are you?   *Ich bin Methodist. Was sind*
                                                      Sie?

Hinweis: Manchmal entspricht *what* dem deutschen *wie* (12). Dies gilt besonders, wenn man die Konstruktion *what ... like* benutzt, um nach Eigenschaften oder Aussehen zu fragen (13):

(12) *What time is it?*   *Wie spät ist es?/Wie viel Uhr*
                                         ist es?

    What are you called?/What is   *Wie heißen Sie?*
    your name?

(13) *What is your new job like?*   *Wie ist deine neue Stellung?*

    What does his girlfriend look   *Wie sieht seine Freundin aus?*
    like?

Merksatz: *what ... for* bedeutet warum (14):

(14) *What did he do that for?*   *Warum hat er das gemacht?*

Regel: Man verwendet *which*, wenn man aus einer begrenzten Anzahl von Personen oder Sachen eine Auswahl treffen muss (15):

(15) *Which Englishman founded Inter*   *Welcher Engländer hat Inter Mai-*
    Milan?   *land gegründet?*

    Which American actor has won   *Welcher amerikanische Schau-*
    the most Oscars?   *spieler hat die meisten Oscars*
                                         gewonnen?

    Which German football team   *Welche deutsche Fußballmann-*
    has won the most league   *schaft hat die meisten Meis-*
    championships?   *terschaften in der Bundesliga*
                                         gewonnen?

which kann manchmal allein (16) oder vor einer *of*-Fügung (17) stehen:

(16) *Which is the fastest?*   *Welcher ist am schnellsten?*
    Which would you buy?   *Welchen würden Sie kaufen?*

(17) *Which of you opened the door?*   *Wer von Ihnen hat die Tür ge-*
                                         öffnet?

    Which of the letters did you   *Welchen der Briefe hast du weg-*
    throw away?   *geworfen?*

    Which of the films did you like *Welcher der Filme hat dir am*
    the best?   *besten gefallen?*

Andere Fragewörter: where, when, why und how mit seinen Zusammensetzungen

Zusätzlich zu den Interrogativpronomen gibt es noch die so genannten Interrogativadverbien. Obwohl sie genau genommen keine Pronomen sind, ist es übersichtlicher, sie im Zusammenhang mit den Interrogativpronomen zu erklären.

where

where fragt nach dem Ort oder der Richtung (18, 19, 20). Die Präpositionen *to* (19) und *from* (20) stehen immer nach dem Verb. Man darf *to* (19) weglassen:

(18) *Where is my shirt?*	*Wo ist mein Hemd?*
Where are they going?	*Wohin gehen sie?*
(19) *Where are you going (to) on holiday?*	*Wohin fahren Sie auf Urlaub?*
(20) *Where has he come from?*	*Wo ist er hergekommen?*

when

when fragt nach der Zeit (21):

(21) *When was Shakespeare born?*	*Wann wurde Shakespeare geboren?*
When is the next train?	*Wann/Um wie viel Uhr kommt der nächste Zug an?*

when folgt der Präposition since (22):

(22) *Since when has he been headmaster?*	*Seit wann ist er Schulleiter?*

why

why fragt nach einem Grund (23):

(23) *Why is the sky blue?*	*Warum ist der Himmel blau?*

how

how fragt nach der Art und Weise (24):

(24) *How do you train a dog?*   *Wie richtet man einen Hund ab?*

Zusammengesetzte Fragewörter mit *how*

how much fragt nach dem Preis (25) und der Menge (26):

(25) *How much does this lampshade*   *Wie viel kostet dieser Lampen-*
     cost?   *schirm?*
(26) *How much sugar do you take?*   *Wie viel Zucker nehmen Sie?*

how many fragt nach der Anzahl (27):

(27) *How many rooms does your flat*   *Wie viele Zimmer hat Ihre Woh-*
     have?   *nung?*

how long fragt nach der Länge (28) oder der Dauer (29):

(28) *How long is your garden?*   *Wie lang ist Ihr Garten?*
(29) *How long does the play last?*   *Wie lang dauert das Stück?*

3.8. Das Relativpronomen

Grundwissen: Im Unterschied zum Deutschen gibt es im Englischen
zwei verschiedene Typen von Relativsätzen, den bestimmenden und
den nichtbestimmenden Relativsatz. Die Wahl des Relativpronomens
kann manchmal davon abhängen, zu welchem dieser Typen ein Relativsatz gehört.

Bestimmende und nicht-bestimmende Relativsätze

Regel: Bestimmende Relativsätze definieren dasjenige Substantiv eindeutig, auf das sie sich beziehen. Sie können nicht entfallen, ohne
dass der Sinn des Hauptsatzes völlig verändert würde. Weil man den
bestimmenden Relativsatz und den Hauptsatz als Einheit betrachtet,
trennt man beide voneinander nicht durch Kommas ab (1):

(1) *The picture which I bought last*   *Das Bild, das ich letztes Jahr in*
    year in Paris is a genuine   *Paris gekauft habe, ist ein*
    Canaletto.   *echter Canaletto.*

Nicht-bestimmende Relativsätze enthalten nur eine zusätzliche, ergänzende Auskunft zu einem Substantiv. Sie können wegbleiben, ohne dass der Sinn des Hauptsatzes entstellt würde. Sie werden durch Kommas vom Hauptsatz abgetrennt (2):

(2) *I bought the picture, which is a genuine Canaletto, in Paris.*   *Ich habe das Bild, das ein echter Canaletto ist, in Paris gekauft.*

     I bought the picture in Paris, which is the capital of France.   *Ich habe das Bild in Paris gekauft, das die Hauptstadt von Frankreich ist.*

Merksatz: Nicht-bestimmende Relativsätze sind im schriftlichen und formellen Englisch gebräuchlicher als in der Umgangssprache.

Relativpronomen: Gebrauch

Der Gebrauch von Relativpronomen ist im Englischen ziemlich flexibel (→ 3.8. Bsp. 16–17).

Regel: In beiden Typen von Relativsätzen heißt das Relativpronomen für Personen *who* (3) und das Relativpronomen für Sachen *which* (4):

(3) *You ought to meet Mr. Smith, who lives next door.*   *Du solltest Mr. Smith kennen lernen, der nebenan wohnt.*

     The man who lives next door is very interesting.   *Der Mann, der nebenan wohnt, ist sehr interessant.*

(4) *Her dress, which she bought in Harrods, is very beautiful.*   *Ihr Kleid, das sie bei Harrods gekauft hat, ist sehr schön.*

     She's wearing that beautiful dress which she bought in Harrods.   *Sie trägt dieses schöne Kleid, das sie bei Harrods gekauft hat.*

which kann sich auch auf einen ganzen Satz beziehen, wenn es dem deutschen *was* entspricht (5):

(5) *He got the job, which doesn't surprise me.*   *Er hat die Stelle bekommen, was mich nicht überrascht.*

Das Relativpronomen im Genitiv heißt sowohl bei Personen als auch bei Sachen *whose* (*dessen* oder *deren*). Es steht sowohl vor bestimmenden als auch vor nicht-bestimmenden Relativsätzen (6):

(6) Mike, whose uncle is an archi-   Mike, dessen Onkel Architekt ist,
     tect, wants to be a pilot.   will Pilot werden.
     Political parties whose policies   Politische Parteien, deren Politik
     are old-fashioned have no   altmodisch ist, haben keine
     future.   Zukunft mehr.

Sowohl im Objektfall als auch nach einer Präposition (→ 7.) muss das Pronomen für Personen in nicht-bestimmenden Relativsätze *whom* lauten (7):

(7) Tina, whom I love, is on holiday.   Tina, die ich liebe, ist im Urlaub.
     Tina, to whom I owe thirty   Tina, der ich dreißig Pfund
     pounds, is on holiday.   schulde, ist im Urlaub.

In bestimmenden Relativsätzen kann das Pronomen für Personen
sowohl im Objektfall als auch in Zusammenhang mit einer Präposition
(→ 7.) entweder *who* oder *whom* heißen (8):

(8) Tomorrow Tina sees the man   Morgen sieht Tina den Mann,
     who/whom she loves.   den sie liebt.
     Tomorrow Tina sees the man to   Morgen sieht Tina den Mann,
     whom she owes thirty   dem sie dreißig Pfund schul-
     pounds/who she owes thirty   det.
     pounds to.

Hinweis: *who* ist in der Umgangssprache gebräuchlicher als *whom*. Man
betrachtet *whom* als formell. *whom* wird in nicht-bestimmenden Relativsätzen noch verwendet, weil diese im formellen Englisch weitaus häufiger
vorkommen als in der Umgangssprache. Während bei *whom* die Präposition vor dem Pronomen steht, wird sie bei *who* hinter das Verb gestellt.

what entspricht als Relativpronomen dem deutschen *das, was* oder
was (9):

(9) You shouldn't just ignore what   Du solltest das, was ich sage,
     I'm saying.   nicht einfach ignorieren.

that wird als Relativpronomen nach *much, all, every, any, no, nothing,
none, something, anything, everything, little* und *few* (10) oder nach
Superlativen gebraucht (11):

(10) I have done everything that I   Ich habe alles getan, was ich
     can.   kann.
(11) This is the best film that I've   Das ist der beste Film, den ich
     ever seen.   je gesehen habe.

Relativpronomen: umgangssprachlicher Gebrauch

Regel: Bei bestimmenden Relativsätzen wird umgangssprachlich *that* statt *who* bzw. *whom* für Personen (12) und *which* für Sachen (13) verwendet:

(12) *The man that is standing over there is my uncle.*
Der Mann, der da drüben steht, ist mein Onkel.
He is the man that I gave all my money to.
Er ist der Mann, dem ich mein ganzes Geld gegeben habe.
(13) *This is the table that my uncle gave me.*
Das ist der Tisch, den mein Onkel mir gegeben hat.

Bei *that* steht die Präposition immer hinter dem Verb.

In der Umgangssprache wird ein Relativpronomen fast immer weggelassen, wenn es als Objekt in einem bestimmenden Relativsatz steht (14):

(14) *That is the firm my mother bought.*
Das ist die Firma, die meine Mutter gekauft hat.
He is the man I love.
Er ist der Mann, den ich liebe.
The book I have just read is very boring.
Das Buch, das ich gerade gelesen habe, ist sehr langweilig.

In diesem Fall rückt die Präposition immer hinter das Verb (15):

(15) *She is the girl I was looking for.*
Sie ist das Mädchen, das ich suchte.
I've just seen the man you were talking about.
Ich habe gerade den Mann gesehen, über den du sprachst.

Die Formen der Relativpronomen: eine Übersicht

Relativpronomen in bestimmenden Relativsätzen (16):

(16)

	Personen	Sachen
Subjektfall	*who/that*	*which/that*
Objektfall	*who/whom/that*	*which/that*
mit Präposition	*who/whom/that*	*which/that*
Genitiv	*whose*	*whose*

Relativpronomen in nicht-bestimmenden Relativsätzen (17):

(17)

	Personen	Sachen
Subjektfall	*who*	*which*
Objektfall	*whom*	*which*
mit Präposition	*whom*	*which*
Genitiv	*whose*	*whose*

3.9. Besonderheiten: *it* und das deutsche *es*

Wie im Deutschen steht das Personalpronomen *it* (*es*) nicht nur an Stelle eines neutralen Substantivs (→ 3.1. Bsp. 5), sondern auch in unpersönlichen Wendungen. Manchmal jedoch sind die Bedeutungen von *it* und *es* unterschiedlich.

Man kann *it* verwenden, um jemanden zu identifizieren. In diesem Fall entspricht *it* dem deutschen *es* (1):

(1) *It's me.*   *Ich bin es.*
    It's not the postman. It's Uncle   *Es ist nicht der Briefträger. Es ist*
        Harry.   *Onkel Harry.*

Hinweis: Bezieht sich das deutsche *es* auf vorher genannte Personen, so wird es im Englischen durch *he, she* oder *they* ausgedrückt (2):

(2) *Do you know that man? – Yes,*   *Kennen Sie den Mann da? – Ja,*
      he is my husband.   *es ist mein Mann.*
    Who are those people? – They   *Wer sind die Leute da? – Es*
      are my friends.   *sind meine Freunde.*

Wie im Deutschen verwendet man *it*, um das Wetter (3), die Zeit (4), die Temperatur (5) und die Entfernung (6) zu beschreiben:

(3) *It's snowing.*
    It rained heavily last night.
    It is freezing.

(4) *It's three o'clock.*
It's the fourth of November.
What time is it?

(5) *It's warm.*
It's twenty-five degrees Celsius.

(6) *How far is it to London?*
It's fifty miles from here.

Bei einigen Verben, die mit *that/dass* konstruiert werden, bildet *it/es* das Subjekt (7):

(7) *It appears/it seems that he was late.*	*Es hat den Anschein, dass er spät kam./Anscheinend kam er zu spät.*
It turned out/it emerged that he was just the chauffeur.	*Es stellte sich heraus, dass er nur der Chauffeur war.*

it is/was am Anfang eines Satzes kann zur Hervorhebung des nachfolgenden Satzglieds dienen, das durch einen Relativsatz (8,9) oder einen *dass*-Satz (10,11) ergänzt wird. Diese Form von Hervorhebung wird häufig in der Schriftsprache verwendet, um einen Gegensatz auszudrücken. Sie ist im Deutschen unüblich.

(8) *It was Christopher who drank a full bottle of wine at the party last week.*
(9) *It was a full bottle of wine that Christopher drank at the party last week.*
(10) *It was at the party that Christopher drank a full bottle of wine last week.*
(11) *It was last week that Christopher drank a full bottle of wine at the party.*

Christopher wird im Beispiel (8) hervorgehoben, *a full bottle of wine* im Beispiel (9), *at the party* im Beispiel (10) und *last week* im Beispiel (11).

Wie das deutsche *es* steht *it* häufig für einen nachfolgenden Satz (12):

(12) *It is no wonder that he's so tired.*	*Es ist kein Wunder, dass er so müde ist.*
It would be a pity to miss the concert.	*Es wäre schade, das Konzert zu versäumen.*

Sometimes it is difficult to open a tin.	Manchmal ist es schwierig, eine Dose zu öffnen.
He made it quite plain to us that we are not welcome.	Er machte es uns ganz klar, dass wir nicht willkommen sind.

Bei einigen festen Redewendungen bedeutet *it* nichts Bestimmtes (13).

(13) *Hold it!*	*Warte!*
to have it out with someone	etwas mit jemandem aus- diskutieren
to rough it	primitiv leben

Wenn *es* auf einen vorangegangenen Satzinhalt hinweist, wird das deutsche *es* nach einigen Verben durch *so* wiedergegeben (14):

(14) *I hope so.*	*Ich hoffe es.*
They don't think so.	Sie glauben es nicht.
I suppose so.	Ich nehme es an.
I am afraid so.	Ich fürchte es.

Bei anderen Verben wird das deutsche *es* überhaupt nicht übersetzt (15):

(15) *I don't know.*	*Ich weiß es nicht.*

Für viele unpersönliche Ausdrücke im Deutschen gibt es im Englischen persönliche Ausdrücke (16):

(16) *I'm sorry.*	*Es tut mir Leid.*
She is glad.	Sie freut sich.
I am cold.	Mich friert.
We liked it.	Es hat uns gefallen.

Wenn *es* im Sinne von *es gibt* gebraucht ist, wird *es* mit *there* wieder-geben (17):

(17) *There is no milk in the fridge.*	*Es ist keine Milch im Kühl-schrank.*

Manchmal entspricht dem deutschen *es* eine ganz andere Konstruktion (18):

(18) *There was a great crowd/crush.*	*Es herrschte großer Andrang.*
There is someone knocking at the door.	Es hat geklopft.

Somebody just rang the
doorbel./The phone just rang.
Once upon a time ...

Es hat geklingelt.

Es war einmal ...

Gelegentlich wird das deutsche *es* gar nicht wiedergegeben, wenn es
für einen nachfolgenden Satz steht (19):

(19) *I knew the train would be late.*   *Ich hatte es geahnt, dass*
der Zug Verpätung haben
würde.

Übungen

1. Ersetzen Sie die Wörter in Klammern durch die richtige Form des Personalpronomens. **Hinweis:** In ein paar Fällen sind zwei Antworten möglich:

   a. (Edward) was late for school.
   b. (Mary and Connie) passed their driving-test on the same day.
   c. Janet loves (Maurice).
   d. (The worm) slithered across the damp earth.
   e. It was Carrie's turn to bathe (their Alsatian Rex).
   f. Maurice has bought some flowers for (Janet).
   g. "I love (my ship)," said the Captain.
   h. (The customs officers) searched Tom's bags.
   i. Miriam has still got (the record).
   j. The jacket belongs to (Denise).

2. Schreiben Sie die folgenden Sätze um, indem Sie das formell richtige Personalpronomen, das sich in Klammern befindet, durch das umgangssprachlich gebräuchliche Personalpronomen ersetzen:

   a. Who is there? – Joseph and (I).
   b. It is (he) who is to blame.
   c. Conrad is taller than (they).
   d. No one works as hard as (she).
   e. Who let the cat out? – (I).
   f. When the doorbell rings, hide! It might be (they).
   g. I might have known it! (He) again.
   h. George is just as well-paid as (she).
   i. It is (we) who have to do all the work.
   j. Philip does not know anyone as quick-witted as (he).

3. Schreiben Sie die folgenden Sätze um, indem Sie ein Reflexivpronomen verwenden:

   z. B. "Get washed right now!" she told Martin sternly.
   Lösung:
      "Wash yourself right now!" she told Martin sternly.

   a. After breakfast he had a shave.
   b. One ought to have a wash at least once a day.
   c. John got dressed and collected his mail.
   d. We didn't behave at all well at the wedding.
   e. Charlie bought a milkshake.

4. Setzen Sie das richtige Reflexivpronomen in die Lücken ein. **Hinweis:** In ein paar Fällen ist das Personalpronomen gebräuchlicher als das Reflexivpronomen:

   a. Nicholas distinguished ... at rowing.
   b. Don't worry, I was just talking to ...
   c. We managed to build the house all by ...
   d. Dad cut ... while he was shaving.
   e. You should make ... a model boat.
   f. I opened the bottle of milk standing in front of ...
   g. My sister felt as if the wind was blowing right through ...
   h. It was an honour to meet the author ... (**Hinweis:** Hier wird das Reflexivpronomen als verstärkendes Pronomen verwendet.)
   i. By mistake May addressed the letter to ...
   j. We searched the ground before ...
   k. The hedgehog dug ... a hole.
   l. Sara, you know that this bedroom is not going to tidy ..., don't you!
   m. "Fred! Tom! Go wash ... immediately!" father called to the dirty boys.
   n. The bird did not hear the cat behind ...
   o. During the evening. Margaret amused ... by playing patience.

5. Verkürzen Sie den jeweils zweiten Satz der folgenden Satzpaare mit Hilfe des passenden Possessivpronomens:
   z. B.: The workmen arrived on time. The workmen's tools were already there.

   Lösung:
   The workmen arrived on time. Their tools were already there.

   a. Linford's mum packed his lunchbox for him. Linford's lunchbox was always well-packed.
   b. The girls are going on holiday. The girls' favourite holiday destination is Paris.
   c. Rover the dog gnawed at the bone. Rover's bone was big and juicy.
   d. The spider ran away into the corner. The spider's web was in the corner.
   e. The Frenchman went to buy a new hat. The Frenchman's old hat is a little battered.
   f. Barbara stood impatiently on the street-corner. Barbara's Taxi was late.

g. The coat is lovely. The colour of the coat is brown.
h. Jennifer and Henry are a mysterious couple. No one knows Jennifer and Henry's surnames.
i. Tom the cat was asleep. A mouse nibbled Tom's tail.
j. Susan phoned her parents. Susan's mother answered.

6. Ersetzen Sie die Wörter in Klammern durch ein substantivisches Possessivpronomen:

a. If your television is broken you can borrow (my television).
b. Are those trousers (my trousers)?
c. We would be happy to lend you (our lawnmower).
d. I hope someone buys (my book).
e. Kevin was annoyed because (his football) had hole in it.
f. They repeatedly bragged about (their house).
g. Sue drove to work in (my car).
h. Our dog can jump over (their fence).
i. John flexed his muscles and Gary flexed (his muscles).
j. The fox pricked up its ears and the rabbit pricked up (its ears).

7. Setzen Sie das passende Demonstrativpronomen ein, und bilden Sie anschließend den Plural:

a. She owns ... shop over there./She owns ... shops over there.
b. I want you to remember ... story I am about to tell you./I want you to remember ... stories I am about to tell you.
c. Would you rather take ... place next to me or ... one?/Would you and your husband rather take ... places next to me or ...?
d. "No!" he shouted, and with ... word he left./"No way!" he shouted, and with ... words he left.
e. Be careful! ... knife you are holding is sharp./Be careful! ... knives you are holding are sharp.
f. May I introduce you? ... is Mr and Mrs Florio./May I introduce you? ... are the Florios.
g. ... man over there is a doctor./ ... men over there are doctors.
h. ... Sunday, when we went for a ride in the car, was wonderful./ ... Sundays, when we went for rides in the car, were wonderful.
i. Let's go out for a meal ... coming Friday./Let's go out for a meal one of ... days.
j. ... was a funny thing to say./ ... were funny things to say.

8. Setzen Sie entweder *some* oder *any* in den folgenden Sätzen ein:

    a. I would like ... butter, please.
    b. Sorry, we don't have ... butter.
    c. You are in luck. You can take ... bus to Streatham.
    d. Have you ... potatoes? – Sorry, I don't want ...
    e. I don't know if we've got ...thing for you, sir.
    f. Do ... girls in your school play hockey? – ... do.
    g. John has ... things to say to you, Mr Houston.
    h. I don't think ... girls play hockey in our school.
    i. Did ...body call for me last night? – ... body did.
    j. We have ... really nice honey. If you want, you can have ...

9. Setzen Sie dasjenige der folgenden Wörter ein, das am besten dem Sinn entspricht: *all, every, each, much, many, both, either, neither:*

    a. Does she earn ... money?
    b. I'm afraid that he does not have ... time.
    c. You can have ... of the two holidays but you can't have ...
    d. Let's see ... of the two holidays but you can't have ...
    e. ... the children in the class were late.
    f. These cost 50 pence ...
    g. ...one in England knows the rules of cricket.
    h. I don't know him and ... do you.
    i. Which Hitchcock films have you seen? – Not ... of them but ...

10. Setzen Sie die passenden Interrogativpronomen ein:

    a. To ... did you speak?
    b. ... did you speak to?
    c. ... do you keep in your wallet?
    d. ... of the two musicals do you prefer?
    e. ... is that? (Who does it belong to?)
    f. ... did you say to him?
    g. ... time is it?
    h. ... of you want to go to the shops for me?
    i. ... did he lend your tools to?
    j. ... is your new house like?

11. Schreiben Sie die folgenden Sätze so um, dass sie umgangs-
    sprachlich werden. Dabei gibt es mehrere Lösungen:
    z. B. The address to which I wrote doesn't exist.
    Lösungen:
    The address which I wrote to doesn't exist.
    The address that I wrote to doesn' exist.
    The address I wrote to doesn't exist.

    a. The man to whom I spoke was in charge.
    b. The charity to which she donates money has just launched
       another appeal.
    c. The radio programme to which she always listens has just
       come on.
    d. The animal of which he is fondest is a gazelle.
    e. She has attained the respect for which she has worked.

Lösungen

1. a. He   e. him   i. it
    b. They   f. her   j. her
    c. him   g. her/it
    d. It   h. They

2. a. me   e. Me   i. us
    b. him   f. them   j. him
    c. them   g. Him
    d. her   h. her

3. a. After breakfast he shaved himself.
    b. One ought to wash oneself at least once a day.
    c. John dressed himself and collected his mail.
    d. We didn't behave ourselves at all well at the wedding.
    e. Charlie bought himself a milkshake.

4. a. himself   f. me   l. itself
    b. myself   g. her   m. yourselves
    c. ourselves   h. himself   n. it
    d. himself/   i. herself   o. herself
    e. yourself/   j. us
       yourselves   k. itself

5. a. Linford's mum packed his lunchbox for him. His lunchbox was always well-packed.
   b. The girls are going on holiday. Their favourite holiday destination is Paris.
   c. Rover the dog gnawed at the bone. His bone was big and juicy.
   d. The spider ran away into the corner. Its web was in the corner.
   e. The Frenchman went to buy a new hat. His old hat is a little battered.
   f. Barbara stood impatiently on the street-corner. Her taxi was late.
   g. The coat is lovely. Its colour is brown.
   h. Jennifer and Henry are a mysterious couple. No one knows their surnames.
   i. Tom the cat was asleep. A mouse nobbled his tail.
   j. Susan phoned her parents. Her mother answered.

6. a. mine
   b. mine
   c. ours
   d. mine
   e. his
   f. theirs
   g. mine
   h. theirs
   i. his
   j. its

7. a. that/those
   b. thist/these
   c. this; that/these; those
   d. that/those
   e. That/Those
   f. This/These
   g. That/Those
   h. That/Those
   i. this/these
   j. That/Those

8. a. some
   b. any
   c. any
   d. some; any
   e. any
   f. any; some
   g. some
   h. any
   i. any; some
   j. some; some

9. a. much
   b. much
   c. either; both
   d. both; either
   e. All
   f. each
   g. Every
   h. neither
   i. all; many

10. a. whom
    b. Who
    c. What
    d. Which
    e. Whose
    f. What
    g. What
    h. Which
    i. Who
    j. What

11. a. The man who I spoke to was in charge.
    The man that I spoke to was in charge.
    The man I spoke to was in charge.
  b. The charity which she donates money to has just launched another appeal.
    The charity that she donates money to has just launched another appeal.
    The chartiy she donates money to has just launched another appeal.
  c. The radio programme which she always listens to has just come on.
    The radio programme that she always listens to has just come on.
    The radio programme she always listens to has just come on.
  d. The animal which he is fondest of is a gazelle.
    The animal that he is fondest of is a gazelle.
    The animal he is fondest of is a gazelle.
  e. She has attained the respect which she has worked for.
    She has attained the respect that she has worked for.
    She has attained the respect she has worked for.

4. Adjektive

Grundwissen: Adjektive sind Wörter, die Substantive oder Pronomen näher bestimmen. Sie stehen als Attribut (1) oder als Prädikatsnomen (2):

(1)	*a tall tree*	*ein hoher Baum*
(2)	*The bicycle is red.*	*Das Fahrrad ist rot.*
	She is pretty.	*Sie ist hübsch.*

4.1. Steigerung des Adjektivs

Im Englischen können Adjektive gesteigert werden. Man hat wie im Deutschen eine erste und eine zweite Steigerungsstufe (Komparativ bzw. Superlativ).

Steigerung durch Endungen

Regel: Im Allgemeinen werden Adjektive gesteigert, indem man *-er* bzw. *-est* anhängt.

ungesteigert:	*Robert is young.*	*Robert ist jung.*
Komparativ:	*Mitch is younger.*	*Mitch ist jünger.*
Superlativ:	*Martin is the youngest.*	*Martin ist der Jüngste/am jüngsten.*

Regel: Endet das Adjektiv auf *-e,* so wird beim Komparativ nur *-r* (3) bzw. *-st* (4) beim Superlativ angehängt:

	a large apple	*ein großer Apfel*
(3)	*a larger apple*	*ein größerer Apfel*
(4)	*the largest apple*	*der größte Apfel*

Regel: Endet das Adjektiv auf *-y,* so wird das *y* in der Steigerung zu *i* (5):

(5) *ungesteigert:*	*happy*	*glücklich*
Komparativ:	*happier*	*glücklicher*
Superlativ:	*happiest*	*am glücklichsten*

Regel: Endet das Adjektiv auf kurzen Vokal + Konsonant, so wird der Konsonant bei der Steigerung verdoppelt (6):

(6)	*sad*	*wet*	*big*	*hot*
	sadder	*wetter*	*bigger*	*hotter*
	saddest	*wettest*	*biggest*	*hottest*

Steigerung durch more/most

Manche Adjektive kann man nicht durch das Anhängen von Endungen steigern. Man muss sie mit *more* und *most* steigern. Dazu gehören alle drei- und mehrsilbigen Adjektive sowie viele zweisilbige Adjektive außer denen, die auf -y enden (7):

(7)	*ungesteigert:*	*practical*	*praktisch*
	Komparativ:	*more practical*	*praktischer*
	Superlativ:	*most practical*	*am praktischsten*
	ungesteigert:	*pitiful*	*kläglich*
	Komparativ:	*more pitiful*	*kläglicher*
	Superlativ:	*most pitiful*	*am kläglichsten*
	ungestelgert:	*curious*	*neugierig*
	Komparativ:	*more curious*	*neugieriger*
	Superlativ:	*most curious*	*am neugierigsten*

Hinweis: Gebräuchliche zweisilbige Adjektive, die meist nicht mit *more/most* gesteigert werden, sind z. B. *clever (schlau)*, *narrow (eng)*, *noble (edel)* und *simple (einfach)*.

Die meisten zusammengesetzten Adjektive werden ebenfalls mit *more/most* gesteigert (8):

(8)	*ungesteigert:*	*self-conscious*	*bewusst*
	Komparativ:	*more self-conscious*	*bewusster*
	Superlativ:	*most self-conscious*	*am bewusstesten*

Hinweis: Zusammengesetzte Adjektive, deren erster Teil ein Adverb ist, werden gesteigert, indem man den adverbialen Teil steigert (→ 5.3 (9):

(9)	*well-prepared*	*gut vorbereitet*
	better-prepared	*besser vorbereitet*
	best-prepared	*am besten vorbereitet*
	fast-moving	*schnell*
	faster-moving	*schneller*
	fastest-moving	*am schnellsten*

Unregelmäßige Steigerung

	Komparativ	Superlativ	
bad	*worse*	*worst*	*schlecht*
good	*better*	*best*	*gut*
little	*less*	*least*	*wenig*
many	*more*	*most*	*viel*
much	*more*	*most*	*viel*
some	*more*	*many*	*einige*

Sonderfall: *old* wird normalerweise *old-older-oldest* gesteigert (10). Wenn es sich aber um Familienmitglieder handelt, heißt die Steigerung *old-elder-eldest* (11).

elder kann man nie in Zusammenhang mit *than* benutzen (10):

(10)	*Our house is the oldest one in the neighbourhood.*	*Unser Haus ist das älteste der Nachbarschaft.*
(11)	*Ralph is my eldest brother.*	*Ralph ist mein ältester Bruder.*
	We met Jason and his elder brother Barry.	*Wir trafen Jason und seinen älteren Bruder Barry.*
(12)	*Edwin is six years older than his brother Peter.*	*Edwin ist sechs Jahre älter als sein Bruder Peter.*

Hinweis: *far* wird als Adjektiv sowie als Adverb unregelmäßig gesteigert (→ 5.3. Bsp. 4–6). Zu *near* gibt es zwei Superlative *(nearest, next)*. Dasselbe gilt für *late (latest, last)*.

Steigerung durch less/least

Wenn man ein Adjektiv negativ steigern möchte, erfolgt dies mit *less* und *least* (13):

(13) *ungesteigert:*   *enthusiastic*   *begeistert*
     Komparativ: *less enthusiastic*   *weniger begeistert*
     Superlativ: *least enthusiastic*   *am wenigsten*
                                                    begeistert

   This painting is less well-known   Dieses Gemälde ist weniger
      than some of his other works.   bekannt als einige seiner
                                            anderen Werke.

   Rick was the least worried of   Von uns allen war Rick am
      all of us.   wenigsten besorgt.

   Our teacher is less strict than   Unsere Lehrerin ist weniger
      the others.   streng als die anderen.

   The least adventurous of our   Die aus unserer Gruppe, die
      group didn't join in the sky-   am wenigsten abenteuerlustig
      diving.   waren, machten beim Fall-
                                            schirmspringen nicht mit.

Statt Adjektive auf diese Weise negativ zu steigern, benutzt man oft das gegenteilige Adjektiv. Dieser Gebrauch entspricht dem Gebrauch im Deutschen. Jemand ist nicht etwa *weniger alt* als ein anderer, sondern er ist *jünger* (14):

(14) *old-younger-youngest*
     large-smaller-smallest

Adjektive, die nicht oder nur unvollständig gesteigert werden können

Genau wie im Deutschen können einige Adjektive wegen ihrer Bedeutung gar nicht gesteigert werden: Eine Sache ist perfekt, oder sie ist es nicht. Etwas anderes kann nicht *perfekter* sein, sonst wäre die erste Sache nicht perfekt, weil die zweite sie übertreffen würde (15):

(15) *all-powerful*   *allmächtig*
    perfect   *perfekt, vollkommen*
    priceless   *unschätzbar*
    single   *einzig*
    ultimate   *letzte(r,s), endgültig*
    unique   *einzigartig*

Manche Adjektive gibt es nur als Komparative. Dazu gehören (16):

(16) *superior to*   *besser als*
    inferior to   *niedriger als*
    junior to   *jünger als*
    senior to   *älter als*
    major   *größer*
    minor   *kleiner*
    interior   *innere*
    exterior   *äußere*

> *The wine of France is superior to American wine.*   *Der Wein aus Frankreich ist besser als amerikanischer Wein.*
>
> *The food at a snack bar is inferior to the food at a fine restaurant.*   *Das Essen in einer Imbissstube ist minderwertiger als das bei einem feinen Restaurant.*
>
> *General Matthews is senior to Lieutenant Lake.*   *General Matthews ist dienstälter/ranghöher als Leutnant Lake.*

Nur im Superlativ werden verwendet (17):

(17) *extreme*   *äußerst*
    supreme   *höchst*
    foremost   *vorderst*
    innermost   *innerst*
    outermost   *äußerst*
    uppermost   *oberst*

*The king was the supreme ruler   Der König war der oberste
  of the nation.   Herrscher der Nation.
Mr. Jones is the world's fore-   Herr Jones ist der führende
  most expert on whales.   Experte in Sachen Wale.
The satellite will travel to the   Der Satellit wird sich zu den
  outermost reaches of the   äußersten Bereichen der
  galaxy.   Galaxie fortbewegen.*

4.2. Attributiver Gebrauch

Grundwissen: Im attributiven Gebrauch steht das Adjektiv (oder mehrere Adjektive) direkt vor einem Substantiv (1):

(1) *the old bicycle   das alte Fahrrad
     a shiny new coin   eine glänzende neue Münze*

Anders als im Deutschen werden Adjektive im Englischen nicht gebeugt. Ein Adjektiv wird immer gleich geschrieben, egal, wo es im Satz
steht, und egal, ob das näher bestimmte Substantiv im Singular oder
Plural gebraucht ist (2):

(2) *an old bicycle   ein altes Fahrrad
     three rusty old bicycles   drei rostige alte Fahrräder
     an old, rusty bicycle   ein altes, rostiges Fahrrad
     with an old bicycle   mit einem alten Fahrrad
     the handlebars of an old   die Lenkstange eines alten
     German bicycle   deutschen Fahrrades.*

Auch Substantive können wie attributive Adjektive verwendet werden. Im
Englischen werden zwei Substantive nicht zu einem neuen Wort verbunden wie im Deutschen, sondern man setzt das eine Substantiv vor das
andere. Das erste Substantiv fungiert dann als Attribut. Diese Attribute
können weder gesteigert noch verstärkt werden (3):

(3) *school rules   Schulordnung
     research expedition   Forschungsexpedition
     business lunch   Geschäftsessen
     police car   Polizeiauto*

Adjektive im attributiven Gebrauch werden vor eine solche Zusammensetzung gestellt (4):

(4)   *a lengthy business lunch*   *ein langes Geschäftsessen*
       a dark blue police car   *ein dunkelblauer Polizeiwagen*

Auch Adverbien können als attributive Adjektive verwendet werden. Man kann sie weder steigern noch verstärken. Zu ihnen können keine Adjektive im attributiven Gebrauch hinzutreten (5):

(5)   *the then minister*   *der damalige Minister*
       the above paragraph   *der obige Abschnitt*

Wenn mehrere Attribute vor einem Substantiv stehen, werden sie in dieser Reihenfolge geordnet: Farbe-Herkunft-Stoff-Zweck. Adjektive, die nicht zu einer dieser Kategorien gehören, stehen an erster Stelle (6):

(6) übrige Adjektive	Farbe	Herkunft	Stoff	Zweck	Substantiv
large	*black*		*leather*	*basketball*	*shoes*
fast, sleek-looking	*red*	*Italian*		*sports*	*car*
superb	*dark*	*Bavarian*			*beer*

4.3 Prädikativer Gebrauch

Grundwissen: Im prädikativen Gebrauch steht das Adjektiv nach dem Verb und ergänzt das Subjekt oder das Objekt. Im Gegensatz zum Adverb wird nicht eine Handlung näher bestimmt.

Der prädikative Gebrauch kommt am häufigsten in Zusammenhang mit dem Verb *to be* vor, wobei das Subjekt ergänzt wird (1):

(1)   *I am happy.*   *Ich bin glücklich.*
       His shoes are dirty.   *Seine Schuhe sind schmutzig.*

Die Verben des Scheinens und Aussehens sowie der Sinneswahrnehmung (→ 6.10. Bsp. 2–3) stehen mit prädikativem Adjektiv, das das Subjekt ergänzt. Dies gilt aber nur in den Fällen, in denen diese Verben als Kopula *(linking verbs)* fungieren. Zu diesen Verben gehören (2):

(2) to seem · scheinen
to appear · scheinen
to look · aussehen
to feel · sich (an)fühlen
to sound · klingen
to taste · schmecken
to smell · riechen

The fabric looks soft. · Der Stoff sieht weich aus.
The fabric feels soft. · Der Stoff fühlt sich weich an.
The music sounds good. · Die Musik klingt gut.
The food tastes delicious. · Das Essen schmeckt lecker.
The food smells delicious. · Das Essen riecht lecker.

Eine weitere Form des prädikativen Gebrauchs ist gegeben, wenn man die Veränderung eines Zustands mit den Verben des Werdens *(become, get, go* oder *turn)* ausdrücken möchte (→ 6.10. Bsp. 1) (3):

(3) It's becoming difficult to keep track of all of the changes. · Es wird schwierig, über die ganzen Änderungen auf dem Laufenden zu bleiben.
It got dark around 5.30 p.m. · Um etwa 17.30 Uhr wurde es dunkel.
He went mad. · Er wurde wahnsinnig.
The sauce has gone bad. · Die Soße wurde schlecht.
In autumn the leaves turn brown. · Im Herbst werden die Blätter braun.

Subjektergänzungen kommen auch in Zusammenhang mit einigen Verben der Bewegung oder der Ruhe vor (→ 6.10. Bsp. 4–5):

Zu diesen Verben gehören (4):

to arrive · ankommen
to leave · weggehen
to lie · liegen
to remain · bleiben
to return · zurückkehren
to sit · sitzen
to stand · stehen

All of us remained calm.	Wir blieben alle ruhig.
The soldiers stood erect.	Die Soldaten standen aufrecht.
He lay exhausted on the ground.	Er lag erschöpft auf dem Boden.

Eine andere Art des prädikativen Gebrauchs ist die Ergänzung des direkten Objekts (→ 6.10. Bsp. 6–7, 9, 11). In solchen Fällen schreibt das Adjektiv nicht dem Subjekt des Satzes, sondern dem direkten Objekt eine Eigenschaft zu (5):

(5) I found the play boring.	Das Theaterstück fand ich langweilig.
Try to make your speech short and relevant.	Versuchen Sie, Ihre Rede kurz und treffend abzufassen.
It's becoming difficult to keep track of all of the changes.	Es wird schwierig, über die ganzen Änderungen auf dem Laufenden zu bleiben.
It got dark around 5.30 p.m.	Um etwa 17.30 Uhr wurde es dunkel.
He went mad.	Er wurde wahnsinnig.
The sauce has gone bad.	Die Soße wurde schlecht.
In autumn the leaves turn brown.	Im Herbst werden die Blätter braun.

Hinweis: Hier müssen Adjektive verwendet werden und nicht Adverbien, weil man ausdrücken möchte, wie das direkte Objekt beschaffen ist, und nicht, wie die Tätigkeit vor sich geht.

4.4. Ausschließlich prädikative und ausschließlich attributive Adjektive

Einige Adjektive dürfen nicht attributiv gebraucht werden, d. h., sie können nur prädikativ nach dem Verb im Satz erscheinen (1):

(1) *I was all alone.*   *Ich war ganz allein.*
     Jonathan stood perfectly still.   *Jonathan stand vollkommen still.*

Dazu gehören (2):

(2)

nur prädikativ gebrauchtes Adjektiv		entsprechendes Adjektiv im attributiven Gebrauch
afraid	*Angst habend*	*a frightened boy*
alive	*lebend*	*a living person*
alone	*allein*	*a solitary man*
asleep	*schlafend*	*a sleeping dog*
awake	*wach*	*an alert child*
aware	*bewusst*	*a conscious liar*
drunk	*betrunken*	*a drunken sailor*
ill	*krank*	*a sick woman*
still	*bewegungslos*	*a motionless person*
well	*gesund*	*a healthy girl*
worth	*wert*	*a worthy farewell*

Hinweis: Diese Adjektive sowie prädikative Adjektive im Allgemeinen müssen gemeinsam mit einem Verb im Satz erscheinen. Sie können sowohl im Haupt- als auch im Nebensatz vorkommen (3):

(3) *When I am all alone I often sing out loud.*

Einige Adjektive können nur attributiv verwendet werden. Um denselben Begriff prädikativ auszudrücken, kann man andere Adjektive, Relativsätze u. Ä. gebrauchen (4):

(4)	attributiv gebrauch-tes Adjektiv		Gegenstück im prädikativen Gebrauch
	earthen	*irden*	–
	elder	*älter*	*Eric is older than his brother Mark.*
	favourite	*Lieblings...*	*Blue is the colour that I like best.*
	former	*ehemalig*	–
	late	*verstorben*	*My grandfather is deceased.*
	inner	*innere(r,s)*	–
	left	*linke(r,s)*	*The switch is on the left side.*
	outer	*äußere(r,s)*	–
	right	*rechte(r,s)*	*The switch is on the right side.*
	spare	*übrig*	*This money is left over.*
	upper	*obere(r,s)*	–
	utter	*völlig*	*My astonishment was complete.*
	woollen	*wollen*	*My sweater is made of wool.*
	(vgl. auch *wooden, oaken*)		

4.5. Stellung des Adjektivs nach dem Substantiv

Einige Adjektive kann man betonen, indem man sie hinter das Substantiv stellt (1):

(1)	*possible*	*I think that my plan is the best solution possible.*	*Ich halte meinen Plan für die bestmögliche Lösung.*
	necessary	*We shall use any means necessary.*	*Wir werden alles Nötige tun.*
	imaginable	*Pele was the best player imaginable.*	*Pele war der denkbar beste Spieler.*
	available	*This is the best product available.*	*Dieses ist das beste Produkt, das es gibt.*

Es gibt auch einige vereinzelte Ausdrücke, bei denen das Adjektiv nach dem Substantiv steht (2):

(2)   *mother dear*   *liebe Mutter*
      all things German   *alles Deutsche*
      since time immemorial   *seit unerdenklichen Zeiten*

Bei einigen Wortzusammensetzungen kommt das Adjektiv nach dem Substantiv (3):

(3)   *court martial*   *Kriegsgericht*
      notary public   *öffentlicher Notar*
      solicitor general   *zweiter Kronanwalt*
      poet laureate   *Dichterfürst*

Bei diesen Zusammensetzungen bildet man den Plural nur mit dem Substantiv. Das Adjektiv bleibt wie immer unverändert (4):

(4)   *courts martial*
      notaries public
      solicitors general
      poets laureate

4.6. Substantivierte Adjektive

Grundwissen: Anders als im Deutschen ist es im Englischen oft nicht möglich, Adjektive in Substantive zu verwandeln, z. B. *die Größten,* im Englischen muss in fast allen Fällen noch ein Substantiv als so genanntes Stützwort dabeistehen (1):

(1)   *Ich nehme den roten (Apfel).*   *I'll take the red one.*
      Das weiße Auto ist schöner   *The white car is nicer than*
        als das rote.   *the red one.*
      ein Muskulöser   *a muscular man; a muscular*
                                  boy
      eine Rothaarige   *a red-haired woman;*
                                  a red-haired girl
      das Seltsame   *the strange thing*
      drei Wahnsinnige   *three crazy people*

one als Stützwort

Das Stützwort, das wohl am meisten vorkommt, ist *one* (bzw. im Plural *ones*). Man benutzt es allgemein (mit Adjektiven oder anderen Wendungen), um ein bereits genanntes Substantiv nicht wiederholen zu müssen (2). *one* kann eine Sache oder einen Menschen bezeichnen (3):

(2) *the red car or the blue car*	*das rote Auto oder das blaue Auto*
the red car or the blue one	*das rote Auto oder das blaue*

(3) *the tourists from China or the ones from Japan*	*die Touristen aus China oder die aus Japan*
Do you want to sit in that seat or this one?	*Möchtest du auf jenem Platz sitzen oder auf diesem?*
Are you talking about the woman who is standing there or the one who is sitting there?	*Sprichst du von der Frau, die da steht, oder von der, die da sitzt?*

one kann manchmal auch benutzt werden, wenn das Substantiv vorher nicht ausdrücklich genannt wurde (4):

(4) *Which one is your boyfriend? He's the one wearing the blue cap.*	*Welcher ist dein Freund? Es ist der, der die blaue Kappe trägt.*

Neben *one* sind die üblichsten Stützwörter (5):

(5) *thing*	*Sache*
person	*Mensch*
people	*Leute*
man	*Mann*
gentleman	*Herr*
fellow	*Kerl*
boy	*Junge*
woman	*Frau*
girl	*Mädchen*
lady	*Dame*

Sonderfälle: Adjektive ohne Stützwort

Nach dem Komparativ oder Superlativ kann das Stützwort ausfallen (6):

(6)   *He is the fastest of them all.*   *Er ist der schnellste von ihnen allen.*

      Doug is the friendlier of the duo.   *Doug ist der freundlichere des Duos.*

      The first time was the best.   *Das erste Mal war das beste.*

Das Stützwort entfällt, wenn die Gesamtheit von Personen einer bestimmten Eigenschaft bezeichnet wird (7):

(7)   *a school for the children of the rich*   *eine Schule für die Kinder der Reichen*

      He strives to help the poor and the oppressed.   *Er bemüht sich, den Armen und den Unterdrückten zu helfen.*

Man benötigt kein Stützwort nach dem Adjektiv *own* (8):

(8)   *I don't need it. I have my own.*   *Ich brauche es nicht. Ich habe mein eigenes.*

Nach Kardinal- oder Ordinalzahlen steht kein Stützwort (9):

(9)   *I have three bicycles, and he only has two.*   *Ich habe drei Fahrräder, und er hat nur zwei.*

      This is my first visit and his third.   *Dieses ist mein erster Besuch und sein dritter.*

Nach den Adjektiven *any, few, many, some* fehlt das Stützwort (10):

(10) *He made a lot of promises but kept few.*   *Er hat viele Versprechen gegeben, aber wenige gehalten.*

      Don asked Maria for some cigarettes, but she didn't have any.   *Don bat Maria um einige Zigaretten, aber sie hatte keine.*

      I don't own any compact discs, but I want to buy some.   *Ich besitze keine CDs, aber ich möchte welche kaufen.*

Bei zweigliedrigen Gegensätzen braucht man kein Stützwort (11):

(11) *The building has two wings: the old and the new.*   *Das Gebäude hat zwei Flügel: den alten und den neuen.*

Adjektive, die sich auf Dinge beziehen, die menschliche Kenntnisse übertreffen, werden oft ohne Stützwort geschrieben (12):

(12) *the occult*   *das Okkulte*
      the unknown   *das Unbekannte*
      the supernatural   *das Übernatürliche*

Bei Adjektiven der Erscheingsweise einer Publikation entfällt oft das Stützwort (13):

(13) *The New York Times is a daily newspaper.*
      The New York Times is a daily.

Die üblichsten davon sind (14):

(14) *annual*   *jährlich*
      bimonthly   *zweimonatlich*
      daily   *täglich*
      monthly   *monatlich*
      quarterly   *vierteljährlich*
      weekly   *wöchentlich*

Adjektive der Reihenfolge

Regel: Adjektive, die auf eine Reihenfolge hinweisen, können ohne Stützwort gebraucht werden. Zu diesen gehören die Ordinalzahlen (→ 10.) sowie (15):

(15) *the former*   *das Erstgenannte*
      the latter   *das Letztgenannte*
      the following   *das Folgende*

        I spoke with salesmen from   *Ich sprach mit Verkäufern von*
           Acme and from Universal;   *Acme und von Universal.*
           the former offered a better   *Die Erstgenannten boten eine*
           selection, but the latter   *bessere Auswahl, aber die*
           offered lower prices.   *Letztgenannten boten niedri-*
                                                  gere Preise.

        When you call, ask for one   *Wenn Sie anrufen, verlangen*
           of the following: Dr. Exel,   *Sie einen der Folgenden:*
           Mr. Schmidt or Mrs. Dunn.   *Dr. Exel, Herr Schmidt oder*
                                                  Frau Dunn.

Hinweis: *the former* und *the latter* spielen im Englischen manchmal die Rolle, die Demonstrativpronomen im Deutschen spielen (16):

(16) *She did my secretary's work in the latter's absence.*
Sie machte die Arbeit meiner Sekretärin in deren Abwesenheit.

deren lässt sich dabei *nicht* mit dem Posessivpronomen *her* wiedergeben, weil es sich auf beide Frauen beziehen könnte.

Nationalitätsbezeichnungen

Um Nationalitäten zu benennen, können die jeweiligen Adjektive prädikativisch gebraucht werden (17). Die substantivische Nationalitätsbezeichnung wird oft ohne Stützwort mit entsprechendem Adjektiv gebildet, sowohl im Singular (18) als auch im Plural (19). Wenn das gesamte Volk eines Landes gemeint ist, benutzt man die Mehrzahl mit *the* (20):

(17) *He is German.* — *Er ist Deutscher./Er kommt aus Deutschland.*

(18) *She is a German.* — *Sie ist eine Deutsche.*

(19) *Two Germans asked me where Big Ben is.* — *Zwei Deutsche fragten mich, wo Big Ben sei.*
Three Japanese asked me where Big Ben ist. — *Drei Japaner fragten mich, wo Big Ben sei.*

(20) *The Germans are famous for their love of travelling.* — *Die Deutschen sind für ihre Freude am Reisen berühmt.*
Wine is the favourite beverage of the French. — *Wein ist das Lieblingsgetränk der Franzosen.*

Die genaue Form der Substantivierung des Adjektivs bzw. der Bildung des Plurals hängt von der Endung des Adjektivs ab (→ 1).

Wenn das Adjektiv auf *-an* endet, lautet es als Substantiv gleich. Im Plural wird *-s* angehängt (21):

(21)

Adjektiv	Singular	Plural	Kollektivbezeichnung
American	*American*	*Americans*	*the Americans*
German	*German*	*Germans*	*the Germans*

Wenn das Adjektiv auf *-ese* oder *-ss* endet, werden die Substantive im Singular und Plural gleich geschrieben (22):

(22)

Adjektiv	Singular	Plural	Kollektiv-bezeichnung
Japanese	*Japanese*	*Japanese*	*the Japanese*
Swiss	*Swiss*	*Swiss*	*the Swiss*

Endet das Adjektiv auf *sh* oder *-ch,* unterscheiden sich die einzelnen substantivierten Formen (23):

(23)

Adjektiv	Singular	Plural	Kollektiv-bezeichnung
English	*Englishman*	*Englishmen*	*the English*
Irish	*Irishman*	*Irishmen*	*the Irish*
Scottish	*Scotsman*	*Scotsmen*	*the Scots*
Welsh	*Welshman*	*Welshmen*	*the Welsh*
French	*Frenchman*	*Frenchmen*	*the French*
Dutch	*Dutchman*	*Dutchmen*	*the Dutch*
British	*Briton*	*Britons*	*the British*
Danish	*Dane*	*Danes*	*the Danes*
Finnish	*Finn*	*Finns*	*the Finns*
Spanish	*Spaniard*	*Spaniards*	*the Spanish*
Polish	*Pole*	*Poles*	*the Poles*
Swedish	*Swede*	*Swedes*	*the Swedes*
Turkish	*Turk*	*Turks*	*the Turks*
Czech	*Czech*	*Czechs*	*the Czechs*

Hinweis: Nationalitätsbezeichnungen, die auf *-man* bzw. *-men* enden, enden in der weiblichen Form auf *-woman* bzw. *-women: Englishwoman, Irishwomen.*

Wenn das Adjektiv auf *-i* endet, lautet es als Substantiv gleich: Im Plural wird *-s* angehängt (24):

(24)

Adjektiv	Singular	Plural	Kollektiv-bezeichnung
Iraqi	*Iraqi*	*Iraqis*	*the Iraqis*
Thai	*Thai*	*Thais*	*the Thais*
Pakistani	*Pakistani*	*Pakistanis*	*the Pakistanis*

Sonderfälle (25):

(25)

Adjektiv	Singular	Plural	Kollektiv-bezeichnung
Filipino	*Filipino*	*Filipinos*	*the Filipinos*
Greek	*Greek*	*Greeks*	*the Greeks*

Hinweis: Diese substantivierte Nationalitätsbezeichnung benutzt man im Englischen, wenn man etwas über eine Person eines gewissen Landes aussagt. Wenn man die Nationalität eines Menschen beschreiben will, gebraucht man *to be* mit prädikativem Adjektiv. *Ich bin Engländerin* heißt also nicht *I'm Englishwoman,* sondern *I'm English* (26):

(26) *Er ist Deutscher.*   *He is German.*
     Er ist Spanier.   *He is Spanish.*

Sprachen

Das englische Wort für eine bestimmte Sprache ist in der Regel mit der substantivierten Form der Nationalitätsbezeichnung des Landes identisch, aus dem die Sprache stammt (27):

(27)

Land	Nationalitäts-bezeichnung	Sprache
Germany	*German*	*German*
Japan	*Japanese*	*Japanese*
France	*French*	*French*

Daneben gibt es auch Sprachen, deren Bezeichnung nicht vom Namen eines heute existierenden Landes abgeleitet sind, z. B. Arabic, Afrikaans, Mandarin, Flemish, Persian (28):

Rassen- und Volksgruppenbezeichnung

Bei Rassen- und Volksgruppenbezeichnung können Adjektive zu zählbaren Substantiven gemacht werden (28). Im Plural wird -s angefügt (29):

(28) *George is white.*   *George ist Weißer.*
David is Hispanic.   *David ist Latino.*
An Asian got the job.   *Ein Asiate hat den Posten
bekommen.*

(29) *Five thousand blacks live in*   *Fünftausend Schwarze
this city.*   *wohnen in dieser Stadt.*

Wenn über die Gesamtheit einer Rasse oder Volksgruppe gesprochen
wird, wird das substantivierte Adjektiv ohne Artikel benutzt (30):

(30) *He fought for civil rights*   *Er trat für die Bürgerrechte
for blacks.*   *der Schwarzen ein.*

Zu Substantiven gewordene Adjektive

Einige Substantive sind von Adjektiven abgeleitet. Der Gebrauch dieser Substantive unterscheidet sich nicht vom Gebrauch anderer Substantive (31):

(31)

Adjektiv		Substantiv	
equal	*gleich*	*equal*	*Gleichgestellte(r, s)*
good	*gut*	*goods*	*Güter*
individual	*einzeln*	*individual*	*Einzelperson*
local	*örtlich*	*locals*	*Ortsansässige(r)*
minor	*unbedeutend*	*minor*	*Minderjährige(r)*
mortal	*sterblich*	*mortal*	*Sterbliche(r)*
native	*einheimisch*	*native*	*Einheimische(r)*
new	*neu*	*news*	*Neuigkeiten, Nachrichten*
prerequisite	*erforderlich*	*prerequisite*	*Voraussetzung*
round	*rund*	*round*	*Runde*
single	*einzeln*	*single*	*Single*
sweet	*süß*	*sweets*	*Süßigkeiten*

4.7. Vergleich von Adjektiven

Gleichheit
Die Gleichheit zweier Adjektive drückt man mit *as ... as* aus (1):

(1) *as good as*   *(eben)so gut wie*
     as large as   *(eben)so groß wie*
     I'm just as smart as he (is).   *Ich bin genauso schlau wie er.*

Die Ungleichheit drückt man mit der ersten Steigerungsstufe + *than* aus (2):

(2) *larger than*   *größer als*
     better than   *besser als*
     more dangerous than   *gefährlicher als*

Wenn man aussagen möchte, dass das eine geringer ist als das andere (im Deutschen *nicht so ... wie*), übersetzt man mit *not as ... as* (3) oder – seltener – mit *less ... than* (4):

(3) *Denmark is not as large as*   *Dänemark ist nicht so groß*
     Germany.   *wie Deutschland.*
(4) *Skydiving is less dangerous*   *Fallschirmspringen ist weniger*
     than hang-gliding.   *gefährlich als Drachenfliegen.*

Hinweis: In der Umgangssprache werden die Personalpronomen *I, he, she, we, they* bei Vergleichen (5) manchmal durch die Objektformen *me, him, her, us, them* ersetzt (6):

(5) *Her roommate is even shorter*   *Ihre Mitbewohnerin ist noch*
     than she.   *kleiner als sie.*
     I realized that everyone in the   *Ich erkannte, dass alle in der*
     class was as smart as I.   *Klasse so schlau waren wie*
                                           ich.

(6) *Her roommate isn't taller than*   *Ihre Mitbewohnerin ist nicht*
     her.   *größer als sie.*
     My colleagues are as   *Meine Kollegen sind genauso*
     dedicated as me.   *engagiert wie ich.*

Der Ausdruck *je ... desto ...* übersetzt man mit *the* + Komparativ ... *the* + Komparativ. Anders als im Deutschen bleibt der normale Satzbau (Subjekt vor Prädikat) auch im zweiten Teil erhalten (7):

(7) *The later it gets, the colder it*   *Je später es wird, desto kälter*
     gets.   *wird es.*
     The more renowned a gem   *Je berühmter ein Edelstein*
     becomes, the more valuable   *wird, desto wertvoller wird er.*
     it becomes.

4.8. Die allmähliche Steigerung

Für die allmähliche Steigerung (im Deutschen *immer mehr*) benutzt man Komparativ + Komparativ (1):

(1)   *larger and larger*   *immer größer*
     hotter and hotter   *immer heißer*
     faster and faster   *immer schneller*
     better and better   *immer besser*
     worse and worse   *immer schlechter*
     She seems to be getting   *Sie scheint immer fauler*
       lazier and lazier.   *zu werden.*

Adjektive, die mit *more* gesteigert werden (→ 4.1. Bsp. 6–7), werden allmählich gesteigert mit *more and more* + ungesteigertem Adjektiv (2):

(2)   *more and more fascinated*   *more and more self-conscious*
     The lecture got more and   *Der Vortrag wurde immer*
      more interesting.   *interessanter.*

Eine negative allmähliche Steigerung (im Deutschen *immer weniger*) erfolgt mit *less and less* + ungesteigertes Adjektiv (3):

(3)   *less and less certain*   *immer weniger sicher*
     less and less interested   *immer weniger interessiert*
     As we described the plan to   *Als wir ihm den Plan beschrie-*
      him, he became less and less   *ben, war er immer weniger*
      enthusiastic about it.   *davon begeistert.*

4.9. Verstärkung von Adjektiven

Grundwissen: Adjektive werden durch Adverbien oder Adverbialbestimmungen verstärkt.

Verstärkung der Grundstufe

Um ein Adjektiv positiv zu verstärken (im Deutschen *sehr*), benutzt man u.a. (1):

(1) Verstärkung	Anwendungsbeispiel (Verstärkung des Adjektivs *beautiful*)
very	*Today was a very beautiful day.*
a most	*Today was a most beautiful day.*
quite	*Today was quite a beautiful day.*
extremely	*today was an extremely beautiful day.*
exceptionally	*Today was an exceptionally beautiful day.*

Um ein Adjektiv beschränkt positiv zu verstärken (im Deutschen *etwas, einigermaßen)*, benutzt man (2):

(2) *rather*	*She is rather upset.*
somewhat	*She is somewhat upset.*
a bit	*She is a bit upset.*
fairly	*She is fairly upset.*
a little	*She is a little upset.*

Adjektive verneint man verstärkt mit *not at all, not a bit* oder *by no means* (3):

(3) *He's not at all displeased.*	Er ist überhaupt nicht unzufrieden.
I'm not a bit worried about the exam.	Ich mache mir gar keine Sorgen um die Prüfung.

Hinweis: Das verstärkende Adverb *very* kann auch ein Adjektiv sein. Es steht in diesem Fall vor einem Substantiv und hebt es hervor (4) oder bestimmt es näher (5):

(4) *I spoke with him that very day.*	Genau an diesem Tag sprach ich mit ihm.
The very idea is absurd!	So eine unsinnige Idee!
(5) *That actress only appears at the very end of the film.*	Diese Schauspielerin tritt erst ganz am Ende des Films auf.

Verstärkung des Komparativs

Um einen Komparativ zu verstärken, benutzt man folgende Adverbien mit dem Komparativ des Adjektivs (6):

(6)

	Anwendungsbeispiel (Verstärkung des Adjektivs *good*)	
somewhat	*The first film was somewhat better than the second.*	*Der erste Film war etwas besser als der zweite.*
a bit	*The first film was a bit better than the second.*	*Der erste Film war ein bisschen besser als der zweite.*
far	*The first film was far better than the second.*	*Der erste Film war weitaus besser als der zweite.*
by far	*The first film was better by far.*	*Der erste Film war weitaus besser.*
much	*The first film was much better.*	*Der erste Film war viel besser.*
a lot	*The first film was a lot better than the second.*	*Der erste Film war viel besser als der zweite.*
quite a bit	*The first film was quite a bit better than the second.*	*Der erste Film war schon viel besser als der zweite.*

Hierbei wird nicht erwähnt, ob der zweite Film gut war, sondern nur ausgesagt, dass der erste besser war. Deshalb gibt es noch folgende Formulierungsmöglichkeiten (7):

(7) *The second film was good, but   Der zweite Film war gut, aber
      the first film was much better.   der erste Film war viel besser.*

Folgende Adverbien kann man nur benutzen, wenn die Grundstufe des Adjektivs sowohl für das Erstgenannte als auch für das Zweitgenannte gilt. Sie entsprechen dem deutschen *noch* (8):

(8) *even   The first film was even better
                                      than the second.*
     *yet   The first film was good, and
                                      the second was better yet.*
     *still   The first film was good, and
                                      the second was better still.*

Der Ausdruck *all the* + Komparativ entspricht dem deutschen *um so* ... (9):

(9) *That's all the more coincid-*   *Das ist umso zufälliger, als*
     ental, because Jamie and   *Jamie und Bret heute auch*
     Bret were there today as well.   *dort waren.*

Folgende Adverbien benutzt man, um einen Komparativ negativ zu verstärken (im Deutschen *kaum*) (10):

(10) *hardly*   *Physics is hardly more interest-*
                                             ing than chemistry.
     scarcely   *Peabody's perfomance was*
                                             bad, and mine was scarcely
                                             better.

Wenn man einen Komparativ verneinen möchte (im Deutschen *nicht*), benutzt man *no* (11):

(11) *He's no taller than he was*   *Er ist nicht größer als letztes*
     last year.   *Jahr.*
     He is no more intelligent   *Er ist nicht intelligenter als*
     than his colleague.   *sein Kollege.*
     I'm no less inclined to take   *Ich neige nicht weniger dazu,*
     risks than Ned is.   *Risiken einzugehen, als Ned.*

Einen Komparativ kann man auch mit einem Negativsatz verneinen. Diese Form wirkt deutlicher und man benutzt sie v. a., wenn ein Gesprächspartner gerade den Komparativ behauptet hat oder meint, dass der Komparativ stimmt (12):

(12) *He is not more intelligent*   *Er ist nicht intelligenter als*
     than his colleague.   *sein Kollege.*
     A trip to Melbourne isn't   *Eine Reise nach Melbourne ist*
     more expensive than one   *nicht teurer als eine nach*
     to Sydney.   *Sydney.*

Um den Komparativ stärker zu verneinen (im Deutschen *nicht im geringsten, kein bisschen*) benutzt man (13):

not at all *He's not at all thinner than he was when he began his*
              diet.
not a bit   *He's not a bit taller than he was last year.*

Hinweis: Die Verstärkung des Komparativs muss nicht unbedingt im Vergleich mit einer anderen Sache erfolgen. Es kann sich auch um einen Vergleich in sich selbst handeln (13):

(13) *The weather is awful, and it probably won't get much better.*

Das Wetter ist furchtbar, und es wird wohl nicht wesentlich besser werden.

Sorry I'm late – I'm usually a bit more punctual.

Es tut mir Leid, dass ich zu spät komme. Normalerweise bin ich etwas pünktlicher.

He's tall, and next year he'll be even taller.

Er ist groß, und nächstes Jahr wird er noch größer sein.

Verstärkung des Superlativs

Um einen Superlativ zu verstärken benutzt man (14):

(14) *the ... of all*

He is the most famous singer of all.

by far the ...

It's by far the largest building in the city.

far and away the ...

This is far and away the best book he has ever written.

the very ...

Clive is the very worst player of the team.

absolutely the ...

I'd call it absolutely the most hilarious play of the season.

Übung

1. Geben Sie die erste und zweite Steigerungsstufe jedes Adjektivs an:

    a. skinny
    b. young
    c. cold
    d. tall
    e. fit
    f. crowded
    g. bad
    h. beautiful
    i. sharp
    j. pale

2. Fügen Sie das Stützwort nur wo nötig ein:

    a. Both performances were good, but Digby's was the better ... of the two.
    b. That film was boring, but I recently saw a more interesting ...
    c. The funny ... was that he didn't know that it was all a joke.
    d. Nobody except a crazy ... would try that.
    e. Your mother was a very kind ...
    f. Is your brother the tall man or the short ...?
    g. Your son Paul is certainly a clever ...
    h. The charity provides clothing to the less fortunate ...
    i. The group consists of two white men and four black ...
    j. I have no money left. Do you have any...?
    k. The best ... about her plan is its simplicity.
    l. I want to start collecting model planes, but so far I only have two ...
    m. I like this brand better than any of the other ...
    n. Three Irish ... were sitting at the next table.
    o. The shop has both cheap items and very expensive ...
    p. Jackson owns three cars, but he wants more ...
    q. This trip to Lima was my first ...
    r. The French ... have made cooking into an art.
    s. Vince Jones is the only ... who wrote to me this month.
    t. Only rich ... could afford that house.

3. Übersetzen Sie folgende Sätze:

    a. Zwei Spanier gingen ins Hotel.
    b. Sie ist Irin.

   c. Die Chinesen sind sehr interessant.
   d. Lars und zwei andere Norweger kamen ins Zimmer.
   e. In dieser deutschen Stadt wohnen dreißig Engländer.
   f. Ich bin Deutsche.
   g. Ihr Ehemann ist Iraker.
   h. Die Amerikaner arbeiten vierzig Stunden pro Woche.
   i. Bei der Firma arbeiten drei Deutsche, zwei Japaner und eine Engländerin.
   j. Ich kenne drei Schweden.

Lösungen

1. a. skinnier; skinniest
    b. younger; youngest
    c. colder; coldest
    d. taller; tallest
    e. fitter; fittest
    f. more crowded; most crowded
    g. worse; worst
    h. more beautiful; most beautiful
    i. sharper; sharpest
    j. paler; palest

2. a. kein Stützwort nötig
    b. one
    c. thing
    d. person
    e. woman oder person
    f. one oder man
    g. boy oder man oder fellow
    h. kein Stützwort nötig
    i. men oder women
    j. kein Stützwort nötig
    k. thing
    l. kein Stützwort nötig
    m. ones oder brand
    n. men oder women oder tourists oder businessmen usw.
    o. ones
    p. kein Stützwort nötig
    q. kein Stützwort nötig
    r. kein Stützwort nötig
    s. person
    t. people

3. a. Two Spaniards went into the hotel.
    b. She is Irish.
    c. The Chinese are very interesting.
    d. Lars and two other Norwegians came into the room.
    e. Thirty Englishmen live in this German city.
    f. I am German.
    g. Her husband is Iraqi.
    h. The Americans work forty hours per week.
    i. Three Germans, two Japanese and one Englishwoman work at the firm.
    j. I know three Swedes.

5. Adverb

5.1. Unterschied zum Adjektiv

Grundwissen: Anders als im Deutschen werden im Englischen Adverbien und Adjektive meistens unterschiedlich geschrieben und unterschiedlich gebraucht. Während ein Adjektiv die Art oder die Eigenschaften einer Sache bzw. eines Menschen beschreibt und dabei ein Substantiv oder Pronomen näher bestimmt, stehen Adverbien als Ergänzungen zu Verben (1), Adjektiven (2), anderen Adverbien (3) oder auch ganzen Sätzen (4):

		Adverb des Satzes	näher bestimmtes Wort	
(1)	*Rob works slowly.*	*slowly*	*works*	*Rob arbeitet langsam.*
(2)	*The service was extremely good.*	*extremely*	*good*	*Die Bedienung war äußerst gut.*
(3)	*He did his work extremely well.*	*extremely*	*well*	*Er hat seine Arbeit äußerst gut gemacht.*
(4)	*Surprisingly, Rusty didn't even mention his new car.*	*surprisingly*	*(der ganze Satz)*	*Überraschenderweise hat Rusty sein neues Auto nicht einmal erwähnt.*

Beispiele zum Unterschied zwischen Adjektiv und Adverb (5):

(5) *You did a perfect job.*   *Du hast eine tadellose Arbeit geleistet.*
     You did it perfectly.   *Du hast es tadellos gemacht.*

Im ersten Satz bezieht sich *tadellos* auf *Arbeit* (eine Sache) und ist ein Adjektiv. Im zweiten Satz bezieht sich *tadellos* auf *machen* (eine Tätigkeit) und ist ein Adverb.

He is an extremely good   *Er ist ein äußerst guter*
    actor.   *Schauspieler.*
He sings extremely well.   *Er singt äußerst gut.*

Im ersten Satz bestimmt *äußerst* das Adjektiv *gut* näher; *äußerst* ist also ein Adverb. Im zweiten Satz bestimmt *gut* das Verb *singt* näher und ist somit ein Adverb. Das Adverb *gut* wird von *äußerst* näher bestimmt; *äußerst* ist hier ebenfalls ein Adverb.

5.2. Formen des Adverbs

Bildung des Adverbs

Regel: Man bildet die meisten Adverbien, indem man *-ly* an das entsprechende Adjektiv anhängt (1):

	Adjektiv	Adverb	
(1)	*cheerful*	*cheerfully*	*fröhlich*
	sad	*sadly*	*traurig*
	mistaken	*mistakenly*	*irrtümlich*

Endet das Adjektiv auf *-y,* so wird *y* zu *i* (2):

(2)	*happy*	*happily*	*glücklich*
	easy	*easily*	*einfach*

Endet das Adjektiv auf *-le* und steht davor ein Konsonant, so entfällt das *e* (3):

(3)	*humble*	*humbly*	*bescheiden*
	terrible	*terribly*	*schrecklich*
	horrible	*horribly*	*fürchterlich*

Endet das Adjektiv auf *-ic,* so wird *-ally* angehängt (4):

(4)	*automatic*	*automatically*	*automatisch*
	magic	*magically*	*magisch*

Endet das Adjektiv auf *-ll,* so entfällt ein *l* (5):

(5)	*full*	*fully*	*voll*
	shrill	*shrilly*	*schrill*

Adjektive auf -ly

Endet ein Adjektiv auf *-ly,* kann man nicht unbedingt davon ausgehen, dass es ein Adverb ist. *friendly, lovely, homely, lowly, sickly* sind alles Adjektive (6):

(6) *a friendly man*

Um aus solchen Adjektiven ein Adverb zu bilden, sagt man *in a ... way* oder *in a ... manner* (7):

(7) *He said it in a friendly way.*   *Er sagte es freundlich.*
     He dresses in a slovenly   *Er zieht sich schlampig an.*
       manner.
     Elaine was dancing about in   *Elaine tanzte albern hin und*
       a silly way.   *her.*

Unregelmäßig gebildete Adverbien

Von den bisher behandelten Regeln weichen ab (8):

(8) Adjektiv   Adverb
     due   *duly*   *ordnungsgemäß*
     good   *well*   *gut*
     shy   *shyly*   *schüchtern*
     public   *publicly*   *öffentlich*
     true   *truly*   *wahr*
     whole   *wholly*   *ganz*

Adjektiv: *Nigel is a good player.*   *Nigel ist ein guter Spieler.*
Adverb: *Nigel plays well.*   *Nigel spielt gut.*

Sonderfall: Die adverbiale Form von *difficult (schwierig)* ist *with difficulty.*

Ursprüngliche Adverbien

Im Englischen gibt es genau wie im Deutschen Adverbien (z. B. *sehr),* die nicht von einem Adjektiv abgeleitet sind. Zu diesen so genannten ursprünglichen Adverbien gehören u. a. (9):

(9)
also	*auch*
already	*schon*
always	*immer*
doubtless	*zweifellos*
here	*hier*
never	*nie*
not	*nicht*
now	*jetzt*
often	*oft*
quite	*ziemlich*
sometimes	*manchmal*
soon	*bald*
then	*dann*
there	*da*
today	*heute*
tomorrow	*morgen*
tonight	*heute Nacht, heute Abend*
very	*sehr*
yesterday	*gestern*
yet	*noch*

Formgleichheit von Adverb und Adjektiv

Einige Adverbien und Adjektive sind form- und bedeutungsgleich (10):

(10) *The Washington Post is published daily.*
The Washington Post is a daily newspaper.

Die üblichsten davon sind (11):

(11)
daily	*täglich*
early	*früh*
enough	*genug, genügend*
far	*weit*
fast	*schnell*
hard	*hart*
hourly	*stündlich*
late	*spät*
long	*lang*
low	*tief*
monthly	*monatlich*
nightly	*nächtlich*
quarterly	*vierteljährlich*

straight	*gerade*
weekly	*wöchentlich*
yearly	*jährlich*

Einige Adjektive dienen zugleich als Adverbien, bilden aber außerdem eine abgeleitete *-ly* Form, die eine andere Bedeutung hat (12):

(12)

nicht abgeleitetes Adverb		abgeleitetes Adverb	
fair	*gerecht*	*fairly*	*1) ziemlich*
			2) gerecht
hard	*hart, schwierig*	*hardly*	*kaum*
just	*gerade, so-eben*	*justly*	*gerecht*
late	*spät*	*lately*	*in letzter Zeit*
most	*am meisten*	*mostly*	*größtenteils*

Einige Adverbien haben dieselbe Form wie das Adjektiv, jedoch eine völlig andere Bedeutung (13):

(13)

Adjektiv		Adverb	
clean	*sauber*	*clean*	*glatt*
ill	*krank*	*ill*	*schlecht*
only	*einzige(r,s)*	*only*	*nur*
pretty	*hübsch*	*pretty*	*ziemlich*
still	*bewegungslos*	*still*	*noch*
well	*gesund*	*well*	*gut*

Hinweis: Manchmal muss man die Bedeutung des Verbs in Betracht ziehen, um zu entscheiden, ob ein Adjektiv oder ein Adverb verwendet werden muss (14):

(14) *That man looks*   (Adjektiv)   *Dieser Mann sieht*
      suspicious.   *verdächtig aus.*
    That man looked   (Adverb)   *Dieser Mann sah mich*
      at me suspiciously.   *argwöhnisch an.*

Im ersten Satz bezieht sich *suspicious* nicht auf *look*, sondern es beschreibt das Subjekt *that man*. Es handelt sich um zwei verschiedene Bedeutungen von *look: aussehen* und *ansehen* (→ 4.3. Bsp. 2–4).

Die Bedeutung spielt auch eine Rolle, wenn das fragliche Wort nach einem direkten Objekt (→ 4.3. Bsp. 5) erscheint (15):

(15) *I found it easily.*	(Adverb)	*Ich habe es leicht gefunden.*
I found it easy.	(Adjektiv)	*Ich fand es einfach.*

Im ersten Satz benötigt man ein Adverb, weil man die Tätigkeit des Findens näher bestimmen möchte. Im zweiten Satz erzählt man Näheres über *it*. Es handelt sich erneut um verschiedene Bedeutungen von *find: entdecken* und *betrachten*.

Viele Adjektive können gar nicht zu Adverbien gemacht werden (16):

(16) *favourite*	*Lieblings...*
priceless	*unschätzbar*
woollen	*wollen*
major	*Haupt...*
boring	*langweilig*

5.3. Steigerung des Adverbs

Regel: Die Steigerung des Adverbs erfolgt durch *more* und *most* (1):

(1) *easily*	*einfach*
more easily	*einfacher*
most easily	*am einfachsten*

Einige Adverbien können nicht gesteigert werden (z.B. *sometimes*).

Einsilbige Adverbien, die nicht zur letztgenannten Gruppe gehören, werden mit *-er* und *-est* gesteigert (2):

(2) *Leroy ran fast.*	*Leroy lief schnell.*
Carl ran faster.	*Carl lief schneller.*
Linford ran fastest.	*Linford lief am schnellsten.*

unregelmäßige Steigerungen (3):

(3) *badly; worse; worst*
well; better; best
much; more; most
little; less; least

Sonderfall: Das Adverb *far* hat zwei verschiedene Steigerungen, die vom Sinn des Wortes abhängen (4):

(4) *far; farther; farthest*
far; further; furthest

Wenn *far* im Sinne von *räumlich weiter* gemeint ist, kann es mit *farther-farthest* oder *further-furthest* gesteigert werden (5). Wenn es aber im Sinne von *zu einem höheren Grad* gemeint ist, kann es nur mit *further-furthest* gesteigert werden (6).

(5) *I can throw a ball far, but John can throw one even farther.*
I can throw a ball far, but John can throw one even further.

(6) *I'm far from being finished with the job, but John is even further.*

5.4. Stellung im Satz

Adverbien, die Verben näher bestimmen, können an verschiedenen Stellen im Satz erscheinen (1):

(1) vor dem Verb:	*I occasionally listen to the evening news.*
vor dem Subjekt:	*Occasionally I listen to the evening news.*
nach dem direkten Objekt:	*I listen to the evening news occasionally.*

Anders als im Deutschen können Adverbien im Englischen zwischen Subjekt und Verb stehen (2):

(2) *He often takes a walk in the park.*	*Er geht oft im Park spazieren.*
I still don't understand what he's saying.	*Ich verstehe immer noch nicht, was er sagt.*

My cousin almost lost his life in a plane crash.	*Mein Cousin ist bei einem Flugzeugabsturz fast ums Leben gekommen.*

Adverbien, die oft an dieser Stelle erscheinen (3):

(3)	*almost*	*fast*
	already	*schon, bereits*
	also	*auch*
	always	*immer*
	hardly	*kaum*
	just	*bloß*
	nearly	*beinahe*
	never	*nie*
	normally	*normalerweise*
	often	*oft*
	only	*nur*
	rarely	*selten*
	seldom	*selten*
	sometimes	*manchmal*
	still	*noch*
	usually	*üblicherweise*

Regel: Adverbien, die Adjektive oder andere Adverbien näher bestimmen, dürfen nur vor dem Adjektiv (4) bzw. Adverb (5) stehen:

(4)	*She did a surprisingly good job.*	*Sie hat eine überraschend gute Arbeit geleistet.*
(5)	*She did it surprisingly well.*	*Sie hat es überraschend gut gemacht.*

Sonderfall: Das Adverb *enough* erscheint immer unmittelbar nach dem Adverb (6) oder Adjektiv (7), das es näher bestimmt.

(6)	*Oddly enough, I was the only one who had heard the news.*	*Sonderbarerweise war ich der Einzige, der die Neuigkeiten gehört hatte.*
(7)	*Her marks weren't good enough to satisfy her parents.*	*Ihre Noten waren nicht gut genug, um ihre Eltern zufrieden zu stellen.*

Regel: Adverbien werden nicht zwischen Verb und direktes Objekt gestellt (8):

(8)	*He gradually improved his English.*	*Er verbesserte allmählich seine Englischkenntnisse.*
	I never eat oysters.	*Ich esse nie Austern.*
	He quickly drew a pistol.	*Er zog schnell eine Pistole.*

Sonderfall: Das Adverb *ago* erscheint immer unmittelbar nach einer Zeitangabe (9):

(9)	*I travelled to Rome thirty years ago.*	*Vor dreißig Jahren reiste ich nach Rom.*
	A few days ago, I received a letter from an old friend.	*Vor ein paar Tagen bekam ich einen Brief von einem alten Freund.*
	That was a long time ago.	*Das ist lange her.*

Sonderfall: Das Adverb *too* erscheint nach (10) oder vor (11) dem Wort, auf das es sich bezieht, je nach dem Sinn:

(10)	*I left at nine o'clock, and Shelly did too.*	*Ich ging um neun Uhr, und Shelly tat es auch.*
	She's very intelligent, and personable too.	*Sie ist sehr intelligent und sympathisch dazu.*
(11)	*Ollie was none too pleased to hear the news.*	*Ollie war keineswegs froh, die Neuigkeiten zu hören.*
	He moves too clumsily to be successful as a gymnast.	*Er bewegt sich zu ungeschickt, um als Kunstturner erfolg- zu sein.*

Einige Richtlinien zur Stellung des Adverbs

Außer den oben genannten Regeln gibt es keine festen Richtlinien zur Stellung des Adverbs, aber immerhin Wortstellungen, die häufig vorkommen.

Adverbien der Zeit (z. B. *afterwards, already, recently, soon, then*) erscheinen normalerweise am Satzende (12) oder am Satzbeginn (13):

(12) *They will do it tomorrow.*   *Sie werden es morgen tun.*
(13) *Yesterday I went to the*   *Gestern ging ich zum*
     dentist.   *Zahnarzt.*

Adverbien des Ortes (z.B. *everywhere, far, outside, somewhere*) stehen in der Regel am Satzende (14):

(14) *I want to meet him here.*   *Ich möchte ihn hier treffen.*
     You can buy anything you   *Dort kann man alles kaufen,*
     need there.   *was man braucht.*

Wenn ein Satz Adverbien des Ortes und der Zeit aufweist, wird im Deutschen sehr oft das Adverb der Zeit zuerst geschrieben. Im Englischen steht normalerweise das Adverb des Ortes voran (15):

(15) *I have to go home now.*   *Ich muss jetzt nach Hause*
                                          gehen.

In Sätzen mit zwei Zeitangaben kommt im Deutschen die allgemeinere zuerst, während im Englischen meistens die genauere an erster Stelle gebraucht wird (16):

(16) *I will be there at six o'clock*   *Morgen um sechs Uhr werde*
     tomorrow.   *ich da sein.*
     The first performance will   *Die erste Vorstellung findet*
     take place at three o'clock   *heute Nachmittag um drei*
     this afternoon.   *Uhr statt.*

Adverbien der Art und Weise erscheinen sehr oft am Satzende.
Zu dieser Kategorie gehören die meisten Adverbien, die von Adjektiven abgeleitet sind, z.B. *slowly, deliberately, politely* (17):

(17) *I think of her constantly.*   *Ich denke dauernd an sie.*
     Bert sat down and waited   *Bert setzte sich und wartete*
     patiently.   *geduldig.*

Wenn mehrere Adverbien oder Adverbialsätze zusammentreffen, erscheinen sie in der Reihenfolge Art und Weise/Ort/Zeit (18):

(18)

	Art und Weise	Ort	Zeit
I'm sure he'll present his case	effectively	at the Old Bailey	tomorrow.
He apologised for behaving	rudely	at the party	last night.
The song moved	quickly	to the top of the charts	as soon as it was released.
My lawyer came	late	to the meeting	yesterday afternoon.

Adverbien der bestimmten Häufigkeit *(weekly, twice)* stellt man normalerweise ans Satzende (19):

(19)	I've only seen the programme once.	Ich habe das Programm nur ein Mal gesehen.
	He exercises daily.	Er trainiert täglich.

Hinweis: Adverbien der bestimmten Häufigkeit gehören zu denen, die sehr oft zwischen Subjekt und Verb erscheinen (→ 5.4. Bsp. 2).

Stellung im Satz und Bedeutung

Hinweis: Die Stellung eines Adverbs im Satz ist manchmal ausschlaggebend für die Bedeutung des gesamten Satzes (20):

(20)	He clearly can't remember it.	Es ist klar, dass er sich nicht daran erinnern kann.
	He can't remember it clearly.	Er kann sich nicht klar daran erinnern.
	Jed has frequently considered seeing a psychiatrist.	Jed hat oft daran gedacht, zu einem Psychiater zu gehen.
	Jed has considered seeing a psychiatrist frequently.	Jed hat daran gedacht, oft zu einem Psychiater zu gehen.

Adverbien und der Infinitiv

Die Trennung des Infinitivs durch ein Adverb ist selten (→ 6.7. Bsp. 40–41) (21). Wenn man das Verb *to walk* durch ein Adverb näher bestimmen möchte, sollte man das Adverb nicht zwischen *to* und *walk* stellen (22):

(21) *He began to slowly walk toward the bridge.*
(22) *He began to walk slowly toward the bridge.*
 He began to walk toward the bridge slowly.
 Slowly he began to walk toward the bridge.

In den ersten beiden Sätzen bestimmt *slowly* das Verb *walk* näher, wobei das Adverb im zweiten Satz stärker betont ist. Im dritten Satz wird das Verb *begin* durch *slowly* näher bestimmt.

Doch manchmal hat man keine andere Wahl, als einen Infinitiv zu trennen. In diesen Fällen ist es dann grammatikalisch akzeptabel (23):

(23) *I would like to officially*   *Ich möchte meine Kandidatur*
 announce my candidacy.   *offiziell bekannt geben.*

Hier kann *officially* nur die Stellung im Satz einnehmen, die es hat; denn es darf nicht zwischen Verb und direktes Objekt treten. Andere Stellungen im Satz würden dem Satz eine etwas andere Bedeutung geben (24):

(24) *Officially I would like to*   *Offiziell möchte ich meine Kan-*
 announce my candidacy,   *didatur bekannt geben, doch*
 but privately I have doubts.   *privat habe ich Bedenken.*
 I would like to announce my   *Ich möchte meine Kandidatur*
 candidacy officially, having   *offiziell bekannt geben, nach-*
 already announced it privately   *dem ich sie allen meinen*
 to all of my friends.   *Freunden schon mitgeteilt*
                   habe.

Stellung des Adverbialsatzes

Der Adverbialsatz (→ 12.2.) agiert als Adverb. Er erscheint vor dem Subjekt (25) oder nach dem Objekt (26):

(25) *Whenever I'm in London I visit my favourite pub.*
(26) *I visit my favourite pub whenever I'm in London.*

Adverbialbestimmungen

Adverbialbestimmungen sind Wendungen aus Präposition + Substantiv. Sie fungieren als Adverbien und nehmen die entsprechende Stellung im Satz ein (27):

(27) *He was well known in France*   *In Frankreich war er als viel-*
     as a versatile entertainer.   *seitiger Unterhalter bekannt.*
     At dawn a bugle call wakes   *Bei Tagesanbruch weckt ein*
     the soldiers.   *Hornsignal die Soldaten.*
     Without any warning he   *Ohne Vorwarnung stürzte er*
     dashed out the door.   *zur Tür hinaus.*

Adverbien am Satzanfang

Adverbien werden oft an den Satzanfang gestellt. Diese Stellung betont das Adverb und verleiht dem Satz einen Rahmen (28) des Ortes (29), der Art und Weise (30) oder des Gefühls des Sprechers (31):

(28) *Yesterday I realised what*   *Gestern wurde mir klar, was*
     I've been doing wrong.   *ich falsch gemacht habe.*
(29) *At the office, I often suffer*   *Im Büro leide ich oft an*
     from headaches.   *Kopfschmerzen.*
(30) *Gradually he made his way*   *Nach und nach bewegte er*
     toward the fence.   *sich zum Zaun.*
(31) *Fortunately there were no*   *Glücklicherweise gab es keine*
     injuries.   *Verletzungen.*

Adverbien, die sehr oft benutzt werden, um einen ganzen Satz näher zu bestimmen, sind (32):

(32) *actually*   *eigentlich*
     apparently   *anscheinend*
     fortunately   *glücklicherweise*
     luckily   *glücklicherweise*
     maybe   *vielleicht*
     naturally   *natürlich*
     obviously   *offenbar*
     perhaps   *vielleicht*
     really   *tatsächlich*
     strangely   *seltsamerweise*
     surely   *sicherlich*
     unfortunately   *leider*

Hinweis: Im Gegensatz zum Deutschen haben im Englischen Adverbien am Satzanfang keine Wirkung auf die Subjekt-Verb-Reihenfolge des Hauptsatzes (33):

(33) ohne Adverb	mit Adverb am Satzanfang
I went to the cinema.	*Yesterday evening I went to the cinema.* (Subjekt vor Verb)
Ich ging ins Kino.	*Gestern Abend ging ich ins Kino.* (Verb vor Subjekt)

Ein Adverb am Satzanfang dient oft als Übergang vom Satz zuvor (34). Manchmal hebt es einen Gegensatz hervor (35):

(34) *It was raining hard. Luckily I had my umbrella with me.*	*Es regnete stark. Glücklicherweise hatte ich meinen Schirm dabei.*
(35) *It's raining hard. Still, we've no choice but to go outside.*	*Es regnet stark. Dennoch bleibt uns nichts anderes übrig, als nach draußen zu gehen.*

5.5. Vergleich der Adverbien

Die Ausdrücke zum Vergleich des Adjektivs (→ 4.7. Bsp. 1–7) werden auch für Adverbien gebraucht.

Wenn dabei Gleichheit ausgedrückt werden soll (im Deutschen *so ... wie ...*), benutzt man *as ... as ...* Man kann damit auch eine Gleichheit verneinen (1).

(1)	*I worked as carefully as he did.*	*Ich arbeitete genauso sorgfältig wie er.*
	You played just as badly as Klaus did.	*Du hast genauso schlecht gespielt wie der Klaus.*
	I didn't enjoy it as much as the others did.	*Ich genoss es nicht so sehr wie die anderen.*

Wenn man den Grad eines Adverbs vergleicht (wie beim deutschen *Er machte es besser als ich*), benutzt man den Komparativ + *than* (2):

(2)	*I guessed more accurately than he did.*	*Ich riet genauer als er.*
	Bob arrived later than Jack did.	*Bob kam später als Jack an.*

Zwei Adverbien werden mit *more ... than ...* verglichen. Diese Form entspricht dem deutschen *eher ... als ...* (3):

(3) *He did it more hastily than*   *Er hat es eher eilig als sorg-*
       carefully.   *fältig gemacht.*

Das deutsche *je ... desto ...* wird zu *the* + Komparativ ... *the* + Komparativ. Anders als im Deutschen bleibt der normale Satzbau (Subjekt vor Verb) im zweiten Teil erhalten (4):

(4) *The faster we finish this work,*   *Je schneller wir diese Arbeit*
       the sooner we can go home.   *beenden, desto früher können*
                                                  wir nach Hause gehen.

Dieser Ausdruck kann auch dazu dienen, ein Adjektiv mit einem Adverb (5) oder ein Adverb mit einem Adjektiv (6) zu vergleichen:

(5) *The sharper one's mind is,*   *Je schärfer der Verstand ist, um*
       the more effectively one can   *so erfolgreicher kommt man*
       deal with daily life.   *mit dem alltäglichen Leben*
                                                  zurecht.

(6) *The more hastily he works,*   *Je eiliger er arbeitet, um so*
       the poorer the result is.   *schlechter ist das Ergebnis.*

5.6. Verstärkung des Adverbs

Adverbien werden durch andere Adverbien verstärkt. Die Ausdrücke sind dieselben, die man zur Verstärkung des Adjektivs benutzt (→ 4.9. Bsp. 1–5) (1):

(1) *Gerald mentioned it quite*   *Gerald hat es sehr beiläufig*
       casually.   *erwähnt.*
       Mr. Moore gives exceptionally   *Herr Moore spendet außerge-*
       generously to charity.   *wöhnlich großzügig für wohl-*
                                                  tätige Zwecke.

       Biff phrased the question   *Biff hat die Frage ziemlich*
       rather impolitely.   *unhöflich ausgedrückt.*
       Kurt did fairly well on the   *Kurt hat ziemlich gut beim*
       exam.   *Examen abgeschnitten.*
       When he wears those shoes   *Wenn er diese Schuhe trägt,*
       he seems to run a lot faster.   *scheint er viel schneller zu*
                                                  laufen.

5.7. Allmähliche Steigerung des Adverbs

Für das deutsche *immer mehr* ... oder *immer weniger* ... benutzt man *more and more* ... (1) bzw. *less and less* ... (2):

(1)   *The new computers handle*   *Die neuen Computer verarbei-*
         information more and more   *ten Informationen immer*
         efficiently.   *effizienter.*

(2)   *I look forward less and less*   *Ich freue mich immer weniger*
         to the first day of school.   *auf den ersten Schultag.*

Sätze, die den Grad eines Adverbs mit *than* oder *as ... as* vergleichen, können auf drei verschiedenen Weisen abgeschlossen werden (3):

(3)   ohne Wiederholung des Verbs: *I work just as hard as Tom.*
         mit dem Hilfsverb to do: *I work just as hard as Tom*
                                                                   does.
         mit Wiederholung des Verbs: *I work just as hard as Tom*
                                                                   works.

Welche Ausdrucksweise man wählt, kommt auf die Betonung und die Verständlichkeit des Satzes an. *I work just as hard as Tom* ist z.B. sowohl ein korrekter als auch ein unzweideutiger Satz. Aber (4):

(4)   *Sarah treats her cats better than her husband.*

In diesem Satz ist es nicht klar, ob Sarah ihre Katzen besser behandelt, als ihr Ehemann die Katzen behandelt, oder ob Sarah ihre Katzen besser behandelt, als sie ihren Ehemann behandelt! Ganz klar sind hingegen folgende Formulierungen (5):

(5)   *Sarah treats her cats better than her husband does.*
         Sarah treats her cats better than her husband treats them.

Oder (6):

(6)   *Sarah treats her cats better than she treats her husband.*

5.8. Englische Verben an Stelle von deutschen Adverbien

In manchen Fällen, in denen man im Deutschen ein Adverb benutzt, um seine Haltung gegenüber einer Tatsache auszudrücken, gebraucht man im Englischen eher ein Verb (1):

(1)

deutsches Adverb	englisches Verb	Beispielsatz	
anscheinend	to seem, to appear	It appears that he doesn't want to speak with us.	Anscheinend möchte er nicht mit uns sprechen.
bestimmt	to be certain to	It is certain to rain.	Es wird bestimmt regnen.
dauernd	keep + Gerundium	I keep hearing these strange sounds.	Ich höre dauernd seltsame Geräusche.
früher	used to	I used to work for American Motors.	Ich arbeitete früher bei American Motors.
gern	to be fond of to like to, to enjoy, to love to	He enjoys playing ice hockey. You can come along if you'd like.	Er spielt gern Eishockey. Sie können gerne mitkommen.
hoffentlich	to hope	I hope he hurries.	Hoffentlich beeilt er sich.
leider	to be afraid to be sorry	I'm afraid I don't have any time just now. I'm sorry, but I don't have any time just now.	Im Moment habe ich leider keine Zeit.

deutsches Adverb	englisches Verb	Beispielsatz	
lieber	*to prefer*	*I would prefer not to discuss that.*	*Das möchte ich lieber nicht diskutieren.*
sicher	*to be sure to to be certain to*	*She is sure to notice it.*	*Es wird ihr sicher auffallen.*
ungern	*to dislike to hate*	*I dislike mowing the lawn.*	*Ich mähe ungern Rasen.*
vermutlich	*to suppose*	*I suppose she has something else in mind.*	*Sie hat vermutlich etwas anderes vor.*
weiter	*to go on + Gerundium to continue to*	*Bob will continue to support him.*	*Bob wird ihn weiter unterstützen.*
zufällig	*to happen to*	*I happened to be in the area.*	*Ich war zufällig in dieser Gegend.*

Übungen

1. Geben Sie an, welche Wörter in den folgenden Sätzen Adverbien und welche Adjektive sind:

    a. Slowly I discovered that I had been tricked by an unusually clever trickster.
    b. He expressed himself well, choosing his words extremely carefully.
    c. Neil is a friendly, generous person who is always eager to help.
    d. Recently I heard that the police arrested thirty unruly rioters in front of Buckingham Palace.
    e. Yesterday he told me it was highly unlikely that he'd be coming.
    f. He has written songs for several well-known singers.
    g. He organized the meeting well enough, but unfortunately the silly fellow didn't arrive punctually.

2. Bilden Sie Adverbien aus diesen Adjektiven:

    a. good
    b. crazy
    c. selfish
    d. silent
    e. incredible
    f. ecstatic
    g. stunning
    h. mild
    i. friendly
    j. eager
    k. lame
    l. petulant
    m. shy
    n. uncanny
    o. basic
    p. real
    q. remorseful
    r. mournful
    s. simple
    t. ridiculous

3. Geben Sie den Komparativ und Superlativ folgender Adverbien an:

    a. hard
    b. probably

    c. well
    d. soon
    e. quietly
    f. animatedly
    g. sarcastically
    h. noisily
    i. much
    j. noticeably

4. Stellen Sie folgende Adverbien oder Adverbialbestimmungen an die richtige Stelle im Satz:

    a. (there)
       Merchants sell their wares.
    b. (well)
       Manfred played in yesterday's game.
    c. (just)
       Although he was a young boy, he knew quite a bit about motorcars.
    d. (fortunately)
       The damage was not serious.
    e. (always)
       I exercise when I get up in the morning.
    f. (extremely)
       One could see from her expression that she was angry.
    g. (today)
       I wish I hadn't come here.
    h. (after work)
       I like to go for a stroll.
    i. (quite)
       Sammy's journey was pleasant.
    j. (completely)
       The job is now finished.
    k. (never)
       We discuss business during dinner.
    l. (luckily)
       I was able to understand most of the conversation.
    m. (twice)
       Chris has read the entire Bible.
    n. (well)
       Alex did his job.
    o. (enough)
       The textbook is easy to understand.

p. (scarcely)
I had time to put on my hat.

q. (ago)
He last wrote to me in 1973. That was a long time.

r. (completely)
The attempt failed.

s. (hardly)
I could believe that it was happening to me.

t. (surprisingly)
Only fifty people entered the contest, even though the grand prize is ten thousand pounds.

u. (rather)
Some unhappy customers complained about the store's service.

v. (wisely)
When you make your choice, please choose.

w. (seldom)
He mentioned his stepfather.

x (too)
Ryan is an impatient person and he's impolite.

5. Übersetzen Sie folgende Sätze ins Englische und benutzen Sie englische Verben an Stelle deutscher Adverbien:

a. Er fragt mich dauernd, ob Sie bald zurückkommen.
b. Ich koche sehr gern.
c. Hoffentlich gab es heute keine Schwierigkeiten.
d. Das mache ich lieber ein anderes Mal.
e. Er wird bestimmt sagen, er wusste nichts davon.

Lösungen

1. a. Adverbien: slowly, unusually   Adjektiv: clever
   b. Adverbien: well; extremely; carefully
   c. Adverb: always   Adjektive: friendly; generous; eager
   d. Adverb: recently   Adjektive: thirty; unruly
   e. Adverbien: yesterday; highly   Adjektiv: unlikely
   f. Adjektive: several, well-known
   g. Adverbien: well, enough, unfortunately, punctually   Adjektiv: silly

2. a. well
   b. crazily
   c. selfishly
   d. silently
   e. incredibly
   f. ecstatically
   g. stunningly
   h. mildly
   i. in a friendly manner
   j. eagerly
   k. lamely
   l. petulantly
   m. shyly
   n. uncannily
   o. basically
   p. really
   q. remorsefully
   r. mournfully
   s. simply
   t. ridiculously

3. a. harder; hardest
   b. more probably; most probably
   c. better; best
   d. sooner; soonest
   e. more quietly; most quietly
   f. more animatedly; most animatedly
   g. more sarcastically; most sarcastically
   h. more noisily; most noisily
   i. more; most
   j. more noticeably; most noticeably

4. a. Merchants sell their wares there.
    b. Manfred played well in yesterday's game.
    c. Although he was just a young boy, he knew quite a bit about motorcars.
    d. Fortunately, the damage was not serious.
    e. I always exercise when I get up in the morning.
    f. One could see from her expression that she was extremely angry.
    g. I wish I hadn't come here today.
    h. I like to go for a stroll after work. Oder auch: After work, I like to go for a stroll.
    i. Sammy's journey was quite pleasant.
    j. The job is now completely finished.
    k. We never discuss business during dinner.
    l. Luckily, I was able to understand most of the conversation.
    m. Chris has read the entire Bible twice.
    n. Alex did his job well.
    o. The textbook is easy enough to understand.
    p. I scarcely had time to put on my hat.
    q. He last wrote to me in 1973 – that was a long time ago.
    r. The attempt failed completely.
    s. I could hardly believe that it was happening to me.
    t. Surprisingly, only fifty people entered the contest, even though the grand prize is ten thousand pounds.
    u. Some rather unhappy customers complained about the store's service.
    v. When you make your choice, please choose wisely.
    w. He seldom mentioned his stepfather.
    x. Ryan is an impatient person and he's very impolite, too.

5. a. He keeps asking me whether you will be back soon.
    b. I enjoy cooking very much.
    c. I hope that there were no difficulties today.
    d. I would prefer to do that another time.
    e. He is sure to say he knew nothing about it.

6. Verben

6.1. Einführung

Grundwissen: Im Englischen gibt es zwei Verbklassen: die Hilfsverben und die Vollverben. Unter den Hilfsverben gibt es die vollständigen und die unvollständigen Hilfsverben.

Es gibt nur eine Form der zweiten Person: *you*. D. h., das Englische kennt kein Äquivalent zum *du* oder *ihr*. Alle Lebewesen, ob Tiere, erwachsene Menschen, Kinder, Gott, Gruppen von Menschen usw. werden mit *you* angesprochen.

Im Englischen muss zwischen zwei Formen unterschieden werden: der einfachen Form und der Verlaufsform. Im Allgemeinen wird mit der einfachen Zeitform ausgedrückt, dass eine Feststellung allgemein gültig ist oder dass ein Vorgang gewöhnlich bzw. wiederholt stattfindet. Die Verlaufsform hingegen schildert einen Vorgang in seinem Verlauf während eines bestimmten Zeitraums.

Das Englische besitzt wesentlich mehr Zeitformen als das Deutsche und drückt Zeitverhältnisse dementsprechend genauer aus. Es kennt folgende Zeitformen:

Präsens:	einfaches Präsens
	– *I work*
	Verlaufsform des Präsens
	– *I am working*
Present Perfect:	einfache Form des *Present Perfect*
	– *I have worked*
	Verlaufsform des *Present Perfect*
	– *I have been working*
	(Der Gebrauch von deutschem Perfekt und englischem *Present Perfect* (→ 6.3. Bsp. 28–38) ist nicht identisch.)
Präteritum:	einfache Form des Präteritums
	– *I worked*
	Verlaufsform des Präteritums
	– *I was working*
Plusquamperfekt:	einfache Form des Plusquamperfekts
	– *I had worked*
	Verlaufsform des Plusquamperfekts
	– *I had been working*

Futur:	Futur mit *going to*
	– *I am going to work*
	einfaches Futur mit *will/shall* (Futur I)
	– *I will/shall work*
	Verlaufsform des Futur I
	– *I will be working*
	einfaches Futur II
	– *I will have worked*
	Verlaufsform des Futur II
	– *I will have been working*

6.2. Das Hilfsverb

Das Hilfsverb hat zwei Funktionen:

Erstens wird es mit einem Partizip oder Infinitiv kombiniert, um bestimmte Zeitformen zu bilden (1):

(1) *I am eating.*	Ich esse gerade.
He has sung.	Er sang/hat gesungen.
We will see.	Wir werden sehen.

Zweitens wird es mit einem Vollverb verwendet, um Möglichkeit (2), Fähigkeit (3), Erlaubnis (4), Pflicht (5) usw. auszudrücken.

(2)	*We might/may visit you.*	Es kann sein, dass wir euch besuchen.
(3)	*She can swim.*	Sie kann schwimmen.
(4)	*They may eat cake.*	Sie dürfen Kuchen essen.
(5)	*You must go to the dentist.*	Du musst zum Zahnarzt gehen.

Die wichtigsten englischen Hilfsverben lauten (6):

(6) Verb	Infinitiv	Übersetzung
be	*to be*	sein
have	*to have*	haben
do	*to do*	(Bleibt als Hilfsverb (→ 6.2. Bsp. 46–58) meist unübersetzt.)
can	*(to be able to)*	können
dare	*to dare*	wagen
may		dürfen

must	*(to have to)*	*müssen*
need		*brauchen*
will/shall		*werden*
should (ought)		*sollen*
used (to)		*gewohnt sein/pflegen*

Die Hilfsverben *will* und *shall* werden im Kapitel *Futur* behandelt (→ 6.3. Bsp. 69–81).

Regeln für alle Hilfsverben

Zur Verneinung wird *not* hinter das Hilfsverb gestellt (7). Die Verneinung von *can* ist *cannot* (8):

(7)	*They are not.*	*Sie sind nicht.*
	He will not.	*Er wird nicht.*
	We must not.	*Wir dürfen nicht.*
(8)	*You cannot.*	*Du kannst nicht.*

Die Frageform wird durch Umkehrung von Subjekt und Hilfsverb gebildet (9):

(9)	*Will you?*	*Werden Sie?*
	Has she?	*Hat sie?*
	Did they?	*(Haben) sie?*

Hilfsverben werden in der Alltagssprache generell abgekürzt (10), *had* und *would* zu *'d* kontrahiert (11):

(10)	*I am.*	*I'm.*
	He cannot.	*He can't.*
	They have.	*They've.*

(11) *He had = He'd*
　　 I would = I'd

Sonderfall: Am Ende eines Satzes werden bejahende Kontraktionen nicht benutzt (12), Verneinungen dagegen fast immer verkürzt verwendet (13):

(12) *We're not German, but they are. (nicht: they're)*
　　 I'm not tired, but you are. (nicht: you're)
　　 He hasn't got a car, but you have. (nicht: you've)
(13) *They've got a car, but we haven't.*

Der Infinitiv steht hinter dem Hilfsverb. Bei *have, ought* und *used* wird er *to* (14), bei *do, can, may, must, will* und *shall* ohne *to* gebraucht (15):

(14) *We have to eat.*   *Wir müssen essen.*
      You ought to speak to him.   *Du sollst mit ihm reden.*
      She used to live in London.   *Sie lebte früher in London.*

(15) *She doesn't like milk.*   *Sie mag keine Milch.*
      They can swim.   *Sie können schwimmen.*
      You may speak.   *Sie dürfen sprechen.*
      We will go.   *Wir werden gehen.*
      I shall sing.   *Ich werde singen.*

Sonderfall: Nach *be* und *have* können auch andere Verbformen, z. B. Partizipien, stehen (16):

(16) *I was seen.*   *Ich wurde gesehen.*
      The soup is being eaten.   *Die Suppe wird gegessen.*
      She has eaten.   *Sie hat gegessen/aß.*
      They have seen.   *Sie haben gesehen.*

Vollständige und unvollständige Hilfsverben

Grundwissen: Es gibt zwei Arten von Hilfsverben: vollständige und unvollständige. Unter den vollständigen Hilfsverben sind die zu verstehen, die alle Zeiten bilden, d. h. *be, have* und *do.* Von diesen drei Hilfsverben gibt es Infinitive und Partizipien. Sie werden zudem auch als selbstständige Vollverben gebraucht und dann wie Vollverben konjugiert.

Unvollständige Hilfsverben haben lediglich eine Gegenwartsform (*I can*) und eine Zeit der Vergangenheit (*I could*). Im Gegensatz zu den vollständigen Hilfsverben hat die 3. Person Singular kein *-s*. Fragen und Verneinungen werden nicht mit *do* umschrieben. Die häufigsten unvollständigen Hilfsverben sind (17):

(17) *can*   *können*
      may   *dürfen*
      must   *müssen*
      will/shall   *werden*
      should/ought   *sollen*
      dare   *wagen*
      used (to)   *gewohnt sein/pflegen*

Regel: Weder ein direktes Objekt noch ein Adverb können einem unvollständigen Hilfsverb unmittelbar folgen; beide können nur in Verbindung mit einem Vollverb angeschlossen werden (18):

(18) *I can speak English.*	*Ich kann Englisch.*
(nicht: I can English).	
She must go away.	*Sie muss weg.*
(nicht: She must away).	
He may play tennis.	*Es kann sein, dass er Tennis spielt.*

Das vollständige Hilfsverb *be*

Infinitiv: *to be*
Partizip: *been*

Präsens			
bejahend		verneint	
I am	*I'm*	*I am not*	*I'm not*
you are	*you're*	*you are not*	*you're not/ you aren't*
he is	*he's*	*he is not*	*he's not/he isn't*
she is	*she's*	*she is not*	*she's not/ she isn't*
it is	*it's*	*it is not*	*it's not/it isn't*
we are	*we're*	*we are not*	*we're not/ we aren't*
you are	*you're*	*you are not*	*you're not/ you aren't*
they are	*they're*	*they are not*	*they're not/ they aren't*
bejahende Frage		verneinte Frage	
Am I?		*Am I not?*	
Are you?		*Aren't you?*	
Is he?		*Isn't he?*	
Is she?		*Isn't she?*	
Is it?		*Isn't it?*	
Are we?		*Aren't we?*	
Are you?		*Aren't you?*	
Are they?		*Aren't they?*	

Hinweis: Die verkürzte Form *Amn't I* wird nur in bestimmten Dialekten verwendet.

Präteritum		
bejahend	verneint	
I was	*I was not*	*I wasn't*
you were	*you were not*	*your weren't*
he was	*he was not*	*he wasn't*
she was	*she was not*	*she wasn't*
it was	*it was not*	*it wasn't*
we were	*we were not*	*we weren't*
you were	*you were not*	*you weren't*
they were	*they were not*	*they weren't*
bejahende Frage	Verneinte Frage:	
Was I?	*Wasn't I?*	
Were you?	*Weren't you?*	
Was he?	*Wasn't he?*	
Was she?	*Wasn't she?*	
Was it?	*Wasn't it?*	
Were we?	*Weren't we?*	
Were you?	*Weren't you?*	
Were they?	*Weren't they?*	

be als Hilfsverb

Als Hilfsverb wird *be* zur Bildung der Verlaufsform (19) und zur Bildung des Passivs (20) verwendet:

(19) *She is/She's reading.*	*Sie liest gerade.*
(20) *The food was eaten.*	*Das Essen wurde gegessen.*

be mit dem Infinitiv entspricht dem deutschen *sollen* in mehreren Varianten. Es drückt Befehle, Verpflichtungen und Absichten (21) sowie im Präteritum schicksalhafte Fügungen (22). Auch steht es in zweifelnden Fragen (23):

(21) *You are to pay immediately.*	*Sie sollen/müssen sofort bezahlen.*
I am to look after my son.	*Ich soll/muss mich um meinen Sohn kümmern.*

(22) *He was to become a*   *Er sollte ein berühmter Schrift-*
    famous writer.   *steller werden.*
(23) *How am I to know?*   *Wie soll/kann ich das wissen?*

Die Konstruktion *be about* + Infinitiv kommt häufig vor und drückt aus, dass man im Begriff ist, etwas zu tun (24):

(24) *I'm about to have a bath.*   *Ich werde gleich baden.*
    It's about to rain.   *Es wird gleich regnen.*
    She's about to leave.   *Sie wird gleich gehen.*

be als Vollverb

be wird im Sinne von *sich befinden, liegen, stehen, vorhanden sein* als Vollverb verwendet (25). In Verbindung mit *there* weist es auf einen noch nicht erwähnten Gegenstand oder eine unbestimmte Person hin; *there is/there are* entspricht auch dem deutschen *es gibt* (26):

(25) *She is at the bridge club.*   *Sie befindet sich im Bridgeklub.*
(26) *There's a woman in the room.* *Im Zimmer ist eine Frau.*
    There's no sugar in my tea. *Es ist kein Zucker in meinem*
                                Tee.

    There is a pond in our   *Es gibt einen Teich in*
      garden.   *unserem Garten.*
    There are taxis at the station. *Es gibt Taxis am Bahnhof.*

be verbindet als Vollverb auch Subjekt und Prädikatsnomen (27):

(27) *She is very young.*   *Sie ist sehr jung.*
    She is a beautiful woman.   *Sie ist eine schöne Frau.*

be in idiomatischen Wendungen

be wird in Ausdrücken zu körperlicher und geistiger Verfassung (28), Größe und Farbe (29), Alter (30), Preis (31), Wetter (32) sowie Zeit und Datum (33) verwendet:

(28) *How are you?*   *Wie geht es ihnen?*
    How is she?   *Wie geht es ihr?*
    I'm cold/hot.   *Mir ist kalt/warm.*

(29) *How tall is he?*   *Wie groß ist er?*
    How long is this street?   *Wie lang ist diese Straße?*
    What colour is it?   *Welche Farbe hat es?*

(30) *How old are you?*   *Wie alt bist du?*
    I am thirty (years old).   *Ich bin dreißig (Jahre alt).*
    The baby is 18 months old.   *Das Baby ist 18 Monate alt.*

(31) *How much is it?*   *Was kostet das?*
    It's 10 pounds.   *Es kostet 10 Pfund.*

(32) *It's raining.*   *Es regnet.*
    It's sunny.   *Es ist sonnig.*

(33) *What's the time?*   *Wieviel Uhr ist es?*
    What time is it?   *Wieviel Uhr ist es?*

Hinweis: Das deutsche *Hier, bitte!*, das man gebraucht, wenn man etwas überreicht, wird im Englischen mit *Here you are!* übersetzt.

Das vollständige Hilfsverb have

Infinitiv: *to have*
Partizip: *had*

Präsens			
bejahend		verneint	
I have	*I've*	*I have not*	*I haven't*
you have	*you've*	*you have not*	*you haven't*
he has	*he's*	*he has not*	*he hasn't*
she has	*she's*	*she has not*	*she hasn't*
it has	*it's*	*it has not*	*it hasn't*
we have	*we've*	*we have not*	*we haven't*
you have	*you've*	*you have not*	*you haven't*
they have	*they've*	*they have not*	*they haven't*
bejahende Frage		verneinte Frage	
Have I?		*Haven't I?*	
Have you?		*Haven't you?*	
Has he?		*Hasn't he?*	
Has she?		*Hasn't she?*	
Has it?		*Hasn't it?*	
Have we?		*Haven't we?*	
Have you?		*Haven't you?*	
Have they?		*Haven't they?*	

Präteritum			
bejahend		verneint	
I had	*I'd*	*I had not*	*I hadn't*
you had	*you'd*	*you had not*	*you hadn't*
he had	*he'd*	*he had not*	*he hadn't*
she had	*she'd*	*she had not*	*she hadn't*
it had	*it'd*	*it had not*	*it hadn't*
we had	*we'd*	*we had not*	*we hadn't*
you had	*you'd*	*you had not*	*you hadn't*
they had	*they'd*	*they had not*	*they hadn't*
bejahende Frage		verneinte Frage	
Had I?		*Hadn't I?*	
Had you?		*Hadn't you?*	
Had he?		*Hadn't he?*	
Had she?		*Hadn't she?*	
Had it?		*Hadn't it?*	
Had we?		*Hadn't we?*	
Had you?		*Hadn't you?*	
Had they?		*Hadn't they?*	

Hinweis: Wenn *have* als Vollverb vorkommt, lautet das verneinte Präteritum: *I didn't have, you didn't have, she didn't have* usw.

have als Hilfsverb

Viele englische Zeitformen werden mit *have* gebildet (34):

(34) *Present Perfect:*	*I have eaten*
Plusquamperfekt:	*I had eaten*
Futur II:	*I will have eaten*
Konditional II:	*I should have worked*

have + Objekt + Partizip der Vergangenheit entspricht dem deutschen *etwas machen lassen, veranlassen* (35). Für *have* kann auch *get* eintreten (36):

(35) *He has his hair cut every week.*	*Er lässt sich die Haare jede Woche schneiden.*
We had a house built.	*Wir ließen uns ein Haus bauen.*
(36) *Where do you get your car repaired?*	*Wo lässt du dein Auto reparieren?*

have + Infinitiv mit *to* drückt eine Notwendigkeit aus (→ 6.2. Bsp. 77) und wird im Deutschen mit *müssen* übersetzt (37):

(37) *She has to wear glasses.*   *Sie muss eine Brille tragen.*
     We have to go home now.   *Wir müssen jetzt nach Hause (gehen).*

     They have to give us the money.   *Sie müssen uns das Geld geben.*

Hinweis: In bejahenden Aussagesätzen (Präsens und Futur) bezeichnet *have to* mehr eine Notwendigkeit, die sich aus äußeren Umständen ergibt; *must* dagegen bringt den Willen des Sprechers zum Ausdruck (38):

(38) *She has to leave now.*   *Sie muss jetzt weg (ansonsten verpasst sie die U-Bahn).*

     She must leave now.   *Sie muss jetzt weg (weil ich sie nicht mehr sehen will).*

Sehr gebräuchlich ist auch *have got* + Infinitiv. Die Bedeutung unterscheidet sich nicht von der Form ohne *got;* die *have got*-Form wird allerdings mehr im britischen Englisch verwendet (39):

(39) *I have got to go to the dentist's.*   *Ich muss zum Zahnarzt.*
     I have to go to the dentist's.   *Ich muss zum Zahnarzt.*

Die verneinenden Formen *don't/doesn't have to* werden häufig mit *brauchen nicht* wiedergegeben (40):

(40) *She doesn't have to wear glasses.*   *Sie braucht keine Brille zu tragen.*
     We don't have to go home.   *Wir brauchen nicht nach Hause zu gehen.*

have als Vollverb

have kommt in vielen Bedeutungen als Vollverb vor.

Die häufigste Bedeutung ist *haben* im Sinne von *zur Verfügung haben* (41):

(41) *I have a car.*   *Ich habe ein Auto.*
     They have a horse.   *Sie haben ein Pferd.*
     We had a cat.   *Wir hatten eine Katze.*
     I have a book for you.   *Ich habe ein Buch für dich.*

Im Präsens (seltener im Präteritum) wird *have* oft mit *got* verbunden. Es gibt keinen Bedeutungsunterschied (42):

(42) *I've got a car.*   *Ich habe ein Auto.*
     I have a car.   *Ich habe ein Auto.*
     They've got a dog.   *Sie haben einen Hund.*
     They have a dog.   *Sie haben einen Hund.*
     We've got some apples.   *Wir haben Äpfel.*
     We have some apples.   *Wir haben Äpfel.*

Sonderfall: Fragen und Verneinungen von *have got* werden ohne *do* formuliert (43):

(43) *Do you have time?*   *Hast du Zeit?*
     Have you got time?   *Hast du Zeit?*

     I don't have any money.   *Ich habe kein Geld.*
     I haven't got any money.   *Ich habe kein Geld.*

have als Vollverb heißt auch *empfangen, aufnehmen* und *essen, trinken* (44):

(44) *We don't have many visitors.*   *Wir empfangen/bekommen*
                                          wenig Besuch.
     They have tea in the afternoon.   *Sie trinken nachmittags Tee.*

Einige Verben können durch eine Verbindung von *have* + Substantiv, das die gleiche Form wie das entsprechende Verb hat, ersetzt werden (45):

(45) *to have a look*   *sich ansehen*
     to have a wash   *sich waschen*
     to have a rest   *sich ausruhen*
     to have a swim   *schwimmen*
     to have a talk   *sich unterhalten*
     to have a drink   *etwas trinken*

Andere häufige Wendungen mit *have* lauten:

     to have a bath   *sich baden*
     to have a party   *ein Fest geben*
     to have an experience   *eine Erfahrung machen*
     to have fun   *sich belustigen*

Hinweis: Bei solchen Wendungen kann *got* nicht zu *have* hinzutreten.

Das vollständige Hilfsverb do

Präsens		
bejahend	verneint	
I do	*I do not*	*I don't*
you do	*you do not*	*you don't*
he does	*he does not*	*he doesn't*
she does	*she does not*	*she doesn't*
it does	*it does not*	*it doesn't*
we do	*we do not*	*we don't*
you do	*you do not*	*you don't*
they do	*they do not*	*they don't*
bejahende Frage	verneinte Frage	
Do I?	*Don't I?*	
Do you?	*Don't you?*	
Does he?	*Doesn't he?*	
Does she?	*Doesn't she?*	
Does it?	*Doesn't it?*	
Do we?	*Don't we?*	
Do you?	*Don't you?*	
Do they?	*Don't they?*	

Die Vergangenheit wird in allen Personen mit *did* gebildet.

>*I did, you did* usw.
>*I didn't, you didn't* usw.
>*Did I? Did you?* usw.
>*Didn't I? Didn't you?* usw.

do als Hilfsverb

Das Hilfsverb *do* wird zur Bildung der Verneinung gebraucht. Sätze, die kein Hilfsverb enthalten, müssen im einfachen Präsens mit *don't/doesn't,* im einfachen Präteritum mit *didn't* + Infinitiv verneint werden (46):

(46) Bejahung

>*I like classical music.*
>*She plays football.*
>*We saw our friends.*

Verneinung

>*I don't like classical music.*
>*She doesn't play football.*
>*We didn't see our friends.*

Der verneinte Imperativ (→ 6.4. Bsp. 2,4) wird ebenfalls mit *do* gebildet (47):

(47) *Speak to me!*   *Don't speak to me!*
      Turn on the TV!   *Don't turn on the TV!*
      Eat your dinner!   *Don't eat your dinner!*

do als Hilfsverb wird zur Bildung der Frageform verwendet. Enthält das Prädikat kein Hilfsverb, tritt bei der Fragebildung im einfachen Präsens *do/does,* im einfachen Präteritum *did* vor das Subjekt. Das Vollverb erscheint im Infinitiv (48):

(48) *You like dogs.*   *Do you like dogs?*
      They play soccer.   *Do they play soccer?*
      He opened the door.   *Did he open the door?*
      She often ate ice-cream.   *Did she often eat ice-cream?*

Bei der verneinten Frage erscheinen *don't/doesn't/didn't* vor dem Subjekt (49):

(49) *They don't have a car.*   *Don't they have a car?*
      She doesn't like cities.   *Doesn't she like cities?*

do kann auch der Verstärkung dienen. Bei bejahenden Sätzen werden die betonten Formen *do/does/did* vor das Vollverb (außer *be*) gesetzt, um der Aussage Nachdruck zu verleihen. Dies entspricht ungefähr dem deutschen *wirklich* oder *doch* (50):

(50) *I do hope the weather*   *Ich hoffe wirklich/sehr, dass*
        is nice tomorrow.   *das Wetter morgen schön*
                                  sein wird.

      I did see him yesterday.   *Ich habe ihn gestern doch*
                                  gesehen.

Auch der Imperativ (einschließlich *be*) wird durch *do* intensiviert (51):

(51) *Do be quiet!*   *Sei doch endlich still!*
      Do turn on the light!   *Mach doch das Licht an!*

Verstärkend ist auch die kurze Antwort mit *do,* die sich auf das Vollverb des Fragesatzes bezieht und Zustimmung ausdrückt (52):

(52) *"May I open the window?"*   »Darf ich das Fenster öffnen?«
      "Please do!"   »Aber ja. (Mach es doch auf!)«

do ersetzt vorausgehende Vollverben in Vergleichssätzen (53) sowie in Kurzfragen und Kurzantworten (→ 6.2. Bsp. 101–111)

(53) *I like the same songs as you do.*   *Ich mag dieselben Lieder wie du.*

do als Vollverb

do ist ein Vollverb, dessen Bedeutung dem deutschen *tun, machen* entspricht. Es bildet die Verneinungs- und Frageformen im Präsens und Präteritum mit *do*:

He doesn't do this often.	*Er tut/macht das nicht oft.*
What do you do in the evening?	*Was machst du abends?*
When did she do that?	*Wann hat sie das getan?*

Das unvollständige Hilfsverb can

Grundwissen: *can* drückt Erlaubnis, Fähigkeit und Möglichkeit aus.

Präsens:	*I/you/he/it/we/you/they can*
Präteritum:	*I/you/he/it/we/you/they could*
Konditional:	*I could* usw.
Verneinung:	*I cannot (can't), I could not (couldn't)* usw.
Frage:	*Can I?* usw., *Could I?* usw.

can bildet weder Partizip noch Infinitiv und existiert nicht als Vollverb. Folgt ein Infinitiv, steht er ohne *to* (54):

(54) *I can sing.*   *Ich kann singen.*
     You can go now.   *Du kannst jetzt gehen.*
     We can't swim.   *Wir können nicht schwimmen.*

can – Erlaubnis

can und *could* (Präteritum) können in bejahender Form eine Erlaubnis, in verneinter Form ein Verbot bezeichnen (55):

(55) *You can leave now.*   *Sie können/dürfen jetzt gehen.*
     You can't leave now.   *Sie können/dürfen jetzt nicht gehen.*

Can I ...? wird bei Bitten gebraucht, wobei das Konditional wesentlich höflicher ist (56):

| (56) *Can I open the window?* | *Kann ich das Fenster auf-* *machen?* |
| *Could I open the window?* | *Könnte/Darf ich das Fenster* *aufmachen?* |

In Verbindung mit einer Adverbialbestimmung der Zeit kann *can* auch für das Futur stehen (57):

(57) *I can see the film tomorrow.*	*Ich kann/darf den Film* *morgen sehen.*
He can visit us next week.	*Er kann/darf uns nächste* *Woche besuchen.*
We can do it at the end of *the year.*	*Wir können es Ende des* *Jahres machen.*

In den fehlenden Zeiten und Formen wird *be allowed to* (dürfen) gebraucht (58):

| (58) *She hasn't been allowed to* *leave the house for weeks.* | *Sie darf das Haus schon* *wochenlang nicht verlassen.* |
| *He hadn't been allowed to* *take my book.* | *Er hatte mein Buch nicht* *nehmen dürfen.* |

can – Fähigkeit, Möglichkeit

can (und *could*) werden verwendet, um eine geistige oder körperliche Fähigkeit auszudrücken (59):

| (59) *He can speak English.* | *Er kann Englisch sprechen/ist* *fähig dazu, Englisch zu* *sprechen.* |
| *I could speak French well* *when I was young.* | *Als ich jung war, konnte ich* *gut Französisch sprechen.* |

can drückt auch eine Möglichkeit aus (60):

| (60) *We can ski in the mountains.* | *Wir können in den Bergen Ski* *fahren (weil genügend* *Schnee liegt).* |
| *You can go out now.* | *Du kannst jetzt ausgehen (es* *hat aufgehört zu regnen).* |

Hinweis: *can* signalisiert in Fragesätzen auch Erstaunen oder Ungeduld (61):

(61) *What can she want?*   *Was kann sie nur wollen?*

In den fehlenden Zeiten und Formen tritt *be able to* (fähig sein) ein. *can* kann durch *be able to* auch in den bestehenden Zeitformen ersetzt werden. Das Futur muss immer umschrieben werden (62):

(62) Präsens:	*I can ...*
	I am able to ...
Präteritum:	*I could ...*
	I was able to ...
Present Perfect:	*I have been able to ...*
Plusquamperfekt:	*I had been able to ...*
Futur:	*I will be able to ...* usw.

Das unvollständige Verb may

Grundwissen: *may* drückt Erlaubnis, Möglichkeit oder Vermutung aus.

Präsens:	*I/you/he/she/it/we/you/they may*
Konditional:	*I/you/he/she/it/we/you/the might*
Verneinung:	*I may not* usw.
Frage:	*May I?* usw.
verneinte Frage:	*May I not?* usw.

Das Präteritum wird mit *was allowed/permitted to,* das Futur mit *will be allowed/permitted to* umschrieben.

may bildet weder Partizip noch Infinitiv und existiert nicht als Vollverb. Folgt ein Infinitiv, steht er ohne *to* (63):

(63) *I may visit you tomorrow.*   *Es kann sein, dass ich Sie
                                    morgen besuche.*

You may give me some tea.   *Du darfst mir etwas Tee einschenken.*

may wird oft durch *might* ersetzt (64):

(64) *It may rain.*   *Es kann sein, dass es regnet.*
It might rain.   *Es kann sein, dass es regnet.*

may – Erlaubnis

Gegenüber *can* stellt *may* die gewähltere Ausdrucksform für eine Erlaubnis dar. In verneinter Form bezeichnet *may* ein höfliches Verbot (65):

(65) *May I smoke?*	*Darf ich rauchen?*
May we come in?	*Dürfen wir hinein?*
You may not leave the room.	*Sie dürfen das Zimmer nicht verlassen.*

In Verbindung mit einer Adverbialbestimmung der Zeit kann *may* futurisch verwendet werden; ohne eine solche wird wie in allen anderen fehlenden Zeiten mit *be allowed/permitted to* (dürfen) umschrieben (66):

(66) *You may come again tomorrow.*	*Sie dürfen morgen wiederkommen.*
I was allowed/permitted to drive my mother's car.	*Ich durfte das Auto meiner Mutter fahren.*

Hinweis: Die Frage *Might I ...?* ist noch höflicher als *May I ...?* (67):

(67) *Might I have a cup of tea?*	*Dürfte ich eine Tasse Tee haben?*
Might I smoke?	*Dürfte ich rauchen?*

may – Möglichkeit oder Vermutung

In Verbindung mit dem Infinitiv Präsens bezeichnet *may* eine Möglichkeit in Bezug auf die Gegenwart oder Zukunft. In der Alltagssprache wird *might* immer häufiger an Stelle von *may* gebraucht (68):

(68) *He may ring me today.*	*Vielleicht ruft er mich heute an.*
He might ring me today.	
I may see them later.	*Es kann sein, dass ich sie später sehe.*

In Verbindung mit dem Infinitiv Perfekt bezeichnet *may* oder *might* eine Möglichkeit in Bezug auf die Vergangenheit (69):

(69) *She may have written us a letter. She might have written us a letter.*	*Vielleicht hat sie uns einen Brief geschrieben.*
It may have snowed yesterday. It might have snowed yesterday.	*Es kann sein, dass es gestern geschneit hat.*

Die verneinte Form von *may* oder *might* drückt eine Vermutung aus (70).
Unmöglichkeit wird durch *can't* wiedergegeben (71):

(70) *They may not have enough time.*	*Vielleicht haben sie nicht genug Zeit.*
We might not be able to help.	*Es kann sein, dass wir nicht helfen können.*
(71) *They can't have enough time.*	*Es ist nicht möglich, dass sie genug Zeit haben.*

Hinweis: *might* mit Infinitiv bezeichnet eine Bitte bzw. Aufforderung (72)
oder einen Vorwurf (73):

(72) *You might help me with the dishes.*	*Du könntest mir (ruhig) beim Abwasch helfen.*
(73) *He might have rung me.*	*Er hätte mich zumindest anrufen können.*

Das unvollständige Hilfsverb must

Präsens:	*I/you/he/she/it/we/you/they must*
Verneinung:	*I mustn't* usw.
Frage:	*Must I?* usw.

must bildet weder Partizip noch Infinitiv und es existiert nicht als Vollverb. Folgt ein Infinitiv, steht er ohne *to* (74):

(74) *I must go home.*	*Ich muss nach Hause.*
He must tell you the truth.	*Er muss dir die Wahrheit sagen.*

must wird im Präsens im Sinne einer bestehenden Notwendigkeit verwendet (75). Mit einer entsprechenden Zeitangabe kann es auch für das
Futur gebraucht werden (76). Bei allen anderen Zeiten und Formen wird es
mit *have (got) to* umschrieben. Auch im Präsens gebraucht man oft
have to an Stelle von *must* (77) (→ 6.2. Bsp. 37–40):

(75) *I must pay these bills.*	*Ich muss diese Rechnungen begleichen.*
(76) *I must do it tomorrow.*	*Ich muss es morgen machen.*
(77) *I had to do it yesterday.*	*Ich musste es gestern machen.*
I have to do it now.	*Ich muss es jetzt machen.*

Hinweis: Als weitere Umschreibungen dienen *to be obliged to*, *to be
forced to* und *to be compelled to*.

Verneintes *must* drückt ein Verbot aus (78). Als Umschreibung für Präsens, Futur und Präteritum kann *be to* dienen, das jedoch veraltet ist (79). Gebräuchlicher ist die verneinte Umschreibung mit *not be allowed to* (80):

(78) *He must not do that.*	*Er darf das nicht machen.*
(79) *He isn't to do that.*	*Er darf das nicht machen.*
(80) *He wasn't allowed to do that.*	*Er durfte das nicht machen.*

Hinweis: Deutsches *nicht müssen, nicht brauchen* wird mit verneintem *have to* (→ 6.2. Bsp. 40) oder *need* (→ 6.2. Bsp. 86–91) wiedergegeben.

must kann auch einen eindringlichen Rat (81) oder große Wahrscheinlichkeit ausdrücken (82)

(81) *You must see this film!*	*Du musst diesen Film (unbedingt) sehen!*
(82) *"Who's that woman over there?" – "It must be Jennifer."*	*»Wer ist diese Frau dort drüben?« – »Es muss die Jennifer sein.«*

Das unvollständige Verb need

	Hilfsverb	Vollverb
Infinitv:		*to need*
Partizip:		*needed*
Präsens:	*I/you/he/she/it/ we/you/they need*	*I/you/we/you/they needs* *he/she/it needs*
Verneinung:	*I/you/he/she/it/ we/you/they needn't* + Infinitiv ohne *to*	*I/you/we/you/they don't need* *he/she/it doesn't need* + direktes Objekt oder + Infinitiv mit *to*
Frage:	*Need I/you/he/she/ it/we/you/they?* + Infinitiv ohne *to*	*Do I/you/we/you/ they need?* *Does he/she/it need?* + direktes Objekt oder + Infinitiv mit *to*

Wird *need* mit einem Akkusativobjekt verbunden, so muss das Vollverb stehen. Es entspricht dem deutschen *brauchen* oder *benötigen* (83). Folgt ein Infinitiv, ist die mit *to* konstruierte Vollverbform gebräuchlicher als die Hilfsverbform (84):

(83) *I need new boots this winter.*   *Ich brauche diesen Winter neue Stiefel.*

Do you need any help?   *Brauchst du Hilfe?*
She doesn't need her old school books any more.   *Sie benötigt ihre alten Schulbücher nicht mehr.*
(84) *I need to go shopping.*   *Ich muss einkaufen.*
He needs to go out.   *Er muss hinausgehen.*

Im Präsens wird die Frageform *Do I need to ...?* oft im Sinne von *must* verwendet, besonders dann, wenn der Sprecher auf eine verneinende Antwort hofft. *Need I ...?* ist möglich, aber veraltet und weniger gebräuchlich (85):

(85) *Do I need to come?*   *Muss ich kommen?*
Must I come?   *Muss ich kommen?*
(Need I come?)   *(Muss ich kommen?)*

Die verneinte Form von *need* im Sinne von *nicht brauchen, nicht müssen* wird im Präsens und Futur manchmal als Hilfsverb (*I needn't*), öfter aber als Vollverb (*I don't need to*) verwendet. Das Futur kann durch *won't need to* verdeutlicht werden (86). Für das Präteritum ist *didn't need to* üblich (87):

(86) *I don't need to go to work this week.*   *Ich brauche diese Woche nicht zur Arbeit zu gehen.*
(I needn't go to work this week.)
We don't/won't need to get up early tomorrow.   *Wir müssen morgen nicht zeitig aufstehen.*
(We needn't get up early tomorrow.)
(87) *He didn't need to go to the bank yesterday.*   *Er brauchte gestern nicht zur Bank gehen.*

Hinweis: In Verbindung mit dem Infinitiv Perfekt drückt die Hilfsverbform *needn't* aus, dass eine Handlung überflüssig war (88):

(88) *I needn't have written to him because he phoned me the next day.*   *Ich hätte ihm nicht schreiben müssen, weil er mich sowieso am folgenden Tag angerufen hat.*

Im verneinenden Sinne wird das Hilfsverb *need* noch in Verbindung mit *never* (89), nach einem verneinten Verb (90) oder bei den einschränkenden Adverbien *hardly* und *scarcely* (91) gebraucht:

(89) *She need never come again.*	Sie braucht nie wieder zu kommen.
You need never work again.	Sie brauchen nie wieder zu arbeiten.
They need never do that again.	Sie brauchen das nie wieder zu tun.
(90) *I don't think he need come.*	Wir glauben nicht, dass er kommen muss.
We don't believe you need help her.	Wir glauben nicht, dass du ihr helfen musst.
(91) *You need hardly tell me that.*	Das brauchst du mir wohl kaum zu sagen.
She need scarcely try.	Sie braucht es kaum zu versuchen.

Das unvollständige Hilfsverb should/ought

Präsens:	*I should/ought*
Verneinung:	*I shouldn't/oughtn't*
Frage:	*Should/Ought I?*

Es gibt weder Partizip noch Infinitiv. Folgt ein Infinitiv, steht er nach *should* ohne *to,* nach *ought* hingegen mit *to.*

should drückt einen Rat, eine Empfehlung oder eine moralische Verpflichtung aus (92). *should not* bedeutet Ablehnung oder Verurteilung einer Handlung (93):

(92) *You should brush your teeth twice a day.*	Du sollst dir zweimal am Tag die Zähne putzen.
(93) *I shouldn't tell you this.*	Ich sollte es dir eigentlich nicht sagen.

should kann durch *ought* ersetzt werden. Der Bedeutungsunterschied ist gering, *ought* wird aber immer weniger verwendet.

You ought to brush your teeth twice a day.	Du sollst dir zweimal am Tag die Zähne putzen.
I oughtn't to tell you this.	Ich sollte es dir eigentlich nicht sagen.

Hinweis: Das deutsche *sollen* im Sinne von *Es heißt, dass ...* wird nicht mit *should* übersetzt, sondern mit *to be supposed/said* + Infinitiv (94):

(94) *He is supposed/said to be rich.*　　*Er soll reich sein. (Es heißt, er sei reich.)*

Das unvollständige Hilfsverb dare

In der bejahten Aussageform wird *dare* wie ein Vollverb konjugiert:

Infinitiv:	*to dare*
Präsens:	*I dare, you dare, he/she/it dares usw.*
Präteritum:	*I dared, you dared usw.*
Partizip:	*dared*

Bei Verneinung oder Frage kann es entweder wie ein Voll- oder Hilfsverb konjugiert werden:

	Vollverb	Hilfsverb
Verneinung		
Präsens	*I/you/we/you/they do not dare.* *He/she/it does not dare.*	*I/ you/he/she/it/we/ you/they/ dare not.*
Präteritum	*I did not dare usw.*	*I dared not usw.*
Frage		
Präsens	*Do I/you/we/you/ they dare?* *Does he/she//it dare?*	*Dare I/you/he/she/ it/we/you/they?*
Präteritum	*Did I dare?*	*Dared I?*

Wenn *dare* als unvollständiges Hilfsverb gebraucht wird, steht der Infinitiv ohne *to*; wird *dare* als Vollverb verwendet, kann der Infinitiv mit oder ohne *to* folgen (95):

(95) *He daren't ask her.*　*Er traut sich nicht, sie zu fragen.*
Dare she do it?　*Traut sie sich, es zu machen?*
They daren't ski.　*Sie trauen sich nicht, Ski zu fahren.*

Hinweis: Der Gebrauch von *dare* als Hilfsverb wird immer seltener (96).

(96) *I don't dare (to) speak.*   Ich wage nicht zu sprechen.
      They didn't dare (to) drive.   Sie haben sich nicht getraut
                                         zu fahren.

      Had she dared to climb that   Hatte sie sich getraut, diesen
       mountain?   Berg zu besteigen?

Nach *how* drückt *dare* Missbilligung aus (97):

(97) *How dare you say that!*   Wie können Sie es wagen,
                                          das zu sagen?
      How dare she eat my lunch!   Wie kann sie es wagen, mein
                                          Mittagessen zu essen?

Die feste Wendung *I dare say* kommt nur in der ersten Person Singular vor und bezeichnet eine Vermutung (98):

(98) *I dare say it will rain*   Ich nehme an, dass es
       tomorrow.   morgen regnen wird.
      I dare say they'll get   Ich gehe davon aus, dass sie
       married.   heiraten werden.

Das unvollständige Verb used (to)

      Präteritum: *I/you/he/she/it/we/you/they used to*
      Verneinung: *I/you/he/she/it/we/you/they didn't use to*
      Frage: *Did I use to?* usw.

used to existiert nur im Präteritum. Es bezeichnet eine Gewohnheit in der Vergangenheit, die jetzt nicht mehr zutrifft (99):

(99) *I used to smoke (but now*   Ich rauchte früher (aber jetzt
       I don't).   nicht mehr).
      She used to play tennis   Als sie noch in der Schule
       when she was at school.   war, spielte sie Tennis.

Bei der Verneinung steht *did + not (didn't)* vor der Grundform *use* (100):

(100) *I didn't use to smoke.*   Ich rauchte früher nicht.
       She didn't use to play   Früher hat sie nicht Tennis
        tennis.   gespielt.

Hinweis: *Used* darf weder mit dem Vollverb *use* (gebrauchen) noch mit der Konstruktion *to be used to* (gewöhnt sein an) verwechselt werden.

Hilfsverben in Kurzantworten und Erwiderungen

Grundwissen: Die englischen Hilfsverben werden in Kurzantworten und Erwiderungen gebraucht. Das Hilfsverb des vorangegangenen Satzes bzw. der vorangegangenen Frage wird an Stelle des Vollverbs wiederholt. Enthält der vorausgehende Satz kein Hilfsverb, wird eine Form von *do* verwendet. Die Zeitform des Hilfsverbs bleibt erhalten. Dasselbe gilt auch für die Kurzfragen.

Kurzantworten auf Entscheidungs- und Subjektfragen

Fragen, die eine Antwort mit ja oder nein verlangen, werden mit *yes* oder *no* + Hilfsverb beantwortet. Das Subjekt wird durch ein Pronomen ersetzt (101):

(101) Frage	bejahend	verneinend
Are you British?	*Yes, I am.*	*No, I'm not.*
Have you got a brother?	*Yes, I have.*	*No, I haven't.*
Do you like soccer?	*Yes, I do.*	*No, I don't.*
Can he swim?	*Yes, he can.*	*No, he can't*
Will you come?	*Yes, I will.*	*No, I won't.*
Do I need to do that?	*Yes, you do.*	*No, you don't.*
Did you use to live here?	*Yes, I did.*	*No, I didn't.*

Das Hilfsverb wird bei Kurzantworten auf Subjektfragen wiederholt. Fehlt ein Hilfsverb, wird es durch eine Form von *do* ersetzt (102):

(102)	
What's the capital of France?	*Paris is.*
Who can answer this question?	*I can.*
How many of you can speak English?	*All of us can.*
Who's got a pen?	*He has.*
How many people live in Melbourne?	*Three million do.*
Who discovered America?	*Columbus did.*

Erwiderungen auf Aussagesätze

Zustimmung zu einem bejahten Aussagesatz erfolgt in Form einer bejahenden Kurzantwort. Statt *yes* kann zur besonderen Bekräftigung *of course* oder *obviously* stehen. *so* zeigt Überraschung an. Widerspruch wird in Form der verneinenden Kurzantwort ausgedrückt, wobei für *no* oft *oh no* eintritt (103):

(103) Aussagesatz	Zustimmung	Widerspruch
She can swim well.	Yes, she can.	No, she can't.
They'll win.	Of course they will.	Oh no, they won't.
Your kettle has boiled.	So it has!	No, it hasn't.
He works too much.	Yes, he does.	No, he doesn't.

Zustimmung zu einem verneinten Aussagesatz erfolgt in Form einer verneinenden Kurzantwort; Widerspruch wird durch eine bejahende Kurzantwort ausgedrückt und oft durch *oh* ergänzt (104):

(104) Aussagesatz	Zustimmung	Widerspruch
He isn't late.	No, he isn't.	Oh yes, he is!
She hasn't done it yet.	No, she hasn't.	Yes, she has!
They didn't buy that car.	No, they didn't.	Yes, they did!
You can't speak German.	No, I can't.	Yes, I can.

Auf eine Frage mit *Why ...?* wird der Widerspruch mit *but* eingeleitet (105):

(105) Why did you leave without telling me?	But I didn't!
Why can you speak Russian?	But I can't!
Why are you deranged?	But I'm not!
Why didn't he ring me?	But he did!

Eine zweifelnde oder überraschte Erwiderung auf einen Aussagesatz erfolgt in Form einer Kurzfrage. Bei Überraschung wird oft *oh* hinzugefügt. Die Zeitform stimmt mit der des Aussagesatzes überein (106):

(106) Aussagesatz | Zweifel | Überraschung

She's American.	*Is she?*	*Oh, is she?*
We can run fast.	*Can you?*	*Oh, can you?*
She likes Bach.	*Does she?*	*Oh, does she?*
He's not German.	*Isn't he?*	*Oh, isn't he?*
I don't live here.	*Don't you?*	*Oh, don't you?*
They won't visit us.	*Won't they?*	*Oh, don't they?*

Zustimmung und Widerspruch

Zustimmung

Grundwissen: Zu einer Aussage erfolgt eine Zustimmung im Sinne von *Ich auch* durch *so* + Hilfsverb + Subjekt oder – betonter – durch Subjekt + Hilfsverb + *too* (107). Die verneinende Aussage *ich auch nicht* wird ausgedrückt durch *neither/nor* + Hilfsverb + Subjekt. Bei Gebrauch von *not ... either* ändert sich die Satzstellung: Subjekt + verneintes Hilfsverb + *either* (108). Wenn kein Hilfsverb aus dem Aussagesatz übernommen werden kann, tritt eine Form von *do* ein. Die Zustimmung kann vom Sprecher oder einer anderen Person erfolgen:

(107) bejahend (auch)

I can speak English.	*Ich kann Englisch.*
– So can I.	*– Ich auch.*
– I can too.	
We'll see him tomorrow.	*Wir werden ihn morgen sehen.*
– So will we.	*– Wir auch.*
– We will too.	
She's German.	*Sie ist Deutsche.*
– So am I.	*– Ich auch.*
– I am too.	
She comes from Germany.	*Sie kommt aus Deutschland.*
– So does he.	*– Er auch.*
– He does too.	
I saw them yesterday.	*Ich sah sie gestern.*
– So did I.	*– Ich auch.*

(108) verneinend (auch nicht)

I can't speak English.	*Ich kann nicht Englisch sprechen.*
– *Nor/Neither can I.*	– *Ich auch nicht.*
– *I can't either.*	

We won't see him tomorrow.	*Wir werden ihn morgen nicht sehen.*
– *Nor/Neither will we.*	– *Wir auch nicht.*
– *We won't either.*	

She isn't German.	*Sie ist keine Deutsche.*
– *Nor/Neither am I.*	– *Ich auch nicht.*
– *I'm not either.*	

She doesn't come from Germany.	*Sie kommt nicht aus Deutschland.*
– *Nor/Neither do I.*	– *Ich auch nicht.*
– *I don't either.*	

I didn't see them yesterday.	– *Ich habe sie gestern nicht gesehen.*
– *Nor/Neither did I.*	– *Ich auch nicht.*
– *I didn't either.*	

Hinweis: Anstelle von *So do I, So can I* usw. ist in der ersten Person Singular umgangssprachlich die Konstruktion *Me too* sehr gebräuchlich. Sie sollte allerdings in der Schriftsprache gemieden werden. *Me too* ist unveränderlich (109):

(109) *I'm British.*	– *So am I* oder
	– *Me too.*
I love opera.	– *So do I* oder
	– *Me too.*
I can swim.	– *So can I* oder
	– *Me too.*
I'll be there tomorrow.	– *So will I* oder
	– *Me too.*

Widerspruch

Grundwissen: Der Widerspruch auf eine negative Aussage erfolgt mit der bejahten Form des Hilfsverbs oder *do*; der Widerspruch auf eine positive Aussage wird mit der verneinten Form des Hilfsverbs oder *do* gebildet. Die Bedeutung entspricht im ersten Fall oft dem deutschen *doch* (110); im zweiten Fall übersetzt man häufig mit *aber (doch) nicht* (111). Wie bei der Zustimmung kann der Widerspruch von Seiten des Sprechers oder einer anderen Person erfolgen. Die Erwiderung wird oft mit *but, no* oder *yes* eingeleitet.

(110) bejahend (doch)

Jeremy can't speak French.	*Jeremy kann kein Französisch sprechen.*
– But I can.	*– Doch (ich kann es).*
I won't see him at the weekend.	*Ich werde ihn am Wochenende nicht sehen.*
– Yes, you will.	*– Doch.*
She never eats her lunch.	*– Sie isst nie ihr Mittagessen.*
– Yes, she does.	*– Doch.*
They didn't ring me.	*Sie haben mich nicht angerufen.*
– But they did!	*– Doch.*
I didn't have time yesterday.	*Ich habe gestern keine Zeit gehabt.*
– Yes, you did.	*– Doch.*

(111) verneinend (aber nicht)

They can speak French.	*Sie können Französisch sprechen.*
– But I can't.	*– Aber ich nicht.*
We'll see her.	*Wir werden sie sehen.*
– But I won't.	*– Aber ich (doch) nicht.*
They eat meat.	*Sie essen Fleisch.*
– No, they don't.	*– Nein, das tun sie nicht.*

6.3. Die Zeitformen des Vollverbs

Das einfache Präsens

Grundwissen: Das Englische besitzt zwei Formen der Gegenwart: eine einfache (das einfache Präsens) und eine erweiterte Form (Verlaufsform des Präsens).

Bildung des einfachen Präsens

Regel: Das einfache Präsens besitzt in allen Personen außer der dritten Person Singular die gleiche Form wie der Infinitiv. Zur Bildung der dritten Person Singular wird -*s* angehängt (1):

(1) Infinitiv: *to work*   *(arbeiten)*
    einfaches Präsens: *I work, you work, he*
                          works usw.

Die Verneinung wird mit der verneinten Form von *do* + Infinitiv (ohne *to*) des Hauptverbs umschrieben (2):

(2) *I don't work, you don't work, he doesn't work* usw.

Die Frage wird mit dem Präsens von *do* + Subjekt + Infinitiv des Hauptverbs (ohne *to*) gebildet (3):

(3) *Do I work? Do you work? Does he work?* usw.

Das einfache Präsens des regelmäßigen Verbs *work*:

bejahend	verneint
I work	*I do not (don't) work*
you work	*you do not (don't) work*
he works	*he does not (doesn't) work*
she works	*she does not (doesn't) work*
it works	*it does not (doesn't) work*
we work	*we do not (don't) work*
you work	*you do not (don't) work*
they work	*they do not (don't) work*

bejahende Frage	verneinte Frage
Do I work?	*Don't I work?*
Do you work?	*Don't you work?*
Does he work?	*Doesn't he work?*
Does she work?	*Doesn't she work?*
Does it work?	*Doesn't it work?*
Do we work?	*Don't we work?*
Do you work?	*Don't you work?*
Do they work?	*Don't they work?*

Hinweis: Bei der negativen Frage ist die verkürzte Form üblich.

Regel: Verben mit den Endbuchstaben *ss, sh, ch, x* und *o* erhalten als Endung in der dritten Person Singular *-es* an Stelle von *-s* (4):

(4)	*I kiss – he kisses*	*I watch – she watches*
	I box – she boxes	*I go – he goes*
	I rush – he rushes	*I do – she does*

Gebrauch des einfachen Präsens

Die einfache Form bezeichnet eine allgemeingültige Aussage (5):

(5)	*Cats drink milk.*	Katzen trinken Milch.
	Dogs bark.	Hunde bellen.
	Birds sing.	Vögel singen.

Sie drückt auch eine gewohnheitsmäßige, sich wiederholende Handlung aus (6):

(6)	*I always get up at 6 o'clock.*	Ich stehe immer um 6 Uhr auf.
	The sun rises every morning.	Die Sonne geht jeden Morgen auf.
	The train runs every 20 minutes.	Der Zug fährt alle 20 Minuten.

Aufeinander folgende Tätigkeiten werden ebenfalls mit der einfachen Form wiedergegeben (7):

(7)	*Julie gets home from work at 7, and then she has dinner and watches television.*	Julie kommt um 19 Uhr von der Arbeit nach Hause, dann isst sie zu Abend und sieht fern.

Sie bezeichnet auch Vorgänge von Dauer ohne Rücksicht auf den zeitlichen Verlauf (8):

(8)   *She lives in Paris.*   *Sie lebt in Paris.*
        I drink tea.   *Ich trinke Tee.*

Einfache Form bei Zustandsverben

Verben, bei denen sich kein Ablauf einer Handlung vorstellen lässt, stehen normalerweise in der einfachen Form. Zu diesen Zustandsverben gehören Verben der Sinneswahrnehmung, die teils häufig mit *can* verbunden sind (9):

(9)   *(can) see – sehen (können)*   *(can) hear – hören (können)*
        notice – (be)merken   *smell – riechen*
        recognize – (an)erkennen

        I (can) hear the music.   *Ich (kann) die Musik hören.*
        We (can) see the mountains   *Wir (können) die Berge von*
            from our house.   *unserem Haus aus sehen.*

Hinweis: Im Unterschied zu diesen Verben bezeichnen *look at* (ansehen), *watch* (beobachten) und *listen to* (zuhören) bewusst ausgeführte Tätigkeiten. Diese Verben kennen die Verlaufsform.

Verben des Wünschens und Gefühlsverben werden im Allgemeinen auch nur in der einfachen Form gebraucht. Dazu gehören (10):

(10)   *want – wollen*   *wish – (sich) wünschen*
        like – mögen   *dislike – nicht mögen*
        love – lieben   *hate – hassen*
        refuse – sich weigern

        They want a cup of tea.   *Sie wollen eine Tasse Tee.*
        I wish I could fly.   *Ich wünsche mir, ich könnte*
                                              fliegen.

Andere Verben, bei denen nur die einfache Form gebräuchlich ist, sind diejenigen des Denkens, z.B. (11):

(11)   *think (of, about) – meinen, glauben, halten (von)*
        believe – glauben
        feel – sich fühlen
        expect – glauben, meinen

suppose – vermuten
know – wissen, kennen
understand – verstehen
see – verstehen
mean – sagen wollen, meinen
remember – denken an, sich erinnern
forget – vergessen

I think the weather will be fine tomorrow.	*Ich glaube, dass das Wetter morgen schön sein wird.*
He thinks you're mad.	*Er hält dich für verrückt.*
Do you believe in God?	*Glauben Sie an Gott?*
I expect it will rain tonight.	*Ich glaube, dass es heute Nacht regnen wird.*
He supposes I'm right.	*Er geht davon aus, dass ich Recht habe.*
I know John well.	*Ich kenne John gut.*

Bei den folgenden Verben wird ebenfalls nur das einfache Präsens verwendet (12):

(12) *have – besitzen*   *own – besitzten*
      contain – beinhalten   *consist of – bestehen aus*
      seem – scheinen

We have a new car.	*Wir haben ein neues Auto.*
They own the big house in our street.	*Sie besitzen das große Haus in unserer Straße.*
This tin contains chocolate biscuits.	*Diese Dose enthält Schokokekse.*
Our flat consists of one room, a bathroom and a kitchen.	*Unsere Wohnung besteht aus einem Zimmer, einem Bad und einer Küche.*
She seems happy today.	*Sie scheint heute glücklich zu sein.*

Hinweis: Hilfsverben bilden normalerweise keine Verlaufsform; nur das Hilfsverb *be* kennt eine Verlaufsform, die zur Bildung der passivischen Verlaufsformen bei den Vollverben dient (→ 6.5. Überblickstabelle).

Einfaches Präsens in futurischer Bedeutung

Gelegentlich wird das einfache Präsens in futurischer Bedeutung gebraucht, z.B. in Verbindung mit einer geplanten Reise (13):

(13) We leave London at 6 and   Wir fahren von London um
  arrive in Edinburgh at 10. 6 Uhr ab und kommen in
           Edinburgh um 10 Uhr an.

  The plane leaves tomorrow Das Flugzeug fliegt morgen
  at 2 and lands 3 hour later. um 14 Uhr ab und landet
           3 Stunden später.

Es steht auch in Nebensätzen der Zeit, die durch eine Konjunktion eingeleitet werden, die in die Zukunft weist, wie z. B. (14):

(14) before – bevor, ehe; until/till – bis; as soon as – sobald

  I'll shut the windows before Ich werde die Fenster
  I leave.   schließen, bevor ich gehe.
  We'll go on until/till we Wir werden weitermachen, bis
  succeed.   wir Erfolg haben.
  As soon as it stops raining Sobald es nicht mehr regnet,
  I'll go for a walk.   werde ich spazieren gehen.

Die Verlaufsform des Präsens

Bildung der Verlaufsform

Regel: Die Verlaufsform des Präsens wird mit dem Präsens des Hilfsverbs *be* und dem Partizip Präsens (Infinitiv + *-ing*) gebildet (15):

(15) *I am working*
  you are working
  he is working usw.

Zur Verneinung wird *not* hinter dem Hilfsverb eingefügt (16):

(16) *I'm not working*
  you're not working
  he is not working usw.

Die Frageform wird gebildet durch Umkehrung von Subjekt und Hilfsverb (17):

(17) *Am I working?*
  Are you working?
  Is she working?

Die Verlaufsform des Präsens des Verbs *to work*
Infinitiv: *to be working*

bejahend	verneint
I am (I'm) working	*I am not ('m not) working*
you are (you're) working	*you are not ('re not) working*
he is (he's) working	*he is not (isn't) working*
she is (she's) working	*she is not (isn't) working*
it is (it's) working	*it is not (isn't) working*
we are (we're) working	*we are not (aren't) working*
you are (you're) working	*you are not ('re not) working*
they are (they're) working	*they are not (aren't) working*

bejahende Frage	verneinte Frage
Am I working?	*Am I not working?*
Are you working?	*Aren't you working?*
Is he working?	*Isn't he working?*
Is she working?	*Isn't she working?*
Is it working?	*Isn't it working?*
Are we working?	*Aren't we working?*
Are you working?	*Aren't you working?*
Are they working?	*Aren't they working?*

Hinweis: Die verneinte Frage ist nur in der verkürzten Form üblich.

Gebrauch der Verlaufsform

Grundwissen: Die Verlaufsform des Präsens schildert den Verlauf einer Handlung oder Tätigkeit, die im Augenblick des Sprechens vor sich geht. Sie ist oft mit Adverbien wie *now* (jetzt) oder *at the moment* (im Moment) verbunden (18):

(18) *I am eating breakfast at the moment.*   *Im Moment frühstücke ich.*

Die Verlaufsform des Präsens wird auch verwendet, um zu betonen, dass eine Handlung oder Tätigkeit, die über einen längeren Zeitraum hinweg andauert, im gegenwärtigen Zeitraum vor sich geht (19):

(19) *He's living in London at the moment.*   *Er lebt zur Zeit in London.*

    We're reading a new book in our English class this week.   *Wir lesen diese Woche ein neues Buch im Englischunterricht.*

Bei wiederholten oder gewohnheitsmäßigen Handlungen sowie allgemeinen Feststellungen steht in der Regel keine Verlaufsform (→ 6.3. Bsp. 5–8). In Verbindung mit *always (immer)* kann die erweiterte Form der Aussage jedoch einen gewissen Nachdruck verleihen oder einen bestimmten Gefühlswert beilegen, besonders Unwillen oder Vorwurf (20):

(20) *My daughter is always asking*   *Meine Tochter stellt mir immer*
      me difficult questions.   *Fragen.*
      He is constantly watching   *Er sieht dauernd diesen*
        that rubbish on television.   *Quatsch im Fernsehen.*
      Why are you constantly   *Warum musst du das ständig*
        doing that?   *machen?*

Durch die erweiterte Form wird die Gleichzeitigkeit mehrerer Handlungen hervorgehoben (21):

(21) *John is washing up, while*   *John wäscht gerade ab, wäh-*
      his wife is working   *rend seine Frau arbeitet*
      and their son is sleeping.   *und ihr Sohn schläft.*

Manche Zustandsverben (→ 6.3. Bsp. 9–12) stehen in der erweiterten Form, wenn sie in spezieller Bedeutung verwendet werden und eine Tätigkeit bezeichnen, bei der man sich einen Ablauf vorstellen kann, z. B. (22):

(22) *see – Termin haben, interviewen; besuchen, besichtigen*
      see about – sich erkundigen, sich kümmern um
      see off – fortbringen, begleiten
      hear – eine Nachricht bekommen
      like – genießen, Spaß haben
      expect – erwarten (besonders Baby, Post)
      think about – nachdenken über
      have – essen, trinken

      The tourist is seeing the   *Der Tourist sieht sich die*
        town.   *Stadt an.*
      Anna is seeing him off at   *Anna bringt ihn zum Bahnhof.*
        the station.
      He's thinking about his work.   *Er denkt über seine Arbeit nach.*
      We're having lunch.   *Wir essen gerade zu Mittag.*
      She's expecting a baby.   *Sie erwartet ein Baby.*

Gelegentlich wird die Verlaufsform bei Zustandsverben auch verwendet, um eine gewisse Intensivierung zum Ausdruck zu bringen (23):

(23) *I'm seeing it better now.*	*Jetzt sehe ich es schon besser.*
I'm disliking my job especially at the moment.	*Mein Job gefällt mir besonders im Moment überhaupt nicht.*

In Verbindung mit einem festgesetzten Termin bezeichnet die Verlaufsform eine (nahe bevorstehende) zukünftige Handlung oder eine
Absicht. Bei *go* und *come* kann die Zeitbestimmung entfallen. Die
wichtigsten Verben, die so gebraucht werden, sind (24):

(24) *arrive – ankommen*	*come – kommen*
go – gehen	*leave – gehen, verlassen*
meet – treffen	*see – aufsuchen*
do – machen, tun	*stay – bleiben, übernachten*
have – essen, trinken; veranstalten, (Treffen) abhalten	

We're leaving at 2 o'clock tomorrow afternoon.	*Wir fahren morgen um 14 Uhr ab.*
Are you coming with us?	*Wirst du mit uns mitkommen?*
They are staying with our friends next week.	*Sie übernachten nächste Woche bei unseren Freunden.*
I'm having dinner with him on Tuesday.	*Ich werde mit ihm am Dienstag essen gehen.*

Hinweis: Die Verlaufsform des Präsens nach *When ...?* und *How long
...?* hat immer futurische Bedeutung (25):

(25) *When is he leaving?*	*Wann fährt er weg?/Wird er wegfahren?*
How long are they staying here?	*Wie lange werden sie hier bleiben?*
When are you getting back?	*Wann kommst du wieder?*

Das einfache Present Perfect

Hinweis: Weil sich der Gebrauch des englischen *Present Perfect* nur
teilweise mit dem des deutschen Perfekts deckt, ist die englische
Bezeichnung genauer.

Bildung des einfachen Present Perfect

Regel: Regelmäßige Verben: *have/has* + Partizip der Vergangenheit
(*-ed*). Das Partizip bei regelmäßigen Verben hat die gleiche Form wie
das Präteritum.

Unregelmäßige Verben: *have/has* + Partizip der Vergangenheit. Die Form des Partizips ist nicht immer vorauszusehen. (→ 6.13.)

Hinweis: Zur Bildung des Perfekts wird immer *have* gebraucht, auch bei den Verben, die im Deutschen mit *sein* verwendet werden (26):

(26) *We have come.*   *Wir sind gekommen.*
     She has gone.   *Sie ist gegangen.*

Das *Present Perfect* des Verbs *work*:

bejahend	verneint
I have (I've) worked	*I have not (haven't) worked*
you have (you've) worked	*you have not (haven't) worked*
he has (he's) worked	*he has not (hasn't) worked*
she has (she's) worked	*she has not (hasn't) worked*
it has (it's) worked	*it has not (hasn't) worked*
we have (we've) worked	*we have not (haven't) worked*
you have (you've) worked	*you have not (haven't) worked*
they have (they've) worked	*they have not (haven't) worked*

bejahende Frage	verneinte Frage
Have I worked?	*Haven't I worked?*
Have you worked?	*Haven't you worked?*
Has he worked?	*Hasn't he worked?*
Has she worked?	*Hasn't she worked?*
Has it worked?	*Hasn't it worked?*
Have we worked?	*Haven't we worked?*
Have you worked?	*Haven't you worked?*
Have they worked?	*Haven't they worked?*

Gebrauch des einfachen *Present Perfect*

Grundwissen: Das englische *Present Perfect* deckt sich nicht mit dem deutschen Perfekt. Es drückt eine Verbindung zwischen Vergangenheit und Gegenwart aus. Im Gegensatz zum Deutschen, das Präteritum und Perfekt oft ohne Bedeutungsunterschied gebraucht (*Ich sah dich, Ich habe dich gesehen*), trennt das Englische Präteritum und *Present Perfect* streng.

Das *Present Perfect* steht, wenn eine Handlung bzw. ein Zustand in der Vergangenheit begonnen hat und sich bis in die Gegenwart fortsetzt. Es kann sich dabei auch um den Nichteintritt eines Ereignisses handeln. Die Verbindung zwischen Vergangenheit und Gegenwart wird oft durch *for* (Zeitraum) oder *since* (Zeitpunkt) hergestellt (27):

(27) *Have you seen him?*   *Hast du ihn gesehen?*
The train hasn't arrived yet.   *Der Zug ist noch nicht ange-*
                                   kommen.

They have lived abroad   *Sie haben drei Jahre lang*
  for three years.   *im Ausland gelebt.*
I haven't seen them since   *Ich habe sie seit Weihnachten*
  Christmas.   *nicht mehr gesehen.*

Im Deutschen wird sehr oft das Präsens verwendet, wenn im Englischen das *Present Perfect* stehen muss. Dies gilt insbesondere für
Sätze mit *since* und *for* (28). In der Umgangssprache kann *for* auch entfallen (29):

(28) *I have been here since*   *Ich bin seit 14 Uhr hier.*
  2 o'clock.
I have been here for three hours. I bin seit 3 Stunden hier.
She has smoked since   *Sie raucht schon, seitdem sie*
  she left school.   *die Schule verlassen hat.*
He has been in this job   *Er macht diese Arbeit schon*
  for 10 years.   *seit 10 Jahren.*

(29) *We've lived here (for) 3 years.*   *Wir leben seit 3 Jahren hier.*

Hinweis: Die Frageformeln *How long ...?* und *Since when ...?* leiten
häufig Fragen im *Present Perfect* ein (30):

(30) *How long has he been here?*   *Wie lange ist er schon hier?*
Since when have you lived here? Wie lange leben Sie schon hier?

Andere Zeitbestimmungen, die auf einen in die Gegenwart reichenden
Zeitpunkt hinweisen und gewöhnlich das *Present Perfect* erfordern,
sind z. B. *this week/mouth/year (diese Woche, diesen Monat, dieses
Jahr).* Dagegen werden *this morning/afternoon/evening (heute Morgen,
Nachmittag, Abend)* nur dann mit dem *Present Perfect* gebraucht,
wenn die betreffende Tageszeit im Augenblick des Sprechens noch
nicht vergangen ist (31); andernfalls ist das Präteritum (→ 6.3. Bsp. 47)
zu verwenden (32):

(31) *(um 11 Uhr)*   *He has phoned me*   *Er hat mich schon*
                  5 times already   *5-mal heute mor-*
                  this morning.   *gen angerufen.*
    (um 16 Uhr)   *It has been a lovely*   *Es ist bisher ein*
                  afternoon.   *schöner Nach-*
                                      mittag gewesen.

Aber:

| (32) *(um 14 Uhr)* | He phoned me 5 times this morning. | Er rief mich heute Morgen 5-mal an. |
| *(um 22 Uhr)* | It was a lovely afternoon. | Es war ein schöner Nachmittag. |

Bei *just (gerade)* steht in der Regel das *Present Perfect*. Damit wird betont, dass eine Handlung, obwohl abgeschlossen, gerade erst passiert ist (33):

(33) He's just left the room.	Er hat gerade erst das Zimmer verlassen.
They've just got married.	Sie haben gerade erst geheiratet.
Have you just arrived?	Bist du gerade erst gekommen?

Das *Present Perfect* wird gebraucht, wenn die Zeit einer Handlung unbestimmt ist, d. h. wenn überhaupt keine oder eine nur allgemeine Zeitangabe erfolgt. Es wird nicht betont, *wann*, sondern *dass* etwas passiert ist. Dieser Gebrauch erfolgt oft mit folgenden Wörtern (34):

(34) *yet*	– schon (bei Fragen)
up to the present	– bis jetzt
not yet	– noch nicht
already	– schon (in bejahenden Aussagen und Bestimmungsfragen)
so far	– bis jetzt
ever	– jemals
never	– niemals
lately	– in letzter Zeit
recently	– neulich

Have you been to London yet?	Warst du schon in London?
Have you ever visited the Queen?	Hast du jemals die englische Königin besucht?
What has the weather been like lately?	Wie ist das Wetter in letzter Zeit gewesen?
I haven't read that book yet.	Ich habe das Buch noch nicht gelesen.
He's phoned us often recently.	Er hat uns neulich oft angerufen.
She's already left.	Sie ist schon weg.
They haven't finished the book so far.	Bis jetzt haben sie das Buch noch nicht fertig.

Das *Present Perfect* bezeichnet auch eine Handlung, die zwar bereits abgeschlossen ist, in ihrer Auswirkung aber noch in der Gegenwart gilt (35):

(35) *I've lost my keys.*	*Ich habe meine Schlüssel verloren (und jetzt kann ich sie nicht finden).*
He's seen that film.	*Er hat diesen Film gesehen (und jetzt weiß er Bescheid, worum es geht).*
I've cut my finger.	*Ich habe mir in den Finger geschnitten (und jetzt tut er weh).*

Hinweis: Eine Konversation über eine Handlung in der Vergangenheit beginnt oft mit einer Frage und Antwort im *Present Perfect*, wird dann aber im Präteritum fortgesetzt, selbst wenn keine Zeitangabe erfolgt. Der Grund dafür ist, dass die erwähnte Handlung jetzt in den Gedanken des Sprechers eine konkrete Form annimmt (36):

(36) *A: Have you ever been to Australia?*	*A: Waren Sie jemals in Australien?*
B: Yes, I have.	*B: Ja.*
A: When were you there?	*A: Wann waren Sie dort?*
B: I was there two years ago.	*B: Ich war vor zwei Jahren dort.*

Die Verlaufsform des Present Perfect

Bildung der Verlaufsform

Regel: Die Verlaufsform des *Present Perfect* wird mit *have/has been* + Partizip Präsens (*-ing*) gebildet.

Die Verlaufsform des *Present Perfect* des Verbs *work*:

bejahend	verneint
I have been working	*I have not been working*
you have been working	*you have not been working*
he has been working	*he has not been working*
she has been working	*she has not been working*
it has been working	*it has not been working*
we have been working	*we have not been working*
you have been working	*you have not been working*
they have been working	*they have not been working*

bejahende Frage	verneinte Frage
Have I been working?	*Haven't I been working?*
Have you been working?	*Haven't you been working?*
Has he been working?	*Hasn't he been working?*
Has she been working?	*Hasn't she been working?*
Have we been working?	*Haven't we been working?*
Have you been working?	*Haven't you been working?*
Have they been working?	*Haven't they been working?*

Hinweis: Das Hilfsverb wird oft kontrahiert: *I have – I've, she has not – she hasn't*. Bei der verneinten Frage ist die kontrahierte Form üblich.

Gebrauch der Verlaufsform

Grundwissen: Die Verlaufsform des *Present Perfect* kann, ähnlich wie die einfache Form, eine Handlung bezeichnen, die in der Vergangenheit begonnen hat und sich bis in die Gegenwart fortsetzt oder gerade erst aufgehört hat. Im Unterschied zur einfachen Form hebt die Verlaufsform den ununterbrochenen Fortgang der Handlung hervor und steht deshalb vor allem in Verbindung mit Verben wie (37):

(37) *learn* – lernen   *study* – studieren, lernen
     live – leben, wohnen   *teach* – unterrichten, lehren
     rest – sich ausruhen   *try* – versuchen
     stand – stehen   *wait* – warten
     stay – bleiben; übernachten   *sit* – sitzen

     I've been learning English   Ich lerne Englisch (regelmäßig
       since I moved to London.   und oft), seitdem ich nach
                                London gezogen bin.

     I've been standing at this   Ich stehe hier an der Bushalte-
       bus stop for 45 minutes.   stelle schon seit 45 Minuten
                                (und habe nichts anderes in
                                der Zeit gemacht).

Die Verlaufsform des *Present Perfect* kann auch eine Handlung bezeichnen, die eine gewisse Zeit hindurch angedauert hat, in der unmittelbaren Vergangenheit beendet worden ist und jetzt eine direkte Wirkung auf die Gegenwart hat (38):

(38) *I have been painting the*   Ich habe gerade aufgehört,
       kitchen.   die Küche zu streichen (und
                                deswegen sind meine Haare
                                voller Farbe.)

I've been running up the hill.	*Ich bin gerade den Berg hoch gerannt (und deswegen bin ich jetzt müde).*
It's been raining all week.	*Es hat die ganze Woche geregnet (und jetzt sind die Felder voller Wasser).*

Vergleich der einfachen und der Verlaufsform des *Present Perfect*

Sehr oft kann man beide Formen ohne wesentlichen Bedeutungsunterschied benutzen (39):

(39) *He has lived here for 6 weeks.*	*Er lebt seit 6 Wochen hier.*
He has been living here for 6 weeks.	
I have wanted to do this for a long time.	*Ich habe das seit langem machen wollen.*
I have been wanting to do this for a long time.	
They have eaten at this restaurant for years.	*Sie essen schon jahrelang in diesem Restaurant.*
They have been eating at this restaurant for years.	

Bestimmte Verben werden nur selten in der Verlaufsform verwendet, z.B. *be, know, see* usw. (→ 6.3. Bsp. 9–12, 22–23) (40):

(40) *I've been here twice already.*	*Ich bin schon zweimal hier gewesen.*
He's heard this piece many times.	*Er hat dieses Stück schon oft gehört.*
They've known each other for 20 years.	*Sie kennen sich schon seit 20 Jahren.*
I've owned this house for 30 years.	*Ich besitze dieses Haus seit 30 Jahren.*

Nicht:
> *I've been being ...*
> *He's been hearing ...*
> *They've been knowing ...*
> *I've been owning ...*

Die Verlaufsform drückt eine ununterbrochene Handlung aus. Deswegen wird sie nicht verwendet, wenn eine gewisse Anzahl von Handlungen erwähnt wird (41):

(41) *I've written 4 letters since breakfast.*   *Ich habe seit dem Frühstück 4 Briefe geschrieben.*

I've been writing letters all morning.   *Ich schreibe schon den ganzen Vormittag (ununterbrochen) Briefe.*

He's spoken to her twice this evening.   *Er hat mit ihr heute Abend schon zweimal gesprochen.*

He's been speaking to her all evening.   *Er spricht schon den ganzen Abend mit ihr.*

Hinweis: Es gibt oft einen sehr großen Unterschied zwischen einer einzigen Handlung in der einfachen Form und einer ununterbrochenen Handlung in der Verlaufsform (42):

(42) *I've cut my finger.*   *Ich habe mich gerade in den Finger geschnitten.*

I've been cutting my finger.   *Ich habe mich gerade mehrmals hintereinander in den Finger geschnitten.*

I've just run into a car.   *Ich bin gerade in ein Auto hineingefahren.*

I've been running into a car.   *Ich bin gerade mehrmals hintereinander in ein Auto hineingefahren.*

Das einfache Präteritum

Grundwissen: Das Präteritum wird für die *abgeschlossene* Vergangenheit verwendet.

Bildung der einfachen Form

Regel: Regelmäßige Verben: Die einfache Form des Präteritums wird mit dem Infinitiv ohne *to* + -*ed* gebildet (43):

(43) Infinitiv: *to work*   Präteritum: *worked*

Die Form bleibt in allen Personen gleich (44):

(44) *I worked, you worked, he worked usw.*

Unregelmäßige Verben: Es gibt viele verschiedene Formen, die man einzeln lernen muss (→ 6.12.).

Die Verneinung von regelmäßigen und unregelmäßigen Verben wird mit *did not* + Infinitiv (ohne *to*) gebildet (45):

(45) *I did not (didn't) work, you did not (didn't) work usw.*

Die Frageform von regelmäßigen und unregelmäßigen Verben wird mit *did* + Subjekt + Infinitiv (ohne *to*) gebildet (46):

Das einfache Präteritum des Verbs *work*:

bejahend	verneint
I worked	*I did not work*
you worked	*you did not work*
he worked	*he did not work*
she worked	*she did not work*
it worked	*it did not work*
we worked	*we did not work*
you worked	*you did not work*
they worked	*they did not work*

bejahende Frage	verneinte Frage
Did I work?	*Didn't I work?*
Did you work?	*Didn't you work?*
Did he work?	*Didn't he work?*
Did she work?	*Didn't she work?*
Did it work?	*Didn't it work?*
Did we work?	*Didn't we work?*
Did you work?	*Didn't you work?*
Did they work?	*Didn't they work?*

Hinweis: Das Hilfsverb wird bei der verneinten Aussage oft kontrahiert: *I did not – I didn't, you did not – you didn't* usw. In der verneinten Frage wird generell die kontrahierte Form verwendet.

Gebrauch des einfachen Präteritums

Regel: Eine in der Vergangenheit gänzlich abgeschlossene Handlung, die nicht in Beziehung zur Gegenwart gesetzt wird, muss im Gegensatz zum Deutschen, das hier oft das Perfekt gebraucht, im Englischen immer im Präteritum wiedergegeben werden.

Es wird für eine abgeschlossene Handlung verwendet, insbesondere wenn ein Zeitpunkt in der Vergangenheit angegeben ist. Solche Zeitangaben sind (47):

(47) *yesterday – gestern*

last week – letzte Woche

last month – letzten Monat
last year – letztes Jahr

2 minutes ago – vor zwei
Minuten
3 years ago – vor drei Jahren

I saw her yesterday.
It happened 2 minutes ago.
He was born in 1960.
They bought it a few days
ago.
We were there last year.

on Tuesday – am vergangenen
Dienstag
the other day – vor ein paar
Tagen
in 1990 – (im Jahre) 1990
on the 3rd of May – am dritten
Mai
the day before yesterday –
vorgestern
last night – gestern Abend usw.

Ich habe sie gestern gesehen.
Es ist vor zwei Minuten passiert.
Er wurde 1960 geboren.
Sie haben es vor ein paar
Tagen gekauft.
Wir waren letztes Jahr dort.

Hinweis: Das Interrogativpronomen *when* verlangt das einfache Präteritum (48):

(48) *When did he arrive?*
When did they leave?
When did it happen?

Wann ist er angekommen?
Wann sind sie gegangen?
Wann ist es passiert?

Das einfache Präteritum wird auch gebraucht, wenn es eindeutig ist, dass eine Handlung abgeschlossen ist, obwohl kein Zeitpunkt erwähnt wird (49):

(49) *The bus was 30 minutes*
late.
We bought the car in
Italy.
It was warm and sunny.

Der Bus hatte 30 Minuten
Verspätung.
Wir haben das Auto in Italien
gekauft.
Das Wetter war warm und
sonnig.

Für Handlungen, die sich in einem abgeschlossenen Zeitraum abspielten, wird ebenfalls das einfache Präteritum verwendet (50):

(50) *We lived in London for*   *Wir lebten früher drei Jahre*
      three years.   *lang in London.*
      She worked in a bank from   *Sie arbeitete von 1980 bis*
      1980 until 1990.   *1990 in einer Bank.*
      He was here from Monday   *Er war von Montag bis*
      until Friday.   *Freitag hier.*

Das einfache Präteritum bezeichnet vergangene Gewohnheiten (→ 6.2. Bsp. 99–100) (51):

(51) *She never smoked cigars.*   *Sie rauchte nie Zigarren.*
      He always wore boots in   *Er trug immer Stiefel bei*
      the rain.   *Regenwetter.*
      We often went for walks in   *Wir sind oft im Wald spazie-*
      the forest.   *ren gegangen.*

Oft wird eine Konversation, die mit Frage und Antwort im Present Perfect anfängt, im einfachen Präteritum fortgesetzt (→ 6.3. Bsp. 36) (52):

(52) *A: Have you ever been*   *A: Waren Sie schon einmal*
       to Egypt?   *in Ägypten?*
      B: Yes, I have.   *B: Ja.*
      A: When were you there?   *A: Wann waren Sie da?*
      B: I was there 2 years ago.   *B: Ich war vor 2 Jahren dort.*

Die Verlaufsform des Präteritums

Bildung der Verlaufsform

Regel: Die Verlaufsform des Präteritums wird mit dem Präteritum des Verbs *to be* + dem Partizip Präsens (auf *-ing*) gebildet:

bejahend	verneint
I was working	*I was not working*
you were working	*you were not working*
he was working	*he was not working*
she was working	*she was not working*
it was working	*it was not working*
we were working	*we were not working*
you were working	*you were not working*
they were working	*they were not working*

bejahende Frage	verneinte Frage
Was I working?	*Wasn't I working?*
Were you working?	*Weren't you working?*
Was he working?	*Wasn't he working?*
Was she working?	*Wasn't she working?*
Was it working?	*Wasn't it working?*
Were we working?	*Weren't we working?*
Were you working?	*Weren't you working?*
Were they working?	*Weren't they working?*

Gebrauch der Verlaufsform des Präteritums

Grundwissen: Die Verlaufsform des Präteritums wird gebraucht, um eine Handlung in ihrem Verlauf zu einem bestimmten Zeitpunkt oder Zeitraum in der Vergangenheit darzustellen (53):

(53) *At 6 o'clock yesterday evening I was eating my dinner.*

In January 1925 he was living in Berlin.

Um 18 Uhr gestern Abend war ich gerade dabei, Abendbrot zu essen.

Im Januar 1925 lebte er in Berlin.

Hinweis: Die übliche Frage ist *What were you/was he doing at ...?* (54):

(54) *What were you doing at 10 o'clock this morning?*

What were they doing at breakfast time last Saturday?

Was haben Sie um 10 Uhr heute Morgen gemacht?

Was haben sie letzten Samstag zur Frühstückszeit gerade gemacht?

Die Verlaufsform des Präteritums schildert zwei parallel laufende, vorübergehende Handlungen in der Vergangenheit, die in ihrer Gleichzeitigkeit betont werden sollen (55):

(55) *While I was mowing the lawn, Peter was baking a cake.*

While she was working, he was sleeping.

Während ich den Rasen mähte, hat Peter einen Kuchen gebacken.

Während sie arbeitete, hat er geschlafen.

Die Verlaufsform des Präteritums wird auch verwendet, wenn zwei Handlungen in der Vergangenheit zueinander in Beziehung gebracht werden sollen, von denen die eine gerade abläuft und die andere neu eintritt. Die im Verlauf befindliche, noch andauernde Handlung steht in der Verlaufsform des Präteritums, die neu eintretende Aktion steht im einfachen Präteritum (56):

(56) *While I was watching tele-*
vision, Brian walked into
the room.
While she was cycling, it
started to rain.
We were leaving the house
when the sun suddenly
started to shine.

Während ich ferngesehen
habe, betrat Brian das
Zimmer.
Während sie Rad gefahren ist,
fing es an zu regnen.
Wir verließen gerade das
Haus, als die Sonne plötz-
lich zu scheinen begann.

Hinweis: Zwei aufeinander folgende Handlungen werden lediglich durch das einfache Präteritum ausgedrückt (57):

(57) *When he arrived, I opened*
the door.
We opened our umbrella
when it started to rain.

Als er ankam, öffnete ich die
Tür.
Wir öffneten unseren Regen-
schirm, als es zu regnen
anfing.

Ohne einen Zeitausdruck kann die Verlaufsform des Präteritums auf eine allmähliche Entwicklung hinweisen (58):

(58) *It was getting colder.*
Her cold was getting better.

Es wurde allmählich kälter.
Ihre Erkältung besserte sich all-
mählich/ging allmählich weg.

Mit *always (immer)* wird eine in der Vergangenheit oft wiederholte Handlung dargestellt, die der Sprecher als ärgerlich empfunden hat (→ 6.3. Bsp. 20) (59):

(59) *She was always asking*
for help.
It was always raining.

Sie hat mich dauernd um
Hilfe gebeten.
Es hat dauernd geregnet.

Die Verlaufsform des Präteritums kann auch als Alternative zum einfachen Präsens verwendet werden, um eine Handlung informell auszudrücken (60):

(60) *He was watching*
television the other day.
He watched television the
other day.

Er hat vor ein paar Tagen fern-
gesehen.

Das einfache Plusquamperfekt

Bildung der einfachen Form

Regel: Die einfache Form des Plusquamperfekts wird mit *had* + Partizip der Vergangenheit gebildet und bleibt in allen Personen gleich:

Das einfache Plusquamperfekt des Verbs *work*:

bejahend	verneint
I had worked	*I had not worked*
you had worked	*you had not worked*
he had worked	*he had not worked*
she had worked	*she had not worked*
it had worked	*it had not worked*
we had worked	*we had not worked*
you had worked	*you had not worked*
they had worked	*they had not worked*

bejahende Frage	verneinte Frage
Had I worked?	*Hadn't I worked?*
Had you worked?	*Hadn't you worked?*
Had he worked?	*Hadn't he worked?*
Had she worked?	*Hadn't she worked?*
Had it worked?	*Hadn't it worked?*
Had we worked?	*Hadn't we worked?*
Had you worked?	*Hadn't you worked?*
Had they worked?	*Hadn't they worked?*

Hinweis: Das Hilfsverb kann kontrahiert werden: *I had – I'd, I had not – I hadn't.* In der verneinten Frage ist die kontrahierte Form üblich.

Gebrauch des einfachen Plusquamperfekts

Grundwissen: Das Plusquamperfekt betont im Englischen wie im Deutschen die Vollendung einer Handlung vor einem Zeitpunkt in der Vergangenheit. Auf das Plusquamperfekt kann eine Zeitbestimmung hinweisen (61):

(61) *by that time*   – *bis dahin*
     until then/that time   – *bis dahin*

By that time he had left the house.	*Bis dahin hatte er das Haus verlassen.*
Until that time he had never lived away from home.	*Bis dahin hatte er nie fort von zu Hause gelebt.*

Häufig steht ein Nebensatz im Plusquamperfekt nach einem Hauptsatz im Präteritum. Der Nebensatz wird eingefügt durch (62):

(62) *when*	*– als, nachdem*
after	*– nachdem*

When she had finished singing, she left the stage.	*Als/Nachdem sie zu singen aufgehört hatte, verließ sie die Bühne*
After the rain had stopped, they went for a walk.	*Nachdem es aufgehört hatte zu regnen, gingen sie spazieren.*
After we had seen the film, we discussed it all night.	*Nachdem wir den Film gesehen hatten, haben wir die ganze Nacht über ihn gesprochen.*
We ate the food after the waiter had brought it to the table.	*Wir aßen das Gericht, nachdem der Kellner es an den Tisch gebracht hatte.*

Das Plusquamperfekt kann – dem entsprechenden Gebrauch des *Present Perfect* (→ 6.3. Bsp. 27) vergleichbar – auch Handlungen bezeichnen, die vor einem Zeitpunkt der Vergangenheit begonnen hatten und damals noch andauerten (63):

(63) *When she met him 20 years ago, he had been in the army for 10 years.*	*Als sie ihn vor 20 Jahren kennen lernte, war er schon 10 Jahre lang in der Armee gewesen.*
They had many problems with their car before they could buy a new one.	*Sie hatten viele Probleme mit ihrem Auto gehabt, bevor sie sich ein neues kaufen konnten.*
She had been to Togo many times before the revolution.	*Sie war vor der Revolution oft in Togo gewesen.*

Die Verlaufsform des Plusquamperfekts

Bildung der Verlaufsform

Regel: Die Verlaufsform des Plusquamperfekts wird durch *had been* + Partizip Präsens (auf *-ing*) gebildet:

bejahend	verneint
I had been working	*I had not been working*
you had been working	*you had not been working*
he had been working	*he had not been working*
she had been working	*she had not been working*
it had been working	*it had not been working*
we had been working	*we had not been working*
you had been working	*you had not been working*
they had been working	*they had not been working*

bejahende Frage	verneinte Frage
Had I been working?	*Hadn't I been working?*
Had you been working?	*Hadn't you been working?*
Had he been working?	*Hadn't he been working?*
Had she been working?	*Hadn't she been working?*
Had it been working?	*Hadn't it been working?*
Had we been working?	*Hadn't we been working?*
Had you been working?	*Hadn't you been working?*
Had they been working?	*Hadn't they been working?*

Hinweis: Man kann das Hilfsverb kontrahieren: *I had – I'd, I had not – I hadn't*. Bei der verneinten Frage ist es üblich, die kontrahierte Form zu verwenden.

Gebrauch der Verlaufsform

Grundwissen: Das Verhältnis der Verlaufsform des Plusquamperfekts zur einfachen Form gleicht dem Verhältnis beider Formen im *Present Perfect*. (→ 6.3. Bsp. 37–42). D. h., die Verlaufsform hebt v. a. den ununterbrochenen Fortgang der Handlung hervor.

Wenn sich eine im Plusquamperfekt stehende Handlung bis zu einem Zeitpunkt der Vergangenheit fortsetzt bzw. unmittelbar an ihn heranreicht, können oft beide Formen des Plusquamperfekts verwendet werden (64):

(64) *It was late and she was tired
because she had been
studying all day.*
*It was late and she was tired
because she had studied
all day.*
*When I left London, I had
been living there for
20 years.*
*When I left London, I had
lived there for 20 years.*

*Es war spät, und sie war müde.
weil sie schon den ganzen
Tag gelernt hatte.*

*Als ich aus London wegzog,
hatte ich schon 20 Jahre
dort gelebt.*

Eine ununterbrochene Handlung in der Vorvergangenheit wird normalerweise durch die Verlaufsform ausgedrückt, während eine wiederholte Handlung generell durch die einfache Form wiedergegeben wird (→ 6.3. Bsp. 39–42) (65):

(65) *I had tried many times to
contact him.*
*I had been trying all
morning to contact him.*

*Ich hatte mehrmals versucht,
ihn zu erreichen.*
Ich hatte den ganzen Vormittag versucht, ihn zu erreichen.

Hinweis: Bestimmte Verben werden nie oder selten in der Verlaufsform verwendet (→ 6.3. Bsp. 9–12, 22–23).

Das Futur mit going to

Grundwissen: Ein zukünftiger Vorgang oder Zustand wird im Deutschen sehr oft im Präsens wiedergegeben. Das Englische hingegen verwendet das Futur recht häufig und mit großer Genauigkeit.

Es gibt im Englischen 7 Formen des Futurs:

> das einfache Präsens
> die Verlaufsform des Präsens
> das Futur mit *going to*
> das einfache Futur (Futur I)
> die Verlaufsform des Futur I
> das einfache Futur II und
> die Verlaufsform des Futur II

Die erste und die zweite Form sind bereits behandelt worden (→ 6.3. Bsp. 13–14, 24–25). Jetzt werden die übrigen Formen dargestellt.

Bildung des Futurs mit *going to*

Regel: Das Futur mit *going to* wird mit dem Präsens von *be* + *going to* + Infinitiv ohne *to* gebildet:

going to – Futur des Verbs *work*

bejahend	verneint
I am (I'm) going to work	*I am not (I'm not) going to work*
you are (you're) going to work	*you are not (aren't) going to work*
he is (he's) going to work	*he is not (isn't) going to work*
she is (she's) going to work	*she is not (isn't) going to work*
it is (it's) going to work	*it is not (isn't) going to work*
we are (we're) going to work	*we are not (aren't) going to work*
you are (you're) going to work.	*you are not (aren't) going to work*
they are (they're) going to work	*They are not (aren't) going to work*

bejahende Frage	verneinte Frage
Am I going to work?	*Am I not going to work?*
Are you going to work?	*Aren't you going to work?*
Is he going to work?	*Isn't he going to work?*
Is she going to work?	*Isn't she going to work?*
Is it going to work?	*Isn't it going to work?*
Are we going to work?	*Aren't we going to work?*
Are you going to work?	*Aren't you going to work?*
Are they going to work?	*Aren't they going to work?*

Hinweis: Bei der verneinten Frage ist die kontrahierte Form üblich.

Gebrauch des Futurs mit *going to*

Grundwissen: Diese Zeitform drückt eine feste Absicht oder einen festen Plan des Sprechers aus. Sie kann im Deutschen mit *vorhaben* oder *planen* übersetzt werden (66):

(66) *I'm going to eat a pizza tonight.*
Ich habe vor, heute Abend eine Pizza zu essen.

Julian's going to leave London at the end of the year.
Julian hat vor, England am Ende des Jahres zu verlassen.

They're going to spend Christmas in Leeds this year.
Sie planen, Weihnachten dieses Jahr in Leeds zu verbringen.

Das *going-to*-Futur wird auch verwendet, um eine Gewissheit oder Überzeugung des Sprechers auszudrücken. Diese Gewissheit ergibt sich aus den mitgenannten Voraussetzungen (67):

(67) *Look at those big black clouds in the sky: it's going to rain.*

She's in the lead: she's going to win the race!

Sieh dir diese großen dunklen Wolken am Himmel an: Es wird regnen.

Sie ist an der Spitze: Sie wird das Rennen gewinnen.

Die Verben *come* und *go* werden selten im *going-to*-Futur verwendet. An Stelle von *I'm going to go/come* verwendet man die Verlaufsform des Präsens (68):

(68) *I'm going to Spain at the end of the year.*
We're going to the cinema on Saturday night.
He's going to visit us on Friday.

Ich fahre Ende des Jahres nach Spanien.
Wir gehen am Samstag ins Kino.
Er kommt uns am Freitag besuchen.

Selten:
I'm going to go home.

Ich werde nach Hause fahren.

Hinweis: Die *going-to*-Form des Futurs kann mit und ohne Zeitbestimmung stehen.

Das einfache Futur mit will (shall) – (Futur I)

Bildung des Futurs mit *will (shall)*

Diese Form des Futurs wird mit *will (shall)* + Infinitiv ohne *to* gebildet.

bejahend	verneint
I will/shall (I'll) work	*I will/shall not (won't, shan't) work*
you will work	*you will not (won't) work*
he will work	*he will not (won't) work*
she will work	*she will not (won't) work*
it will work	*it will not (won't) work*
we will/shall work	*we will/shall not (won't, shan't) work*
you will work	*you will not (won't) work*
they will work	*they will not (won't) work*

bejahende Frage	verneinte Frage
Will/shall I work?	*Won't I/Shan't I work?*
Will you work?	*Won't you work?*
Will he work?	*Won't he work?*
Will she work?	*Won't she work?*
Will it work?	*Won't it work?*
Will/Shall we work?	*Won't/Shan't we work?*
Will you work?	*Won't you work?*
Will they work?	*Won't they work?*

Hinweis: Diese Form des Futurs wird hauptsächlich mit *will* als Hilfsverb gebildet. Die Verwendung von *shall* in der ersten Person Singular und Plural ist möglich, aber im modernen Englisch selten. Bei der verneinten Frage ist die kontrahierte Form üblich.

Gebrauch des *will (shall)* – Futurs (Futur I)

Das *will (shall)* Futur wird gebraucht, wenn zukünftige Handlungen oder Ereignisse bezeichnet werden sollen (69):

(69) *Christmas Day will be on a Tuesday this year.*
    Der erste Weihnachtstag wird dieses Jahr auf einen Dienstag fallen.

    Spring will come again.
    Der Frühling kommt wieder.
    Babies will be born in this hospital.
    Babys werden in diesem Krankenhaus zur Welt kommen.
    Snow will fall in the mountains in the winter.
    Schnee wird im Winter in den Bergen fallen.

Diese Form wird auch verwendet, um Meinungen oder Vermutungen eines Sprechers wiederzugeben. Sie kommt oft mit den folgenden Verben vor (70):

(70) *think – glauben*
    know – wissen
    believe – glauben
    doubt – bezweifeln
    suppose – vermuten
    feel sure – sicher sein

    assume – davon ausgehen
    expect – erwarten
    hope – hoffen
    be afraid – befürchten
    wonder – sich fragen

    We believe that things will get better.
    Wir glauben, dass die Lage sich bessern wird.
    He's afraid that he won't pass his exams.
    Er befürchtet, dass er seine Prüfungen nicht bestehen wird.

She assumes he'll ring.	*Sie geht davon aus, dass er anruft.*
I wonder if we'll get a letter today.	*Ich frage mich, ob wir heute einen Brief bekommen.*

Auch Adverbien können auf diesen Gebrauch hinweisen (71):

(71) *probably – wahrscheinlich*   *possibly – vielleicht*
      perhaps – vielleicht   *surely – sicherlich*

The weather will probably be nice at the weekend.	*Das Wetter wird am Wochenende wahrscheinlich schön sein.*
Perhaps they'll arrive on Monday.	*Vielleicht kommen sie am Montag an.*
Surely he'll do it by tomorrow.	*Sicherlich macht er das bis morgen.*
We'll possibly go to Florida next year.	*Es kann sein, dass wir nächstes Jahr nach Florida fahren.*

Das *will/shall*-Futur wird auch verwendet, um eine spontane Absicht bzw. eine Entscheidung auszudrücken, die zur Zeit des Sprechens getroffen wird (72):

(72) *A: It's started to rain.*	*A: Es hat angefangen zu regnen.*
B: Oh, you're right. I'll get the washing in off the line.	*B: Ach, ja. Du hast Recht. Ich hole die Wäsche von der Leine.*
A: Do you want tea or coffee?	*A: Möchten Sie Tee oder Kaffee?*
B: I'm not sure: oh yes, I'll have a tea, please.	*B: Ich weiß noch nicht: Ach ja, ich nehme einen Tee, bitte.*

Das *will/shall*-Futur steht regelmäßig bei den Verben, die keine Verlaufsform zulassen (→ 6.3. Bsp. 9–12) (73):

(73) *We'll have the results next week.*	*Wir werden die Ergebnisse nächste Woche haben.*
You'll feel better after a cup of tea.	*Du wirst dich nach einer Tasse Tee besser fühlen.*
You'll see better with your glasses.	*Sie werden mit Ihrer Brille besser sehen.*

Hinweis: Wenn der Grad der Entschiedenheit des Sprechers nicht deutlich ist, lässt sich oft für eine beabsichtigte künftige Handlung sowohl die Umschreibung mit *going to* als auch das Futur mit *will* verwenden (74):

(74) *We'll visit them next week.*	*Wir werden sie nächste*
We're going to visit them	*Woche besuchen.*
next week.	

Hinweis: Das englische *will* sollte nicht mit dem deutschen *will* verwechselt werden. Das englische *will* heißt »werden«, das deutsche *will* hingegen entspricht dem englischen *want to* (75):

(75) *I will do it.*	*Ich werde es tun.*
I want to do it.	*Ich will es tun.*

Die Verlaufsform des Futur I

Bildung der Verlaufsform

Regel: Die Verlaufsform des Futurs wird mit der Zukunftsform des Verbs *be* + Partizip Präsens (auf *-ing*) gebildet:

Verlaufsform des Futurs des Verbs *work*

bejahend	verneint
I will (I'll) be working	*I will not (won't) be working*
you will (you'll) be working	*you will not (won't) be working*
he will (he'll) be working	*he will not (won't) be working*
she will (she'll) be working	*she will not (won't) be working*
it will (it'll) be working	*it will not (won't) be working*
we will (we'll) be working	*we will not (won't) be working*
you will (you'll) be working	*you will not (won't) be working*
they will (they'll) be working	*they will not (won't) be working*

bejahende Frage	verneinte Frage
Will I be working?	*Won't I be working?*
Will you be working?	*Won't you be working?*
Will he be working?	*Won't he be working?*
Will she be working?	*Won't she be working?*
Will it be working?	*Won't it be working?*
Will we be working?	*Won't we be working?*
Will you be working?	*Won't you be working?*
Will they be working?	*Won't they be working?*

Hinweis: Bei der ersten Person Singular und Plural ist *shall* anstelle von *will* möglich, aber nicht gebräuchlich. Bei der verneinten Frage ist die kontrahierte Form üblich.

Gebrauch der Verlaufsform des Futurs

Grundwissen: Die erweiterte Form des *will (shall)*-Futurs bezeichnet eine künftige Handlung, die zu einem bestimmten Zeitpunkt oder in einem bestimmten Zeitraum vor sich gehen wird.

Die Verlaufsform kann mit oder ohne Zeitangabe für die nahe oder entferntere Zukunft verwendet werden. Dieser Gebrauch ist mit dem Gebrauch der Verlaufsform des Präteritums vergleichbar (→ 6.3. Bsp. 53) (76):

(76) *I'll be seeing him next week.*
We'll be doing that next year.
He'll be sitting on the beach this time next week.

Ich werde ihn nächste Woche sehen.
Das werden wir nächstes Jahr machen.
Zu dieser Zeit wird er nächste Woche am Strand sitzen.

Die Verlaufsform verdeutlicht, dass eine künftige Handlung zu einem bestimmten Zeitpunkt bzw. bei Einsetzen eines anderen Ereignisses im Ablauf begriffen ist (77):

(77) *When you come home, I will be making lunch.*

Wenn du nach Hause kommst, werde ich gerade dabei sein, das Mittagessen vorzubereiten.

What will you be doing at 2 o'clock tomorrow afternoon?

Was wirst du morgen um 14 Uhr gerade machen?

I'll be having a bath when the phone rings.

Ich werde gerade baden, wenn das Telefon klingelt.

Hinweis: Bei Gebrauch der einfachen Form kommt hingegen das Nacheinander der Handlung zum Ausdruck (78):

(78) *When you come home, I'll make lunch.*

Wenn du nach Hause kommst, werde ich das Mittagessen vorbereiten.

Das einfache Futur II

Bildung des einfachen Futur II

Regel: Die einfache Form des Futur II wird mit *will (shall)* + Infinitiv Perfekt (ohne *to*) gebildet:

Die einfache Form des Futur II des Verbs *work*:

bejahend	verneint
I will/shall (I'll) have worked	*I will not (won't) have worked*
you will (you'll) have worked	*you will not (won't) have worked*
he will (he'll) have worked	*he will not (won't) have worked*
she will (she'll) have worked	*she will not (won't) have worked*
it will (it'll) have worked	*it will not (won't) have worked*
we will (we'll) have worked	*we will not (won't) have worked*
you will (you'll) have worked	*you will not (won't) have worked*
they will (they'll) have worked	*they will not (won't) have worked*

bejahende Frage	verneinte Frage
Will I have worked?	*Won't I have worked?*
Will you have worked?	*Won't you have worked?*
Will he have worked?	*Won't he have worked?*
Will she have worked?	*Won't she have worked?*
Will it have worked?	*Won't it have worked?*
Will we have worked?	*Won't we have worked?*
Will you have worked?	*Won't you have worked?*
Will they have worked?	*Won't they have worked?*

Hinweis: Bei der verneinten Frage ist die kontrahierte Form üblich.

Gebrauch der einfachen Form

Die einfache Form des Futur II bezeichnet die Vollendung einer Handlung bis zu einem bestimmten Zeitpunkt in der Zukunft, auf dessen Angabe nicht verzichtet werden kann. Er wird oft ausgedrückt durch eine Zeitbestimmung mit *by* (bis) oder *before* (bevor, vor) (79):

(79) *I will have finished by then.*	Ich werde bis dahin fertig sein.
She will have arrived before 6 o'clock.	Sie wird vor 18 Uhr angekommen sein.
By the end of the week the postman will have brought the letter.	Bis Ende der Woche wird der Briefträger den Brief schon gebracht haben.

Das Futur II kann auch eine Vermutung in Bezug auf die Vergangenheit ausdrücken, besonders in Verbindung mit *already* (*schon*) (80):

(80) *She will have already told you the whole story.*	*Sie wird Ihnen wohl die ganze Geschichte schon erzählt haben.*
I take it that you will have already been there.	*Ich nehme an, dass du schon da gewesen bist.*
I'm assuming that you will already have seen her.	*Ich gehe davon aus, dass du sie schon gesehen hast.*

Die Verlaufsform des Futur II

Bildung der Verlaufsform

Regel: Die Verlaufsform des Futur II wird mit *will (shall) have been* + Partizip Präsens (auf *-ing*) gebildet.

Verlaufsform des Futur II des Verbs *work*:

bejahend	verneint
I will/shall (I'll) have been working.	*I will not (won't) have been working.*
you will (you'll) have been working	*you will not (won't) have been working*
he will (he'll) have been working	*he will not (won't) have been working*
she will (she'll) have been working	*she will not (won't) have been working*
it will (it'll) have been working	*it will not (won't) have been working*
we will (we'll) have been working	*we will not (won't) have been working*
you will (you'll) have been working	*you will not (won't) have been working*
they will (they'll) have been working	*they will not (won't) have been working*

bejahende Frage	verneinte Frage
Will/shall I have been working?	*Won't I have been working?*
Will you have been working?	*Won't you have been working?*
Will he have been working?	*Won't he have been working?*
Will she have been working?	*Won't she have been working?*
Will it have been working?	*Won't it have been working?*
Will we have been working?	*Won't we have been working?*
Will you have been working?	*Won't you have been working?*
Will they have been working?	*Won't they have been working?*

Hinweis: *Shall* kann in der ersten Person Singular und Plural verwendet werden, *will* ist jedoch gebräuchlicher. Bei der verneinten Frage ist die kontrahierte Form üblich.

Gebrauch der Verlaufsform des Futur II

Die Verlaufsform des Futur II verdeutlicht, dass eine Handlung sich ununterbrochen bis zu einem Zeitpunkt in der Zukunft erstreckt (81):

(81) *By the end of the year, she will have been studying for six semesters.*
Bis Ende des Jahres wird sie schon 6 Semester studiert haben.

They will have been living in London for 2 years by the beginning of January.
Sie werden bis Anfang Januar schon 2 Jahre lang in London gelebt haben.

How long will you have been working here in August?
Wie lange werden Sie bis August hier schon gearbeitet haben?

Konditional

Grundwissen: Es gibt zwei Formen des englischen Konditionals: Konditional I und Konditional II.

Bildung des Konditional I

Das Konditional I wird mit *would* + Infinitiv gebildet:

bejahend	verneinend
I would work	*I wouldn't work*
you would work	*you wouldn't work*
he would work	*he wouldn't work*
she would work	*she wouldn't work*
it would work	*it wouldn't work*
we would work	*we wouldn't work*
you would work	*you wouldn't work*
they would work	*they wouldn't work*

bejahende Frage	verneinende Frage
Would I work?	*Wouldn't I work?*
Would you work?	*Wouldn't you work?*
Would he work?	*Wouldn't he work?*
Would she work?	*Wouldn't she work?*
Would it work?	*Wouldn't it work?*
Would we work?	*Wouldn't we work?*
Would you work?	*Wouldn't you work?*
Would they work?	*Wouldn't they work?*

Hinweis: Die erste Person kann im Singular und Plural auch mit *should* gebildet werden.

Bildung des Konditional II

Das Konditional II wird mit *would* + Infinitiv Perfekt gebildet:

bejahend	verneinend
I would've worked	*I wouldn't have worked*
you would've worked	*you wouldn't have worked*
he would've worked	*he wouldn't have worked*
she would've worked	*she wouldn't have worked*
it would've worked	*it wouldn't have worked*
we would've worked	*we wouldn't have worked*
you would've worked	*you wouldn't have worked*
they would've worked	*they wouldn't have worked*

bejahende Frage	verneinende Frage
Would I have worked?	*Wouldn't I have worked?*
Would you have worked?	*Wouldn't you have worked?*
Would he have worked?	*Wouldn't he have worked?*
Would she have worked?	*Wouldn't she have worked?*
Would it have worked?	*Wouldn't it have worked?*
Would we have worked?	*Wouldn't we have worked?*
Would you have worked?	*Wouldn't you have worked?*
Would they have worked?	*Wouldn't they have worked?*

Hinweis: Die erste Person kann im Singular und Plural auch mit *should* gebildet werden.

Gebrauch des Konditionals

Das Konditional kann als so genanntes *Futur in der Vergangenheit* verwendet werden, wobei eine zukünftige Handlung vom Gesichtspunkt der Vergangheit betrachtet wird. Dieser Gebrauch des Konditionals ist geläufig in der ersten Form (1), weniger gebräuchlich in der zweiten Form (2).

(1) *She was almost finished with her work. Soon she would be able to go home.* *Sie war fast mit ihrer Arbeit fertig. Bald würde sie nach Hause gehen können.*

(2) They had always wanted to   Sie hatten immer diesen Berg
climb that mountain and at   besteigen wollen, und bis
the end of the week, they   Ende der Woche hätten sie
would have been able to do it.   es machen können.

Das Konditional wird auch in der indirekten Rede (→ 15.2. Bsp. 1) benutzt (3). Insbesondere steht es als Zeitstufe an Stelle von Futur I und II nach einleitenden Verben der Vergangenheit (4):

(3) "I could do this work."   »Ich könnte diese Arbeit
machen.«

He said he would be able   Er sagte, er würde diese Arbeit
to do this work.   machen können.

"I could have done this   »Ich hätte diese Arbeit
work."   machen können.«
He said he would have been   Er sagte, er hätte diese Arbeit
able to do this work.   machen können.

(4) "I'll do my homework."   »Ich werde meine Hausaufgaben machen.«
He said that he would do   Er sagte, er werde seine
his homework.   Hausaufgabe machen.

"I will/shall have done my   »Ich werde meine Hausauf-
homework."   gaben gemacht haben.«
He said that he would have   Er sagte, er werde seine Haus-
done his homework.   aufgaben gemacht haben.

Das Konditional I wird im Folgesatz (→ 17.1. Bsp. 4–7) nach irrealen Bedingungssätzen der Gegenwart gebraucht (5), das Konditional II im Folgesatz (→ 17.1. Bsp. 8) nach irrealen Bedingungssätzen der Vergangenheit (6):

(5) If I saw him, I would kiss him.   Wenn ich ihn sehen würde,
würde ich ihn küssen.

(6) If I had seen him, I would   Wenn ich ihn gesehen hätte,
have kissed him.   hätte ich ihn geküsst.

Hinweis: Bei Formen wie *I would like/he would prefer* usw. handelt es sich um höfliche Abschwächungen, die einen Wunsch zum Ausdruck bringen.

6.4. Der Imperativ

Grundwissen: Der Imperativ (Befehlsform) existiert in allen drei Personen.

Regel: Die Befehlsform der zweiten Person wird mit dem Infinitiv ohne *to* gebildet. Sie bleibt im Singular und Plural unverändert.

Hinweis: Im Gegensatz zum Deutschen steht ein Ausrufezeichen nur bei besonderem Nachdruck (1):

(1) *Work.*   *Arbeite/Arbeitet/Arbeiten Sie!*
     Work!   *Arbeite/Arbeitet/Arbeiten Sie*
                                        doch!

Die Verneinung wird durch ein vorangestelltes *do not (don't)* gebildet. Eine Verstärkung erfolgt durch *you* (2):

(2) *Don't work (!)*   *Arbeite/Arbeitet/Arbeiten Sie*
                                        nicht!
     Don't you work (!)   *Arbeite/Arbeitet/Arbeiten Sie*
                                        ja nicht!

Regel: Der Imperativ der ersten und dritten Person wird mit *let* + Personalpronomen + Infinitiv umschrieben. Der Imperativ in der ersten Person Singular und in der dritten Person ist selten (3):

(3) *Let us (let's) go.*   *Lass(t) uns gehen/Gehen wir!*
     Let her go.   *Lass(t) sie gehen!*
     Let them come.   *Lass(t) sie kommen!*

Die Verneinung wird durch ein vorangestelltes *do not (don't)* gebildet (4):

(4) *Don't let's go!*   *Lass(t) uns nicht gehen.*

Der Imperativ wird im Englischen häufiger mit *please/bitte* verknüpft als im Deutschen. Das Fehlen von *please* wird sehr oft als schroff und unhöflich empfunden (5). Sehr höflich ist *kindly* (6):

(5) *Please give me some milk.*   *Geben Sie mir etwas Milch!*
     Please pass me the butter.   *Bitte geben Sie mir die Butter!*
(6) *Kindly leave my house!*   *Bitte seien Sie so gut, und verlassen Sie mein Haus!*

Der Imperativ kann durch Kurzfragen höflich abgeschwächt sein, was aber nur unter Vertrauten üblich ist (7):

(7) *Give me the butter, will you?*	*Gib mir doch die Butter!*
Let's go, shall we?	*Gehen wir doch!*
Look over there, will you?	*Schau mal da hinüber!*

Eine Möglichkeit, einem Imperativ Nachdruck zu verleihen, ist die Hinzufügung von *do*. Sie entspricht dem deutschen *doch*, ist aber etwas veraltet (8):

(8) *Do shut the door!*	*Mach doch die Tür zu!*
Do let's go!	*Lass(t) uns doch gehen!*
Do be quiet!	*Seid doch still!*

6.5. Das Passiv

Bildung des Passivs

Regel: Das Passiv wird normalerweise gebildet durch

> *be* + Partizip der Vergangenheit (+ *by* + Objekt)

Hinweis: Das Partizip der Vergangenheit wird unterschiedlich gebildet (→ 6.13.).

Das *be* entspricht dem deutschen *werden* in der Passivkonstruktion (1):

(1) *The cake is baked.*	*Der Kuchen wird gebacken.*
The man was seen.	*Der Mann wurde gesehen.*
The book will be read.	*Das Buch wird gelesen werden.*

Das Objekt des Aktivsatzes wird zum Subjekt des Passivsatzes. Der Urheber der Handlung wird mit *by* angeschlossen, wenn er für die Aussage wichtig ist. Die Verwendung der Zeiten und des Konditionals (→ 6.3.) entspricht dem Gebrauch im Aktiv:

	Aktiv	Passiv
einfaches Präsens	*I bake a cake.*	*A cake is baked by me.*
Verlaufsform des Präsens	*I am baking a cake.*	*A cake is being baked by me.*
Present Perfect	*I have baked a cake.*	*A cake has been baked by me.*
Verlaufsform des Present Perfect	*I have been baking a cake.*	*A cake has been being baked by me.*
Präteritum	*I baked a cake.*	*A cake was baked by me.*
Verlaufsform des Präteritums	*I was baking a cake.*	*A cake was being baked by me.*
Plusquamperfekt	*I had baked a cake.*	*A cake had been baked by me.*
Verlaufsform des Plusquamperfekts	*I had been baking a cake.*	*A cake had been being baked by me.*
Futur mit *going to*	*I am going to bake a cake.*	*A cake is going to be baked by me.*
Futur mit *will*	*I will bake a cake.*	*A cake will be baked by me.*
Verlaufsform des Futurs mit *will*	*I will be baking a cake.*	*A cake will be being baked by me.*
Futur II	*I will have baked a cake.*	*A cake will have been baked by me.*
Verlaufsform des Futur II	*I will have been baking a cake.*	*A cake will have been being baked by me.*

Hinweis: In der Umgangssprache werden die Hilfsverben kontrahiert gebraucht: *It's being baked, A cake will've been baked, The cake's been baked* usw.

Bei der Verneinung des Passivs tritt *not* hinter das erste Hilfsverb. Die Kurzformen (*wasn't, won't* usw.) werden sehr oft gebraucht (2):

(2) *The cake wasn't baked.*   Der Kuchen wurde nicht
                                  gebacken.
    The cake won't be baked.   Der Kuchen wird nicht
                                  gebacken werden.

Gebrauch des Passivs

Grundwissen: Passivkonstruktionen kommen im Englischen sehr häufig vor. Sie werden v. a. dann verwendet, wenn für eine Aussage wichtiger ist, was gemacht wird oder was mit einer Person oder Sache geschieht, als durch wen oder wie es geschieht.

Das Passiv wird insbesondere gebraucht, wenn der Urheber einer Handlung unbekannt oder für die Aussage unerheblich ist. Bei Sätzen mit allgemeinen Subjekten wie *some (irgendjemand), no one (niemand), people (Menschen, Leute), they (sie), one (man)* usw. wird das Passiv vorgezogen, z. B. (3):

(3) *My wallet has been stolen.*   *Meine Geldbörse ist gestohlen*
                                                       worden.

Statt:
    Someone has stolen my wallet.

    He wasn't seen in the park.   *Er wurde nicht im Park gesehen.*
Statt:
    No one saw him in the park.

    This film is liked.   *Dieser Film ist beliebt.*
Statt:
    People like this film.

Aufforderungen bzw. Anordnungen wirken in passivischer Konstruktion, verbunden mit einem Hilfsverb, weniger direkt und höflicher als bei aktiver Konstruktion oder Befehlsform (4):

(4) *The room must be tidied.*   *Dieses Zimmer muss aufge-*
                                                       räumt werden.

Statt:
    Tidy this room!

    The situation is to be changed.   *Die Situation muss geändert*
                                                       werden.

Statt:
    Change this situation!

    This letter is to be typed.   *Dieser Brief soll getippt werden.*
Statt:
    Type this letter!

Das Passiv bei transitiven Verben

Grundwissen: Alle transitiven Verben (→ 6.11. Bsp. 1–3), d.h. Verben, denen ein direktes Objekt folgt, bilden das Passiv (5):

(5) *I baked a cake.*   *A cake was baked by me.*
     He smoked a pipe.   *A pipe was smoked by him.*
     She ran a race.   *A race was run by her.*

Im Englischen gibt es viele transitive Verben, die im Deutschen intransitiv gebraucht werden (→ 6.11. Bsp. 4–6). Sie bilden im Englischen normales Passiv, dem im Deutschen entweder unpersönliches Passiv (mit *es*) oder eine aktive Konstruktion mit *man* entspricht. Dies betrifft die folgenden Verben (6):

(6) *approach – herantreten*   *forbid – verbieten*
     assist – helfen   *forgive – verzeihen*
     believe – glauben   *obey – gehorchen*
     contradict – widersprechen   *oppose – sich widersetzen*
     follow – folgen   *trust – vertrauen*

     We were told that you were ill.   *Es wurde uns gesagt, dass du*
                                                  krank bist./Man hat uns ge-
                                                  sagt, dass du kank bist.
     They knew that they were   *Sie wussten, dass man ihnen*
       being followed.   *folgte.*
     She was trusted by him.   *Er vertraute ihr.*

Das Passiv bei Verben mit zwei Objekten

Wenn ein Verb ein indirektes meist personales *und* ein direktes, meist sächliches Objekt bei sich hat, sind zwei Passivkonstruktionen möglich. In der Regel wird das indirekte Objekt zum Subjekt des Passivsatzes. Das direkte Objekt erscheint nur dann als Subjekt, wenn es hervorgehoben werden soll (7):

(7) *She gave him a kiss.*   = *He was given a kiss by her.*
                                                  (*A kiss was given to him by*
                                                  her.)
     He gave me some flowers.   = *I was given some flowers by*
                                                  him.
                                                  (*Flowers were given to me by*
                                                  him.)

Zu den Verben, die sehr häufig zwei Objekte haben, gehören (8):

(8) *award – verleihen*   *pay – zahlen*
    deny – verweigern   *promise – versprechen*
    give – geben   *refuse – verweigern*
    grant – gewähren   *save – ersparen*
    hand – überreichen   *send – schicken*
    lend – leihen   *show – zeigen*
    offer – anbieten   *tell – erzählen, mitteilen*

She was awarded the prize.	*Ihr wurde der Preis verliehen./*
Oder:	*Man hat ihr den Preis ver-*
The prize was awarded to her.	*liehen.*
He was offered the job.	*Ihm wurde die Stelle angebo-*
Oder:	*ten./Man hat ihm die Stelle*
The job was offered to him.	*angeboten.*
The children were told a story.	*Den Kindern wurde eine Ge-*
Oder:	*schichte erzählt./Man hat*
A story was told to the children.	*den Kindern eine Geschich-*
	te erzählt.

Das Passiv bei Verben + Präposition

Grundwissen: Wenn Verb und Präposition (→ 6.12.) eng zusammengehö-ren, kann auch das präpositionale Objekt zum Subjekt des Passivsatzes werden. Die Präposition bleibt hinter der Verbform. Sie wird nicht betont, aber mit vollem Vokal gesprochen, z. B. (9):

(9) *He was listened to at the*	*Man hörte ihm bei der Sitzung*
meeting.	*zu.*
A doctor was sent for.	*Man schickte nach einem Arzt.*
She wasn't laughed at.	*Man hat sie nicht ausgelacht.*

Das Gleiche gilt bei Passivkonstruktionen von festen Verbindungen aus Verb + Objekt + Präposition (→ 6.12.) (10):

(10) *Her children were taken*	*Ihre Kinder wurden von ihrem*
care of by her father.	*Vater betreut.*
The ship was lost sight of.	*Man hat das Schiff aus den*
	Augen verloren.
The house was taken	*Das Haus wurde in Besitz*
possession of.	*genommen.*

Das unpersönliche Passiv

Wendungen mit einer Passivkonstruktion

Grundwissen: Es gibt eine Reihe von passivischen Wendungen, die mit *it* + *that*-Satz gebildet werden. Solche Konstruktionen sind ziemlich förmlich und kommen nur selten in der Umgangssprache vor. Es handelt sich häufig um Verben des Sagens und Denkens, wobei *it* auf den folgenen Subjektsatz hinweist, der oft futurische Bedeutung hat (11):

(11) *it has been agreed* – es ist vereinbart worden
    it has been announced – es ist bekannt gegeben worden
    it is believed – man glaubt
    it is claimed – es wird behauptet
    it has been decided – es ist entschieden worden
    it is estimated – man schätzt
    it is expected – man erwartet
    it is to be feared – es ist zu befürchten
    it has been pointed out – es ist darauf hingewiesen worden
    it has been proved – man hat bewiesen
    it is said – man sagt
    it has been shown – es hat sich gezeigt
    it can be taken for granted – es kann vorausgesetzt werden

It has been agreed that the train will run every 20 minutes.	*Es ist vereinbart worden, dass der Zug alle 20 Minuten fahren wird/fährt.*
It is said that January is colder than February.	*Man sagt, dass der Januar kälter ist als der Februar.*
It can be taken for granted that spring will come again.	*Es kann vorausgesetzt werden, dass der Frühling wiederkommt/wiederkommen wird.*

6.6. Konjunktiv

Grundwissen: Der Konjunktiv drückt etwas Unwirkliches aus, das man sich nur vorstellt oder wünscht. Der Konjunktiv wird bevorzugt in der Schriftsprache verwendet und nur selten in der Umgangssprache gebraucht. In ihr wird der Konjunktiv meist mit *should (sollen)* umschrieben.

Formen des Konjunktivs

Regel: Beim Vollverb entfällt das Endungs -s in der 3. Person Präsens, d.h., die Konjunktivform bleibt für alle Personen gleich:

Indikativ	Konjunktiv
I work	I work
you work	you work
he works	he work
she works	she work
it works	it work
we work	we work
you work	you work
they work	they work

Der Konjunktiv Präsens von *be* lautet für alle Personen *be*:

Indikativ	Konjunktiv
I am	I be
you are	you be
he is	he be
she is	she be
it is	it be
we are	we be
you are	you be
they are	they be

Die 3. Person Singular Präsens von *have* heißt im Konjunktiv *have* und nicht *has*:

Indikativ	Konjunktiv
I have	I have
you have	you have
he has	he have
she has	she have
it has	it have
we have	we have
you have	you have
they have	they have

Im Präteritum steht als Konjunktiv von *be* in allen Personen *were*:

Indikativ	Konjunktiv
I was	*I were*
you were	*you were*
he was	*he were*
she was	*she were*
it was	*it were*
we were	*we were*
you were	*you were*
they were	*they were*

Der Konjunktiv wird normalerweise entweder in Nebensätzen nach *that* (1) oder in Bedingungssätzen nach *if* (2) verwendet:

(1)	*He suggested that we go.*	*Er schlug vor, dass wir gehen sollten.*
(2)	*If I were rich, I would never go to work again.*	*Wenn ich reich wäre, würde ich nie wieder arbeiten gehen.*

Gebrauch des Konjunktivs

Gebrauch des Konjunktivs im Präsens

Der Konjunktiv wird im Präsens sehr häufig nach den folgenden Verben gebraucht (3):

(3) *ask – bitten*　　　　　　　　*recommend – empfehlen*
　　demand – (er)fordern　　　　*request – bitten*
　　insist – (darauf) bestehen　*require – (er)fordern*
　　order – anordnen　　　　　　*suggest – vorschlagen*
　　propose – vorschlagen　　　*urge – (darauf) bestehen*
　　She insisted that she help me.　*Sie bestand darauf, dass sie mir helfe(n wolle)/mir zu helfen.*

Nach den folgenden Wendungen kommt im Englischen der Konjunktiv oft vor, während er im Deutschen unüblich ist (4):

(4) *it is advisable – es ist ratsam*
　　it is desirable – es ist wünschenswert
　　it is essential – es ist dringend erforderlich
　　it is imperative – es ist dringend erforderlich
　　it is important – es ist wichtig

it is impossible – es ist unmöglich
it is necessary – es ist nötig
it is urgent – es ist dringend
it is vital – es ist dringend erforderlich

It is advisable that the front door be locked at all times.	*Es ist ratsam, dass die Haustür jederzeit abgeschlossen ist.*

Bei der Verneinung eines Satzes im Konjunktiv wird *not* unmittelbar vor das Verb gestellt. Es gibt keine verkürzte Form (5):

(5) *It is desirable that she not leave the building.*	*Es ist wünschenswert, dass sie das Gebäude nicht verlässt.*
It is vital that he not do that.	*Es ist dringend erforderlich, dass er das nicht tut.*
It is not imperative that I wait.	*Es ist nicht dringend erforderlich, dass ich warte.*

Der Konjunktiv Präsens kommt in feststehenden Ausdrücken vor (6):

(6) *So be it. – So sei es.*
Long live the Queen. – Es lebe die Königin.

Gebrauch des Konjunktivs im Präteritum

Die Präteritumform des Konjunktivs wird in irrealen Bedingungssätzen verwendet (→ 6.3.14. Bsp. 5–6). Sie hat keine Vergangenheitsbedeutung, sondern bezieht sich auf die Gegenwart oder Zukunft (7):

(7) *If I were you, I would have a nice cup of tea.*	*Wenn ich du wäre, würde ich eine schöne Tasse Tee trinken.*
If he were a student, he would study hard.	*Wenn er Student wäre, würde er sehr fleißig lernen.*
She would drive you home if she weren't so lazy.	*Wenn sie nicht so faul wäre, würde sie dich nach Hause fahren.*

Der Gebrauch des Konjunktivs im Präteritum ist auch nach *I wish (ich wollte/ich wünsche)*, *as if (als ob)*, *as though (als ob)* und *if only (wenn nur)* möglich (8):

(8) *I wish I were in your place.*	*Ich wünschte/wollte, ich wäre an deiner Stelle.*

6.7. Der Infinitiv

Grundwissen: Der Infinitiv ist die Grundform eines Verbs. Im Englischen unterscheidet sich der Infinitiv von gleich lautenden Formen (z.B. Imperativ, Substantiv) durch das Funktionswort *to* (1):

(1)   *to work – arbeiten*   *Work! – Arbeiten Sie!*
      work – die Arbeit

Es ist möglich, beim Einzelwort auf *to* zu verzichten, wenn aus dem Kontext klar ist, dass es sich um einen Infinitiv handelt. Bei der Verwendung im Satz muss man jedoch zwischen dem Infinitiv mit und ohne *to* unterscheiden.

Formen des Infinitivs

Die Hauptformen des Infinitivs lauten wie folgt:

Aktiv	Präsens	Perfekt
einfache Form	*(to) give*	*(to) have given*
Passiv		
einfache Form	*(to) be given*	*(to) have been given*

Der Infinitiv nach einem Verb

Infinitiv ohne *to* nach Verben

Der Infinitiv ohne *to* steht nach den unvollständigen Hilfsverben außer *ought to* und *used to* sowie nach dem Hilfsverb *do* (→ 6.2. Bsp. 46–100). *to* kann bei *dare* wegfallen, wenn es wie ein Vollverb gebraucht wird. (→ 6.2. Bsp. 95–96). Zur Verneinung wird *not* bzw. *-n't* direkt hinter das Hilfsverb gestellt (2):

(2)   *I can sing.*   *Ich kann singen.*
      We might do it.   *Es kann sein, dass wir es*
                                         machen.

      You shouldn't do it.   *Du sollst es nicht machen.*
      He doesn't dare (to) ask her.   *Er traut sich nicht, sie zu fragen.*

Der Infinitv ohne *to* steht nach Verben der Sinneswahrnehmung (3):

(3)   *see – sehen*   *observe – beobachten*
     watch – beobachten   *hear – hören*
     notice – (be)merken   *feel – fühlen*

I saw her leave the theatre.	*Ich sah sie das Theater verlassen.*
We heard him make a speech.	*Wir hörten ihn eine Rede halten.*
They watched him drive off.	*Sie beobachteten, dass er wegfuhr.*

Auf die Präpositionen *but* und *except* folgt ein Infinitiv ohne *to* (4):

(4)   *We could do nothing but go home.*   *Wir konnten nichts anderes machen als nach Hause fahren.*

     They didn't do anything except watch television.   *Sie haben nichts anderes gemacht als ferngesehen.*

In der Umgangssprache wird der Inifinitv ohne *to* nach *help* verwendet (5):

(5)   *He helped me do the dishes.*   *Er hat mir beim Abwaschen geholfen.*

     Could you help me do my homework?   *Könntest du mir helfen, meine Hausaufgaben zu machen?*

     They helped her prepare the meal.   *Sie haben ihr geholfen, das Essen zuzubereiten.*

Der Infinitiv ohne *to* wird auch gebraucht, wenn von einer Aussage mehrere Infinitive abhängig sind; nur beim ersten Infinitiv steht *to* (6):

(6)   *I want to have a shower and then shave.*   *Ich will erst duschen und mich dann rasieren.*

     She hopes to get a good job and earn a lot of money.   *Sie hofft, eine gute Stellung zu bekommen und viel Geld zu verdienen.*

     He would like to get married and have many children.   *Er möchte heiraten und viele Kinder haben.*

In unvollständigen Fragesätzen nach *why* oder *why not*, die den Charakter einer Aufforderung haben, wird der Infinitiv ohne *to* verwendet (7):

(7) *Why not do it this way?*	*Warum machst du es nicht so?*
Why rush all the time?	*Warum hetzen Sie immer?*
Why not ask him yourself?	*Warum fragst du ihn nicht selber?*

Bei der Befehlsform mit *let* (→ 6.4. Bsp. 3–4) sowie bei *let* als Vollverb wird der Infinitiv ohne *to* verwendet (8):

(8) *Let's got to the pub.*	*Gehen wir in die Kneipe!*
Let's not argue.	*Lassen Sie uns nicht streiten!/ Lass(t) uns nicht streiten!*
Let's try it again.	*Versuchen wir es noch einmal!*

(9) *Please let me do it!*	*Bitte lass es mich machen!*
She let him drive her car.	*Sie hat ihn ihr Auto fahren lassen.*
We let the cat eat our dinner.	*Wir haben die Katze unser Abendessen fressen lassen.*

Auch bei dem Verb *make* im Sinne von *veranlassen, zwingen* fällt das *to* weg (10):

(10) *Our father made us tidy our room.*	*Unser Vater zwang uns dazu, unser Zimmer aufzuräumen.*
I'll make you help me!	*Ich werde dich dazu zwingen, mir zu helfen!*
She doesn't make us go to bed early.	*Sie zwingt uns nicht, früh ins Bett zu gehen.*

Redewendungen mit Infinitiv ohne *to*

Die Verben *let* und *make* mit Infinitiv ohne *to* erscheinen in vielen Redewendungen (11):

(11) *to let fall*	*fallen lassen*
Let me see.	*Ich muss es mir überlegen.*
to make believe	*erfinden, Fantasie haben,*
to make do	*das Beste daraus machen; mit dem, was man hat, zurechtkommen*
He'll have to make do with the money he's got.	*Er wird einfach mit dem Geld, das er hat, zurechtkommen müssen.*

Should I help you? I don't know. Let me see.	*Soll ich Ihnen helfen? Ich weiß es nicht. Ich muss es mir überlegen.*

Auch die folgenden Wendungen werden mit dem Infinitiv ohne *to* gebraucht (12):

(12) *would sooner – würde lieber* *rather – lieber*

sooner than – lieber als *had better – sollte besser*

I would sooner eat chocolate.	*Ich würde lieber Schokolade essen.*
He would rather stay at home.	*Er würde lieber zu Hause bleiben.*
She would sooner sleep than work.	*Sie würde lieber schlafen als arbeiten.*
You had better ring your mother.	*Du solltest besser deine Mutter anrufen.*

Infinitiv + to als Objekt oder Objektergänzung

Nach den folgenden Verben steht ein Infinitiv mit *to* als Objekt (13):

(13) *learn – lernen* *remember – sich erinnern* *forget – vergessen* *promise – versprechen* *swear – schwören* *consent – erlauben, gestatten* *agree – zustimmen* *fail – versagen* *hesitate – zögern* *decide – entscheiden* *manage – schaffen*

cease – aufhören

neglect – vernachlässigen *refuse – sich weigern* *propose – vorschlagen* *regret – bedauern* *try – versuchen* *endeavour – versuchen* *attempt – versuchen* *hope – hoffen* *prepare – vorbereiten* *undertake – sich verpflichten* *arrange – ausmachen, vereinbaren*

Please promise to post this letter.	*Bitte versprich mir, dass du diesen Brief abschicken wirst.*
I didn't manage to do it.	*Ich habe es nicht geschafft, das zu tun.*
We regret to tell you that your mother is ill.	*Wir bedauern, Ihnen mitteilen zu müssen, dass Ihre Mutter krank ist.*

Ein Objekt ergänzt den Infinitiv mit *to* nach den Verben des Wünschens und Wollens (14):

(14) *want – wollen*   *wish – wünschen*
     desire – wünschen   *like – mögen*
     hate – hassen   *not like – nicht mögen*

    I want him to come.   *Ich will, dass er kommt.*
    We like him to sing.   *Es gefällt uns, wenn er singt.*
    She doesn't like him to   *Es gefällt ihr nicht, wenn er*
      smoke.   *raucht.*

Das Gleiche gilt für Verben des Veranlassens, Bittens und Zulassens, z.B. (15):

(15) *tell – sagen, befehlen*   *order – befehlen*
     cause – verursachen   *ask – bitten*
     beg – (dringend) bitten   *allow – erlauben*

    She told him to brush his   *Sie sagte ihm, er sollte seine*
      teeth.   *Zähne putzen.*
    You've caused me to   *Du bist der Grund dafür, dass*
      miss the bus!   *ich den Bus verpasst habe!*
    She ordered me to report   *Sie hat mir befohlen, dass ich*
      to her.   *mich bei ihr melden solle.*

In Verbindung mit einem Interrogativpronomen (Fragefürwort) kann der Infinitiv mit *to* den Satz verkürzen. Er wird an Stelle eines Nebensatzes gebraucht, der im Deutschen *sollen* oder *müssen* oder *wollen* enthält (16). *how* + Infinitiv mit *to* bezeichnet insbesondere die Art und Weise, in der etwas geschieht und gleicht dem deutschen Nebensatz mit *wie man* (17):

(16) *ask – fragen*   *decide – entscheiden*
     discover – entdecken   *explain – erklären*
     find out – herausfinden *forget – vergessen*
     show – zeigen   *tell – erzählen, erklären, sagen*
     understand – verstehen *know – wissen*

    He told me when to visit   *Er sagte mir, wann ich ihn*
      him. (He told me when   *besuchen soll.*
      I should visit him.)
    She hasn't decided when   *Sie hat noch nicht beschlossen,*
      to go. (She hasn't decided   *wann sie gehen sollte/wollte.*
      when she should go.)

I don't know whether to explain. (I don't know whether I should explain.)	*Ich weiß nicht, ob ich es erklären soll/muss.*

(17) *I discovered how to start the car.*
They know how to teach English.
She explained how to switch on the computer.
Do you understand how to use this machine?

Ich habe entdeckt, wie man das Auto startet.
Sie wissen, wie man Englisch unterrichtet.
Sie erklärte, wie man den Computer anschaltet.
Verstehst du, wie man dieses Gerät benutzt?

Der to-Infinitiv zur Bezeichnung von Absicht und Zweck, Folge und Ergebnis

Der *to*-Infinitiv wird verwendet, um Absicht oder Zweck auszudrücken. Dies entspricht dem deutschen *um zu* (18):

(18) *I went to Brighton to learn English.*
He spoke to her to ask if she knew the answer.

We sold our house to buy a yacht.

Ich bin nach Brighton gefahren, um Englisch zu lernen.
Er hat sie angesprochen, um zu fragen, ob sie die Antwort wisse.
Wir haben unser Haus verkauft, um eine Jacht zu kaufen.

Wenn die Absicht betont werden soll, kann zur Verstärkung *in order to* anstelle von *to* stehen (19):

(19) *I went to the library in order to borrow some books.*
She was sent to France in order to be educated.

The article was published in order to inform the public.

Ich bin zur Bibliothek gegangen, um Bücher auszuleihen.
Sie ist nach Frankreich geschickt worden, um eine Ausbildung zu erhalten.
Der Artikel wurde veröffentlicht, um die Öffentlichkeit zu informieren.

Eine Absicht kann auch durch *so as to* eingeleitet werden, wobei diese Ausdrucksweise ziemlich förmlich ist (20):

(20) *We met yesterday so as to clear up the matter.*

Wir haben uns gestern getroffen, um die Sache zu klären.

I will ring the manager so as to arrange an appointment.	*Ich werde den Manager anrufen, um einen Termin auszumachen.*
She'll be in touch so as to help you.	*Sie wird in Verbindung bleiben, um Ihnen zu helfen.*

Verneinte Absicht wird beim *to*-Infinitiv mit *so as not to* oder *in order not to* ausgedrückt (21):

(21) *He closed the door quietly so as not to wake the baby.*
I walked quickly so as not to miss the bus.
The thieves wore stockings on their heads in order not to be recognized.

Er hat die Tür leise zugemacht, um das Baby nicht zu wecken.
Ich ging schnell, um den Bus nicht zu verpassen.
Die Diebe hatten Strümpfe über den Kopf gezogen, um nicht erkannt zu werden.

In Zusammenhang mit manchen Verben drückt der Infinitiv mit *to* den Zweck aus, den das Objekt (z. B. *something – etwas*) erfüllt. Diese Verben sind (22):

(22) *bring – bringen*
buy – kaufen
need – brauchen

take – nehmen, einnehmen
use – gebrauchen, verwenden
want – wollen

Please bring me something to drink.
I want something to eat.

Bitte bringen Sie mir etwas zu trinken/zum Trinken.
Ich will etwas zu essen/zum Essen.

She's buying something to read.

Sie kauft gerade etwas zu lesen/zum Lesen.

Der *to*-Infinitiv kann auch nach einem Verb + *for* + Objekt stehen, um Absicht oder Zweck auszudrücken. Diese Konstruktion ist bei folgenden Verben möglich (23):

(23) *arrange – es einrichten, dafür sorgen (dass)*
ask – fragen
plan – planen
pray – beten
send – kommen lassen

apply – sich bewerben
call – anrufen
phone – anrufen
ring – anrufen
wait – warten

I'll arrange for you to come this evening.	*Ich werde es einrichten, dass Sie heute Abend kommen können.*
We've been waiting for you to say that.	*Wir haben darauf gewartet, dass du das sagst.*
The people prayed for the war to finish.	*Die Leute beteten darum, dass der Krieg ein Ende haben möge.*

Nach *so* + Adjektiv sowie nach *such* + Substantiv gibt der mit *as to* angeschlossene Infinitiv Folge oder Ergebnis an (24):

(24) *I was not so stupid as to lend him money.*	*Ich war nicht so dumm, ihm Geld zu leihen.*
She isn't such a fool as to move into that old flat.	*Sie ist nicht so eine Närrin, dass sie in diese alte Wohnung umzieht.*
The weather wasn't so cold as to snow.	*Es war nicht so kalt, dass es geschneit hätte.*

Auch die Verbindung aus *too* + Adjektiv + *to*-Infinitiv bezeichnet Folge oder Ergebnis (25):

(25) *(I can't do this work.)*	*(Ich kann diese Arbeit nicht machen.)*
This work is too difficult for me to do.	*Diese Arbeit ist für mich zu schwer zu tun/, als dass ich sie tun könnte.*
(He can't lift this box.)	*(Er kann diese Kiste nicht heben.)*
This box is too heavy for him to lift.	*Diese Kiste ist für ihn zu schwer zu heben/zum Heben zu schwer.*
She was too tired to sleep.	*Sie war zu müde, um zu schlafen./Sie war zum Schlafen zu müde.*

Dasselbe gilt für Ausdrücke aus Adjektiv + *enough* + *to*-Infinitiv (26):

(26) *(She can do this work.)*	*(Sie kann diese Arbeit machen.)*
She is clever enough to do this work.	*Sie ist klug genug, diese Arbeit zu machen.*
(He can lift this box.)	*(Er kann diese Kiste heben.)*
He is strong enough to lift this box.	*Er ist stark genug, um diese Kiste zu heben.*

Manchmal wird ein *to*-Infinitiv im zweiten Teil eines Satzes verwendet, um ein späteres unerwartetes Ereignis in einer Reihe von Ereignissen zu schildern (27). Wenn dieses Ereignis unerwünscht ist, steht *only* vor dem Infinitiv (28):

(27) *We came home from the*   *Wir kamen nach dem Film nach*
     film to find that our children   *Hause und entdeckten, dass*
     had done the dishes.   *unsere Kinder abgewaschen*
         hatten.

(28) *We came home in the even-*   *Wir kamen abends nach Hause*
     ing only to find that our   *und entdeckten, dass in*
     house had been broken into.   *unser Haus eingebrochen*
         worden war.

     I looked in the fridge, only to   *Ich schaute in den Kühl-*
     find that we had no milk   *schrank hinein und entdeck-*
     left.   *te, dass wir leider keine*
         Milch mehr hatten.

Ähnlich gibt die Konstruktion mit *never* + *to*-Infinitiv ein endgültiges Ergebnis an (29):

(29) *He left home, never to*   *Er hat das Elternhaus verlassen*
     come back again.   *und kehrte nie wieder zurück.*
     The painting was stolen,   *Das Gemälde wurde gestohlen*
     never to be seen again.   *und wurde nie wieder gese-*
         hen.

     She gave up her singing   *Sie gab ihre Karriere als Sänge-*
     career, never to be seen   *rin auf und wurde nie wieder*
     on the stage again.   *auf der Bühne gesehen.*

Der passivische Infinitiv

Im Gegensatz zum Deutschen steht – besonders nach einer Form von *be* – der Infinitiv Passiv, wenn der Satz passivische Bedeutung (→ 6.5.). hat (30):

(30) *How are these difficulties*   *Wie sind diese Schwierigkei-*
     to be solved?   *ten zu lösen?*
     What is to be done?   *Was ist zu tun?*
     He was to be heard singing.   *Man konnte ihn singen hören.*

Als Ergänzung eines Substantivs, Adjektivs oder Pronomens kann nach *there is/are* der Infinitiv Passiv stehen. In der Umgangssprache wird jedoch der Infinitiv Aktiv bevorzugt (31):

(31) *There is a lot of work to do.*   *Es gibt viel Arbeit zu tun/die*
There is a lot of work to be   *getan werden muss.*
done.
There were a lot of things   *Es gab in London viele*
to see in London.   *Sachen zu sehen.*
There were a lot of things
to be seen in London.

Sonderfall: *Have* kommt in diesem Fall nur im Passiv vor (32):

(32) *There was no milk to*   *Es war keine Milch zu haben/*
be had.   *zu bekommen.*
There are no books to   *Es sind keine Bücher zu*
be had.   *haben/zu bekommen.*
There was no work to   *Es war keine Arbeit zu haben/*
be had.   *zu bekommen.*

Trotz passivischer Bedeutung steht der Infinitiv Aktiv nach folgenden
Adjektiven (33):

(33) *easy – leicht*   *difficult – schwierig*
hard – schwierig   *interesting – interessant*

Her English is easy to   *Ihr Englisch ist leicht zu*
understand. (nicht: to   *verstehen.*
be understood)
This book is interesting   *Dieses Buch ist interessant*
to read.   *zu lesen.*
The exam wasn't hard   *Die Prüfung war nicht*
to do.   *schwierig zu schreiben.*
His novels are difficult   *Seine Romane sind schwierig*
to read.   *zu lesen.*

Subjekt + to-Infinitiv

Der *to*-Infinitiv ergänzt das Subjekt nach folgenden Verben (34):

(34) *be – sein*   *appear – scheinen*
seem – scheinen

The best thing is to leave   *Das Beste ist, ihn in Ruhe zu*
him alone.   *lassen.*
He seems to like you.   *Er scheint dich zu mögen.*

Bestimmte englische Verben, die im Aktiv mit Objekt + Infinitiv (ohne oder mit *to*) konstruiert werden (→ 6.7. Bsp. 3, 10, 14, 15), erfordern im Passiv die Konstruktion mit Subjekt + Infinitiv. Der Infinitiv wird dabei immer mit *to* angeschlossen (35):

(35) *She was seen to eat the cake.* Man sah sie den Kuchen essen.
Homer is said to have been blind. Homer soll blind gewesen sein.
She is known to be a good singer. Man weiß, dass sie eine gute Sängerin ist./Sie ist als gute Sängerin bekannt.

Der Infinitiv als Subjekt

Manche englischen Sprichwörter beginnen mit einem Infinitiv als Subjekt (36). Im normalen Sprachgebrauch ist eine unpersönliche Wendung, der ein Infinitiv folgt, gebräuchlicher (37):

(36) *To err is human.* Irren ist menschlich.
To hesitate is fatal. Zögern ist tödlich.

(37) *It is impossible to eat choco- Es ist unmöglich, Schokolade
late without enjoyment.* ohne Genuss zu essen.

Der Infinitiv an Stelle eines Relativsatzes

Der Infinitiv an Stelle eines Relativsatzes steht häufig nach den folgenden Ausdrücken (38):

(38) *the first* – der/die/das Erste   *the next* – der/die/das Nächste
the last – der/die/das Letzte   *the only* – der/die/das Einzige

*I'm always the last to get Ich bin immer der Letzte, der
out of bed in the morning. morgens aufsteht.
(I'm always the last person
who gets out of bed in
the morning.)*

*She was the only one to Sie war die Einzige, die uns
help us. geholfen hat.
(She was the only person who
helped us.)*

Oft vertritt ein Infinitiv in Verbindung mit einer Präposition einen Relativsatz (39):

(39) They have three dogs to look after.	Sie haben drei Hunde, um die sie sich kümmern müssen.
We have friends to stay with in London.	Wir haben Freunde in London, bei denen wir uns aufhalten können.
They have a holiday house to relax in.	Sie haben ein Ferienhaus, wo sie sich entspannen können.

Besonderheiten beim Gebrauch des Infinitivs

Die Trennung von *to* und dem Infinitiv (*split infinitive*) ist normalerweise zu vermeiden (40). Ein Adverb darf jedoch zwischen *to* und dem Infinitiv stehen, wenn dieses Adverb besonders betont werden soll. Das kommt oft bei den folgenden Adverbien vor (41):

(40) I want you to do this quickly.	Ich will, dass du das schnell machst.

(41) clearly – klar	fully – ganz, völlig
completely – ganz	really – wirklich, tatsächlich vollkommen
To completely finish this work on time is impossible.	Diese Arbeit rechtzeitig vollkommen fertig zu haben, ist unmöglich.
It's sometimes difficult to fully understand English grammar.	Es ist manchmal schwierig, die englische Grammatik ganz zu verstehen.
She wants us to clearly understand what she means.	Sie will, dass wir klar verstehen, was sie meint.
I hope to really do well in my exams.	Ich hoffe, dass ich wirklich eine gute Leistung bei meinen Prüfungen erbringe.

Um eine Wiederholung zu vermeiden, kann der Infinitiv nach *to* entfallen (42):

(42) They don't have to come if they don't want to.	Sie brauchen nicht zu kommen, wenn sie nicht wollen.
Would you like to visit me next week? – I'd love to!	Möchtest du mich nächste Woche besuchen? – Ja, sehr gerne!
Please don't drop that bottle. – I'll try not to.	Lass die Flasche bitte nicht fallen! – Ich will es versuchen.

Nach einigen Verben, besonders nach *come (kommen), go (gehen)* und *try (versuchen)* wird in der Umgangssprache *and* anstelle von *to* verwendet (43):

(43) *I'll try to come tomorrow.*	Ich versuche, morgen zu kommen.
I'll try and come tomorrow.	
We'll go to visit her.	Wir werden hingehen, um sie zu besuchen./Wir werden sie besuchen.
We'll go and see her.	
The plumber will come to look at the sink tomorrow.	Der Klempner kommt morgen, um sich das Waschbecken anzusehen.
The plumber will come and look at the sink tomorrow.	

Bei der Verneinung eines *to*-Infinitivs wird *not* vor das *to* gestellt (44):

(44) *The little boy soon learned not to put his hands in ants' nests.*	Der kleine Junge lernte es schnell, seine Hände nicht in Ameisenhaufen zu stecken.

Beim Gebrauch von Verben mit Infinitiv verschiebt sich die Bedeutung des Satzes je nach Stellung der Verneinung, z. B. bei (45):

(45) advise – beraten   tell – erzählen, sagen
ask – fragen, bitten um   warn – warnen
remind – erinnern

Please remind me not to drink coffee.	Bitte erinnere mich daran, keinen Kaffee zu trinken.
Please don't remind me to drink coffee.	Bitte erinnere mich nicht daran, Kaffee zu trinken.
He told me not to feed the animals.	Er sagte mir, dass ich die Tiere nicht füttern solle.
He didn't tell me to feed the animals.	Er hat mir nicht gesagt, dass ich die Tiere füttern solle.
They were advised not to play loud music at night.	Es wurde ihnen davon abgeraten, laute Musik in der Nacht zu spielen.
They weren't advised to play loud music at night.	Es wurde ihnen nicht geraten, laute Musik in der Nacht zu spielen.

Das Gleiche gilt bei Adjektiven und Substantiven mit dem Infinitiv (46):

(46) *He was sorry not to leave.*	*Es tat ihm Leid, nicht gehen zu können.*
He wasn't sorry to leave.	*Es tat ihm nicht Leid, gehen zu müssen.*

Die Verneinung kann auch in beiden Teilen der Fügung verwendet sein (47):

(47) *She can't promise not to forget.*	*Sie kann es nicht versprechen, es nicht zu vergessen.*

Für:

She can't promise to remember.	*Sie kann es nicht versprechen, sich daran zu erinnern.*

Redewendungen mit dem to-Infinitiv

Manche Redewendungen fangen mit einem *to*-Infinitiv an. Sie sind feste Wendungen für sich und werden nicht verändert (48):

(48) *To tell you the truth, ...*	*Um die Wahrheit zu sagen, ...*
To be honest, ...	*Um ehrlich zu sein, ...*
To cut a long story short, ...	*Um es kurz zu sagen, ...*
To come to the point, ...	*Um zur Sache zu kommen, ...*
Not to make too much of it, ...	*Um nicht zu viel Aufhebens darum zu machen, ...*
To put it another way, ...	*Um es anders zu sagen, ...*
To be honest, I don't like caviar.	*Um ehrlich zu sein, ich mag keinen Kaviar.*
To cut a long story short, they got married and lived happily ever after.	*Um es kurz zu sagen, sie haben geheiratet und lebten glücklich miteinander bis ans Ende ihrer Tage.*
To put it another way, my father-in-law is a bore.	*Um es anders auszudrücken, mein Schwiegervater ist langweilig.*

6.8. Die Partizipien

Grundwissen: Im Englischen gibt es vier Hauptformen des Partizips. Sie dienen v. a. zur Zeitenbildung (Verlaufsform, Passiv, einfache Vergangenheitszeiten). Die Partizipien besitzen auch adjektivische und verbale Funktionen.

Die Partizipien des Verbs *write*:

	Präsens	Perfekt
Aktiv	*writing*	*having written*
Passiv	*being written*	*having been written*

Hinweis: Die einfache Form *written* wird als Partizip der Vergangenheit *(past participle)* bezeichnet.

Hinweis: Die aktiven Formen des Partizips gleichen denen des Gerundiums (→ 6.9.). Der Unterschied zwischen Gerundium und Partizip ist oft unwesentlich.

Das Partizip als Adjektiv

Das Partizip Präsens Aktiv (auf *-ing*) kann wie ein Adjektiv verwendet und durch ein Adverb näher bestimmt werden (1). Es kann auch gesteigert werden (→ 4.1.) (2) und Adverbien auf *-ly* bilden (→ 5.2. Bsp. 1) (3). Es wird attributiv und prädikativ (4) verwendet:

(1) *This is a very interesting book.* — *Dies ist ein sehr interessantes Buch.*

(2) *This film is more exciting than the other one.* — *Dieser Film ist spannender als der andere.*
He is the most charming man I've ever met. — *Er ist der charmanteste Mann, den ich jemals kennen gelernt habe.*

(3) *It was surprisingly hot yesterday.* — *Es war gestern überraschend warm.*

(4) *Her behaviour is very surprising.* — *Ihr Verhalten ist sehr überraschend.*

Das Partizip der Vergangenheit, z. B. *written (geschrieben), spoken (gesprochen), complicated (kompliziert)* kann ebenfalls wie ein Adjektiv gebraucht werden. Wie das Partizip Präsens kann man es steigern (5), prädikativ verwenden (6) und ein Adverb davon ableiten (7):

(5) *This is a piece of written work.* — *Dies ist eine schriftliche Arbeit.*
It's more complicated than I thought. — *Es ist komplizierter, als ich dachte.*
This is the most complicated problem of all. — *Dies ist das komplizierteste Problem von allen.*

(6) *This problem is complicated.* — *Dieses Problem ist kompliziert.*

(7) *They talked excitedly.* — *Sie unterhielten sich lebhaft.*

Partizipien in verbaler Funktion

Grundwissen: Das Partizip Präsens wird zur Bildung der Verlaufsform verwendet (8); das Partizip der Vergangenheit ist die Grundlage für das Passiv (9) und einfache Zeiten der Vergangenheit (10):

(8) *I am sleeping.*   *Ich schlafe im Moment.*
    I will be sleeping.   *Ich werde gerade schlafen.*

(9) *The house is built.*   *Das Haus wird gebaut.*
    The house had been built.   *Das Haus war gebaut worden.*

(10) *I have seen you.*   *Ich habe dich gesehen.*
     You had known him.   *Du hattest ihn gekannt.*

In verbaler Funktion dienen Partizipien auch dazu, Relativ- und Adverbialsätze zu verkürzen.

Die beiden Formen des Partizip Präsens drücken eine Gleichzeitigkeit zur Zeitebene des Hauptsatzes aus (11):

(11) *The girl standing at the door*   *Das Mädchen, das vor der Tür*
      was very pretty.   *stand, war sehr hübsch.*
      (The girl who stood at the
      door was very pretty.)
     We tried to find a train   *Wir versuchten, einen Zug zu*
      travelling south.   *finden, der nach Süden fuhr.*
      (We tried to find a train
      which travelled south.)
     They found a book dealing   *Sie fanden ein Buch, das sich*
      with French history.   *um französische Geschichte*
      (They found a book which   *drehte.*
      dealt with French history.)

Das Partizip Perfekt Aktiv und – seltener – das Partizip Perfekt bringen eine Vorzeitigkeit zum Ausdruck (12):

(12) *Having spoken to him, I was*   *Nachdem ich mit ihm gespro-*
      convinced that he was   *chen hatte, war ich über-*
      wrong.   *zeugt, dass er im Unrecht*
      (After I had spoken to him,   *war.*
      I was convinced
      that he was wrong.)

> *Having been boiled, water is*   *Wenn Wasser zum Kochen*
> *very hot.*   *gebracht worden ist, ist es*
> *(After it has been boiled,*   *sehr heiß.*
> *water is very hot.)*

Das einfache Partizip der Vergangenheit bezeichnet je nach Zusammenhang eine Handlung, die vollzogen worden ist (13) oder (noch) vollzogen wird (14):

(13) *The games played by the child-*   *Die Spiele, die die Kinder*
    ren were very educational.   *spielten, waren pädagogisch*
    (The games which the children   *wertvoll.*
    played were very educational.).

(14) *The tests done by the*   *Die Tests, die von den Stu-*
    students are analysed.   *denten geschrieben werden,*
    (The tests which are done by   *werden analysiert.*
    the students are analysed.)

Hinweis: Die Partizipialkonstruktion ist typisch für die Schriftsprache. In der Umgangssprache werden normalerweise Nebensätze verwendet.

Das verbundene Partizip

Grundwissen: Das verbundene Partizip bezieht sich auf ein Satzglied des Hauptsatzes. Es kann Relativsätze vertreten (15):

(15) *I knew the man sitting next*   *Ich kannte den Mann, der*
    to me.   *neben mir saß.*

Das verbundene Partizip vertritt auch adverbiale Nebensätze.

Nebensätze der Zeit. Hier werden oft die Konjunktionen *when (wenn, als)* oder *while (während)* dem Partizip vorangestellt, um seinen Sinn eindeutig zu bezeichnen (16):

(16) *Leaving the room he heard*   *Als er das Zimmer verließ,*
    a sound.   *hörte er Lärm.*
    While skiing, she broke her   *Sie hat sich das Bein gebro-*
    leg.   *chen, während sie beim*
                                        Skifahren war.

    When arriving, she took   *Als sie ankam, zog sie sich*
    off her coat.   *ihren Mantel aus.*
    When reading a book, he   *Wenn er ein Buch liest, trinkt*
    likes to drink tea.   *er gern Tee.*

Nebensätze des Grundes (17):

(17) *Knowing he couldn't swim, he didn't go into the water.*
Da er wusste, dass er nicht schwimmen konnte, ging er nicht ins Wasser.

Believing the door to be locked, she looked for her key.
Da sie glaubte, dass die Tür zugesperrt sei, suchte sie ihren Schlüssel.

Having no money in his pocket, he didn't buy a coffee.
Da er kein Geld bei sich hatte, kaufte er sich keinen Kaffee.

Thinking it was cold outside, he stayed in bed.
Da er dachte, dass es draußen kalt sei, blieb er im Bett.

Nebensätze der Art und Weise (18):

(18) *She walked down the street, smiling and laughing.*
Sie ging die Straße entlang, wobei sie sang und lachte.

He sat in the train, reading and dreaming.
Er saß im Zug, wobei er las und träumte.

The children played in the park, running and jumping.
Die Kinder spielten im Park, wobei sie rannten und sprangen.

The cat lay by the fire, stretching and purring.
Die Katze lag vor dem Kamin, wobei sie sich streckte und schnurrte.

Nebensatz der Einräumung. Ihnen wird immer *though* oder *although (obwohl)* vorangestellt (19):

(19) *Although not studying English, she attended English lectures.*
Obwohl sie Englisch nicht studierte, besuchte sie englische Vorlesungen.

Though not having much time, I went shopping.
Obwohl ich nicht viel Zeit hatte, bin ich einkaufen gegangen.

Though feeling unwell, he went to work.
Obwohl er sich krank fühlte, ist er zur Arbeit gegangen.

Although snowing, it was not cold.
Obwohl es schneite, war es nicht kalt.

Nebensätze der Bedingung. Sie werden mit *if* (wenn) eingeleitet (20):

(20) *If posted by air-mail the parcel will arrive soon.*
Wenn das Päckchen mit Luftpost geschickt wird, wird es bald ankommen.

Das unverbundene Partizip

Grundwissen: Das unverbundene Partizip bezieht sich im Gegensatz zum verbundenen Partizip nicht auf ein Satzglied des Hauptsatzes, sondern hat ein eigenes Bezugswort. Es vertritt Nebensätze der Zeit, des Grundes, der Bedingung und der Art und Weise. Letztere können im Deutschen mit *und* angereiht werden. Die Konstruktion wird meistens in der Schriftsprache gebraucht und ist besonders typisch für Fachsprache (21):

(21) *The ball-room was full of people, each of them holding a glass of champagne.*   *Der Ballsaal war voller Leute, und jeder Einzelne davon hatte ein Glas Champagner in der Hand.*

Weather permitting, we'll go a picnic tomorrow.   *Wenn das Wetter es erlaubt, machen wir morgen ein Picknick.*

A little boy ran along the street, a big horse following him.   *Ein kleiner Junge rannte die Straße hinunter, und ein großes Pferd folgte ihm.*

Das unverbundene Partizip findet sich in vielen Redewendungen (22):

(22) *assuming (that)* – vorausgesetzt, (dass)
depending on – abhängig von
broadly speaking – im Großen und Ganzen
concerning – was ... betrifft
frankly speaking – offen gesagt
generally speaking – im Allgemeinen
including – einschließlich
judging by/from – nach ... zu urteilen
providing that – vorausgesetzt, dass
regarding – in Bezug auf
strictly speaking – genau genommen
supposing (that) – angenommen, (dass)
talking of – da gerade von ... die Rede ist
speaking of – da gerade von ... die Rede ist

Frankly speaking, I don't like Winifred.   *Offen gesagt, mag ich Winifred nicht.*

Regarding your letter of last week ...   *In Bezug auf ihren Brief von der vergangenen Woche ...*

Talking of Sophia, how's her baby?   *Da gerade von Sophia die Rede ist, wie geht es ihrem Baby?*

> *Strictly speaking, this answer is wrong.*
> *Speaking of Jane, here she is now.*

> *Genau genommen, ist diese Antwort falsch.*
> *Da gerade von Jane die Rede ist, sie ist jetzt hier.*

Partizip als prädikative Ergänzung

Nach Verben der Sinneswahrnehmung wird durch die Konstruktion aus Objekt und ergänzendem Partizip Präsens der Verlauf einer Handlung betont (23):

(23) *I saw him singing.*   *Ich sah ihn, als er sang.*

Nach Verben der Ruhe und Bewegung wird das Partizip als prädikative Ergänzung zum Subjekt verwendet (24):

(24) *We sat watching television.*   *Wir saßen und sahen fern.*
     She lay injured on the floor.   *Sie lag verletzt am Boden.*

6.9. Das Gerundium

Grundwissen: Das Gerundium ist ein substantiviertes Verb und vereint in sich daher Eigenschaften von Verb und Substantiv.

Formen des Gerundiums

Grundwissen: Das Gerundium hat vier Formen:

	Präsens	Perfekt
aktiv	*writing*	*having written*
passiv	*being written*	*having been written*

Die Form des Gerundiums ist identisch mit den Formen des Partizips (→ 6.8.):

Die -ing-Form des Gerundiums (Präsens Aktiv) wird am meisten verwendet (25). Die Passivformen des Gerundiums werden bei passivischem Sinn gebraucht (26):

(25) *Walking is healthy.*   *Gehen ist gesund.*

(26) *Our dog loves being walked.* *Unser Hund liebt es, ausgeführt zu werden.*

Their children hate being taught.	*Ihre Kinder hassen es, unterrichtet zu werden.*
I hate having been seen in my pyjamas.	*Ich hasse es, in meinem Pyjama gesehen zu werden.*

Mit der Perfektform des Gerundiums wird ein Bezug zur Vergangenheit hergestellt, obwohl die Präsensform meist genügt. Beide Konstruktionen erscheinen sehr oft in Verbindung mit Verben wie (27):

(27) *dislike – nicht mögen*   *hate – hassen*
     regret – bedauern   *loathe – verabscheuen*

I disliked having had to do that.	*Es hat mir nicht gefallen,*
I disliked having to do that.	*das tun zu müssen.*
She regretted having said that.	*Sie bedauerte, dass sie das*
She regretted saying that.	*gesagt hatte.*
He hated having had to see him.	*Er hasste es, ihn sehen zu*
He hated having to see him.	*müssen.*

Gebrauch des Gerundiums

Das Gerundium wird verwendet:

> als das Subjekt eines Satzes,
> als Objekt eines Satzes,
> nach Präpositionen,
> nach bestimmten Verben oder Ausdrücken,
> als eigener Handlungsträger und
> in bestimmten Wendungen.

Das Gerundium als Subjekt

Grundwissen: Das Gerundium kann als Subjekt eines Satzes dienen, der eine allgemeine Aussage trifft (28):

(28) *Swimming is healthy.*	*Schwimmen ist gesund.*
Sleeping is pleasant.	*Schlafen ist angenehm.*
Working is not always enjoyable.	*Arbeiten macht nicht immer Spaß.*
Eating is necessary.	*Essen ist nötig.*

Die gleichen Gedanken können auch mittels einer Infinitivkonstruktion zum Ausdruck gebracht werden (→ 6.7. Bsp. 36–37) (29):

(29) *It is healthy to swim.*   *Schwimmen ist gesund.*
It is pleasant to sleep.   *Schlafen ist angenehm.*
It is not always enjoyable   *Arbeiten macht nicht immer*
to work.   *Spaß.*
It is necessary to eat.   *Essen ist nötig.*

Das Gerundium kann entsprechend seinem Verbalcharakter entweder mit direktem Objekt und Adverb konstruiert werden oder entsprechend seinem substantivischen Charakter mit Artikel, Possessiv- oder Demonstrativpronomen stehen sowie ein Adjektiv und ein Genitivobjekt bei sich haben (30):

(30) *The climbing of Mt. Blanc*   *Den Mt. Blanc zu ersteigen ist*
is difficult.   *schwierig.*
(Climbing Mt. Blanc is difficult.)
The careful reading of this   *Das sorgfältige Lesen dieses*
book is important.   *Buches ist wichtig.*
(Reading this book carefully
is important.)
The successful growing of   *Die erfolgreiche Zucht von*
orchids is rare.   *Orchideen ist selten.*
(Growing orchids success-
fully is rare.)

Hinweis: Das Gerundium als Subjekt kann keinen Plural bilden.

Das Gerundium als Objekt eines Satzes

Das Gerundium kann auch als Objekt eines Satzes erscheinen (31):

(31) *I like reading.*   *Ich lese gern.*
We enjoy swimming.   *Wir schwimmen gern.*
They dislike jogging.   *Sie joggen ungern.*
He hates getting up.   *Er steht sehr ungern auf.*

Das Gerundium als Objekt kann wiederum mit einem Objekt verbunden sein und durch ein Adverb näher bestimmt werden (32):

(32) *I like reading books.*   *Ich lese gern Bücher.*
We enjoy swimming quickly.   *Wir schwimmen gern schnell.*
They dislike jogging slowly.   *Sie joggen nicht gern langsam.*
He hates getting up in the   *Er hasst es, morgens aufzu-*
morning.   *stehen.*

Das Gerundium nach Präpositionen

Grundwissen: Nach Präpositionen kann als verbale Ergänzung nur das Gerundium gebraucht werden (33):

(33) *She is good at speaking English.*	*Sie kann gut Englisch sprechen.*
I'm looking forward to meeting you.	*Ich freue mich darauf, Sie kennen zu lernen.*
He is very quick at writing books.	*Er schreibt sehr schnell Bücher.*

Hinweis: Es gibt einige Ausdrücke, die entweder mit Präposition + Gerundium oder mit dem Infinitiv konstruiert werden. Letzteres ist typisch für die Umgangssprache, z.B. (34):

(34) *They have a chance to win the competition.* (*They have a chance of winning the competition*)	*Sie haben Aussicht, den Wett- bewerb zu gewinnen.*
I am keen to travel. (*I am keen on travelling*)	*Ich bin versessen darauf, zu reisen.*
We're not passionate to leave. (*We're not passionate on leaving*)	*Wir sind nicht sehr darauf aus, zu gehen.*

Nach den Frageformeln *How about ...?* und *what about ...?* wird das Gerundium ebenfalls verwendet (35):

(35) *How about visiting us this evening?*	*Wie wäre es, wenn ihr uns heu- te Abend besuchen würdet?*
What about making a cup of tea?	*Wie wäre es, wenn wir eine Tasse Tee kochen würden?*

Im Englischen ist es möglich, eine Präposition und ein Gerundium zu einer adverbialen Bestimmung zu kombinieren. Dies wird im Deutschen meistens mit einem Nebensatz wiedergegeben, der von einer Kon- junktion eingeleitet wird. Solche adverbiale Bestimmungen werden mit folgenden Präpositionen gebildet (36):

(36) *after – nachdem*	*instead of – anstatt zu*
before – bevor, ehe	*on – als*
by – dadurch dass	*without – ohne zu*
for – weil; dafür dass	

After closing the door, he left the room.	*Nachdem er die Tür zugemacht hatte, verließ er das Zimmer.*
By working all night, she finished her work.	*Dadurch, dass sie die ganze Nacht arbeitete, bekam sie ihre Arbeit fertig.*
He got into bed without waking the cat.	*Er ist ins Bett gegangen, ohne die Katze zu wecken.*
On waking, she stretched.	*Als sie aufwachte, streckte sie sich.*

Das Gerundium nach bestimmten Verben und Ausdrücken

Nach den folgenden Verben *muss* das Gerundium stehen (37):

(37) *appreciate – zu schätzen wissen*
    avoid – vermeiden
    consider – in Betracht ziehen
    delay – verschieben
    deny – leugnen, dementieren
    detest – verabscheuen
    enjoy – Spaß haben an
    finish – beenden
    give up – aufgeben
    keep (on) – immer weiter (tun)
    mind – etwas dagegen haben
    miss – versäumen; vermissen
    postpone – verschieben
    practice – üben
    prevent – verhindern
    put off – verschieben
    risk – wagen, aufs Spiel setzen

She avoids talking to him.	*Sie vermeidet es, mit ihm zu reden.*
I don't deny liking a good French wine.	*Ich leugne nicht, gern einen guten französischen Wein zu trinken.*
He didn't risk skiing down the slope.	*Er hat es nicht gewagt, den Hang herunterzufahren.*
I don't mind eating toast.	*Mir macht es nichts aus, Toast zu essen.*
He postponed holding the meeting.	*Er hat die Sitzung verschoben.*

Nach den folgenden Ausdrücken darf nur das Gerundium gebraucht werden (38):

(38) be busy – beschäftigt sein mit
(I can't) stand/bear ... – (Ich kann es nicht) ertragen ...
It's no use ... Es lohnt sich nicht ...
It's not good ... Es hat keine Zweck ...
It's (not) worth ... Es lohnt sich (nicht) ...
Fancy ...! – Was für eine Überraschung ...!

He's busy doing his work.	*Er ist gerade damit beschäftigt, seine Arbeit zu machen.*
I can't bear listening to country and western music.	*Ich kann es nicht ertragen, Country- und Western-Musik zu hören.*
It's not worth going out tonight.	*Es lohnt sich nicht, heute Abend wegzugehen.*
Fancy meeting you here!	*Was für eine Überraschung, dass ich dich hier treffe!*

Das Gerundium mit eigenem Handlungsträger

Grundwissen: Stimmt der Handlungsträger des Gerundiums nicht mit dem Satzsubjekt überein, so tritt er in Form eines Substantivs oder Pronomens vor das Gerundium.

Im gehoberen Englisch wird ein Possessivpronomen oder ein Substantiv im 's-Genitiv mit dem Gerundium verwendet (39):

(39) *Please excuse my coming late.*	*Bitte verzeihen Sie, dass ich zu spät komme.*
He's very much looking forward to her coming.	*Er freut sich sehr darauf, dass sie kommt.*
I'm happy about my brother's visiting us.	*Ich bin froh darüber, dass mein Bruder uns besucht.*

In der Umgangssprache wird das Personalpronomen bzw. Substantiv im Objektfall mit dem Gerundium gebraucht (40):

(40) *Please excuse me interrupting you.*	*Entschuldige bitte, dass ich dich unterbreche.*
He hates the children going to bed so late.	*Er mag es überhaupt nicht, wenn die Kinder so spät ins Bett gehen.*

Das Gerundium in bestimmten Wendungen

Folgende Ausdrücke mit dem Gerundium kommen besonders im literarischen Englisch häufig vor (41):

(41) *the art of living*   die Kunst des Lebens, die
Kunst zu leben
     the mode of living   die Art des Lebens, die
Lebensweise

Auch im normalen Sprachgebrauch wird dieser Konstruktionstyp benutzt (42):

(42) *The art of writing is highly*   Die Kunst des Schreibens ist
     valued.   hoch geschätzt.
     The skill of speaking a   Die Fähigkeit, eine fremde
     foreign language is much   Sprache zu sprechen, ist bei
     sought after in employees.   Arbeitnehmern sehr gesucht.

Das Gerundium steht nach *go* häufig in Verbindung mit einem Imperativ (43):

(43) *Let's go sailing!*   Lass uns segeln!
     Let's go swimming!   Lass uns schwimmen gehen!

Nach *come* wird es verwendet, wenn eine Einladung ausgedrückt werden soll (44):

(44) *Come swimming!*   Komm mit schwimmen!
     Come sailing!   Kommt mit segeln!

Das Gerundium wird häufig als erster Bestandteil in zusammengesetzten Substantiven verwendet. Es entspricht in diesem Fall einem nachgestellten *for* + Gerundium (45):

(45) *running shoes = shoes for running* (Laufschuhe)
sailing boat = a boat for sailing (Segelboot)
swimming costume= a costume for swimming (Badeanzug)

Hinweis: Nur der erste Teil solcher Zusammensetzungen wird betont. Sonst ändert sich die Bedeutung (46):

(46) *'running shoes = shoes for running*
running 'shoes = shoes which run (Schuhe, die laufen!)

Verben mit dem Gerund oder Infinitiv

Grundwissen: Es gibt eine Reihe von Verben, auf die entweder das Gerundium oder der Infinitiv folgen kann. Teils bleibt die Bedeutung gleich, teils ergibt sich ein kleiner oder ein großer Bedeutungsunterschied.

Bei den folgenden Verben können beide Formen nach Wahl gebraucht werden (47):

(47) *attempt – versuchen*
     begin – anfangen
     can't bear – nicht ertragen können
     cease – aufhören
     commence – beginnen
     continue – weitermachen
     intend – beabsichtigen
     omit – weglassen
     propose – vorschlagen
     start – anfangen

I attempted learning French.	*Ich versuchte, Französisch zu*
I attempted to learn French.	*lernen.*
Let's attempt starting the car.	*Lass uns versuchen, das Auto*
Let's attempt to start the car.	*zu starten.*
They continued reading.	*Sie lasen weiter.*
They continued to read.	
He intends marrying her.	*Er beabsichtigt, sie zu heiraten.*
He intends to marry her.	

Hinweis: Zwar werden die oben genannten Verben unterschiedslos mit Gerundium oder Infinitiv konstruiert, doch ist nach den Verlaufsformen der Infinitiv üblicher (besonders bei *begin, cease, continue* und *start*), da die Wiederholung von *-ing* unschön ist (48):

(48) *I'm starting to do the work now.*	*Ich fange gerade an, die Arbeit*
(Nicht: I'm starting doing ...)	*zu machen.*
They were continuing to work.	*Sie arbeiteten weiter.*
(Nicht: They were continuing	
working ...)	
He will be beginning to work	*Er wird mit dem Arbeiten nächs-*
next week.	*te Woche anfangen.*
(Nicht: He will be beginning	
working ...)	

Bei manchen Verben bezeichnet das Gerundium eine gewohnheitsmäßige Handlung oder allgemeine Aussage, während der Infinitiv sich auf einen konkreten Einzelfall bezieht (4)):

(49) *hate*	*I hate to ask you.*	*Mir gefällt es jetzt nicht, dich zu fragen.*
	I hate asking you.	*Mir gefällt es nie, dich zu fragen.*
prefer	*I prefer to stand here.*	*Mir ist es lieber, hier zu stehen.*
	I prefer standing.	*Mir ist das Stehen lieber.*
like/love	*I like/love swimming.*	*Das Schwimmen (egal, wer es betreibt) gefällt mir (sehr).*
	I like/love to swim.	*Ich schwimme (sehr) gerne.*

Hinweis: Bei der Konstruktion *I prefer sleeping to working (Mir ist das Schlafen lieber als das Arbeiten)* ist nur das Gerundium möglich.

Bei den folgenden Verben ändert sich die Bedeutung vollkommen, je nachdem, ob man das Gerundium oder den Infinitiv verwendet (50):

(50) *remember*	*I remembered to visit you.*	*Ich habe nicht vergessen, dich zu besuchen.*
	I remembered visiting you.	*Ich erinnerte mich an meinen Besuch bei dir.*
forget	*He forgot to go to the bank.*	*Er hat vergessen, zur Bank zu gehen.*
	He forgot going to the bank.	*Er hat vergessen, dass er auf der Bank war.*
regret	*I regret to tell you that your mother is ill.*	*Es tut mir Leid, Ihnen mitteilen zu müssen, dass Ihre Mutter krank ist.*

	I regret telling you that your mother is ill.	*Ich bereue es, Ihnen gesagt zu haben, dass Ihre Mutter krank ist.*
try	*Try to run 10 kilometres.*	*Versuch es jetzt, 10 Kilometer zu rennen.*
	Try running 10 kilometres.	*Probiere doch mal aus, 10 Kilometer zu rennen.*
stop	*I stopped to buy some milk.*	*Ich hielt an, um Milch zu kaufen.*
	I stopped buying milk.	*Ich habe aufgehört, Milch zu kaufen.*
go on	*They went on to talk about something new.*	*Sie haben mit einem neuen Gesprächsthema angefangen.*
	They went on talking about the same thing.	*Sie unterhielten sich zum gleichen Thema weiter.*

Hinweis: Nach *remember, forget* und *regret* weist das Gerundium auf die Vergangenheit hin.

Die folgenden Verben werden mit Infinitiv konstruiert, wenn sie ein Objekt bei sich haben, sonst mit Gerundium (51):

(51) *allow*	*The school doesn't allow eating in class.*	*Die Schule untersagt das Essen im Klassenzimmer.*
	The school doesn't allow us to eat in class.	*Die Schule verbietet uns, im Klassenzimmer zu essen.*
permit	*They don't permit smoking here.*	*Sie erlauben das Rauchen hier nicht.*
	They don't permit them to smoke.	*Sie erlauben ihnen das Rauchen hier nicht.*

advise	*The doctor advised eating plenty of fresh fruit.*	*Der Arzt riet, viel frisches Obst zu essen.*
	The doctor advised me to eat plenty of fresh fruit.	*Der Arzt riet mir, viel frisches Obst zu essen.*

6.10. Ergänzungen des Verbs

Prädikative Ergänzungen zum Subjekt

Grundwissen: Bei bestimmten Verben kann eine Aussage über das Subjekt nur gemacht werden, wenn sie mit einem Substantiv oder Adjektiv bzw. Partizip verwendet werden. Dazu gehören die Verben des Werdens (1), des Seins, Scheinens und Aussehens (2) sowie der Sinneswahrnehmung (3):

(1) *become (werden)* + Substantiv oder Adjektiv/Partizip
   She wants to become a doctor.   *Sie will Ärztin werden.*
   The situation is becoming difficult.   *Die Lage wird schwierig.*

   get (werden) + Adjektiv/Partizip
   The people got angrier.   *Die Leute wurden zorniger.*
   The work got done.   *Die Arbeit wurde gemacht.*

   go (werden) + Adjektiv
   The old man is going blind.   *Der alte Mann wird blind.*
   I think you've gone mad.   *Ich glaube, du bist verrückt geworden.*

   grow (werden) + Adjektiv
   It grew dark.   *Es wurde dunkel.*
   She is growing taller.   *Sie wird größer.*

   turn (werden) + Adjektiv
   The coffee turned cold.   *Der Kaffee wurde kalt.*
   The weather turned pleasant.   *Das Wetter wurde angenehm.*

   fall (werden) + Adjektiv
   He fell ill.   *Er wurde krank.*

(2) *prove (to be) (sich erweisen als)* + *Substantiv oder Adjektiv*

It proved to be a good idea.	*Es hat sich als eine gute Idee erwiesen.*
It proved to be helpful.	*Es hat sich als hilfreich erwiesen.*

seem (to be) (scheinen) + *Substantiv oder Adjektiv*

He seems to be a nice person.	*Er scheint ein netter Mensch zu sein.*
He seems to be nice.	*Er scheint nett zu sein.*

appear (to be) (scheinen) + *Substantiv oder Adjektiv*

This flower appears to be a lily.	*Diese Blume scheint eine Lilie zu sein.*
This flower appears to be very rare.	*Diese Blume scheint sehr selten zu sein.*

look (aussehen) + *Adjektiv*

You look very nice in that suit.	*Du siehst in diesem Anzug sehr hübsch aus.*
He looks happy today.	*Er sieht heute glücklich aus.*

look like (aussehen wie) + *Substantiv*

He looks like John Major.	*Er sieht wie John Major aus.*

(3) *sound (klingen, sich anhören)* + *Adjektiv*

This music sounds strange.	*Diese Musik hört sich seltsam an.*
Your voice sounds lovely.	*Ihre Stimme klingt wunderschön.*

sound like (klingen, sich anhören wie) + *Substantiv*

This music sounds like Bach.	*Diese Musik hört sich wie Bach an.*
That bird sounds like a swallow.	*Dieser Vogel klingt wie eine Schwalbe.*

taste (schmecken) + *Adjektiv*

This icecream tastes horrible.	*Dieses Eis schmeckt schrecklich.*
Your bread tastes delicious.	*Dein Brot schmeckt lecker.*

taste of (schmecken nach) + *Substantiv*

This tastes of garlic.	*Das schmeckt nach Knoblauch.*

smell (riechen) + Adjektiv
These flowers smell beautiful.   Diese Blumen riechen gut.
This house smells old.   Dieses Haus riecht alt.

smell of (riechen nach) + Substantiv
These flowers smell of   Diese Blumen riechen nach
  nothing.   nichts.

Nach Verben der Ruhe wird das Subjekt häufig durch das Partizip Präsens oder das Partizip der Vergangenheit prädikativ ergänzt (4). Nach Verben der Bewegung steht oft ein Partizip Präsens (5). In beiden Fällen können auch Adjektive verwendet werden (4, 5):

(4) lie – liegen
     remain – bleiben
     sit – sitzen
     stand – stehen
     stay – bleiben

     We sat watching the sunset.   Wir saßen und sahen dem
                                     Sonnenuntergang zu.

     The work remained undone.   Die Arbeit blieb unverrichtet.
     He lay quiet in bed.   Er lag ruhig im Bett.

(5) come – kommen
     go – gehen
     run – rennen
     walk – (spazieren)gehen
     arrive – ankommen

     She came running down the   Sie kam den Weg entlangge-
       path.   rannt.
     We walked singing through   Wir gingen singend durch die
       the mountains.   Berge.
     He arrived safe.   Er kam sicher an.

Prädikative Ergänzungen zum Objekt

Grundwissen: Manche Verben müssen mit einem Substantiv oder Adjektiv ergänzt werden, damit eine Aussage über das Objekt (im Passiv über das Subjekt) möglich ist. Es handelt sich um Verben des Ernennens und Erwählens (6) sowie der Versetzung in einen Zustand (7):

(6) *call (bezeichnet als, halten für) + Substantiv oder Adjektiv*
She calls herself an actress. *Sie bezeichnet sich als*
Schauspielerin.

declare (erklären zu/für) + Substantiv oder Adjektiv
I declare her (to be) the winner. *Ich erkäre sie zum Gewinner.*
He declared the meeting *Er erklärte die Sitzung für*
finished. *beendet.*

make (ernennen zu) + Substantiv
They made her conductor of *Sie ernannten sie zur Leiterin*
the orchestra. *des Orchesters.*
She was made conductor of *Sie wurde zur Leiterin des*
the orchestra. *Orchesters gemacht.*

name (nennen, ernennen) + Substantiv
We have named our son *Wir haben unseren Sohn*
Eustace. *Eustace genannt.*
She was named professor of *Sie wurde zur Professorin des*
the department. *Instituts ernannt.*

(7) *make (machen) + Adjektiv*
The decision made him happy. *Die Entscheidung machte ihn*
glücklich.
He was made rich by his Lotto *Er wurde durch seinen Lotto-*
win. *Gewinn reich gemacht.*

Die prädikative Ergänzung des Objekts steht mit *as* oder *for* nach den folgenden Verben des Erwählens (8) und Dafürhaltens (9):

(8) *choose as (wählen als, zu) + Substantiv*
She chose Eric as her husband. *Sie wählte Eric zu ihrem Ehe-*
mann.
Eric was chosen to be her *Eric wurde zu ihrem Ehemann*
husband. *gewählt.*

(9) *acknowledge as (anerkennen als) + Substantiv*
They acknowledged him as *Sie haben ihn als Präsident*
president. *anerkannt.*
He was acknowledged as *Er wurde als Präsident aner-*
president. *kannt.*

consider as (ansehen als) + Substantiv
They considered her as a friend. *Sie sahen sie als Freundin an.*

recognize as (anerkennen als) + Substantiv

They recognized her as one of the best painters.	Sie erkannten sie als eine der besten Malerinnen an.
She was recognized as one of the most important scientists.	Sie wurde/Sie war als eine der wichtigsten Wissenschaftlerinnen anerkannt.

take for (halten für) + Substantiv oder Adjektiv

He takes me for a genius.	Er hält mich für ein Genie.
She was taken for silly.	Sie wurde für albern gehalten.

Nach den Verben der Sinneswahrnehmung kann das Objekt durch ein Partizip Präsens oder ein Partizip der Vergangenheit ergänzt werden. Mit dieser Konstruktion wird der Verlauf einer Handlung betont (10):

(10) see – sehen
    hear – hören
    observe – beobachten

    watch – beobachten
    feel – (sich) fühlen
    notice – bemerken

I saw him driving away.	Ich sah ihn wegfahren./Ich sah, wie er wegfuhr.
We heard them singing a song.	Wir hörten sie ein Lied singen./ Wir hörten, wie sie ein Lied sangen.
I have often heard this song sung differently.	Ich habe dieses Lied oft anders gesungen gehört./Ich habe oft gehört, wie dieses Lied anders gesungen wurde.

Bei folgenden Verben kann das Objekt durch ein Adjektiv oder ein Partizip erweitert sein (11):

(11) keep – (be)halten, lassen
    find – finden, vorfinden
    leave – verlassen, lassen

Sorry I kept you waiting.	Es tut mir Leid, dass ich dich warten ließ.
We found him wrapped up in a blanket.	Wir fanden ihn in eine Decke gewickelt.
I left the door open.	Ich ließ die Tür offen.

Hinweis: have bzw. get + Objekt + Partizip der Vergangenheit entspricht dem deutschen veranlassen (→ 6.2. Bsp. 35–36).

6.11. Transitive und intransitive Verben

Transitive Verben

Grundwissen: Alle Verben, die mit einem direkten Objekt verbunden sind, heißen transitive Verben (1):

(1)	*I eat meat.*	*Ich esse Fleisch.*
	He speaks French.	*Er spricht Französisch.*
	She likes him.	*Sie mag ihn.*

Hinweis: Aus transitiven Verben lassen sich Fragen bilden, die mit einem Fragewort im Akkusativ eingeleitet werden (2):

(2)	*What do you eat?*	*Was isst du?*
	Which language does he speak?	*Welche Sprache spricht er?*
	Who(m) does she like?	*Wen mag sie?*

Die Zahl der transitiven Verben ist im Englischen größer als im Deutschen, weil es lediglich eine Objektform kennt. Wichtige Verben, die im Unterschied zum Deutschen transitiv gebraucht werden können, sind (3):

(3)
advise – raten	*join – sich anschließen*
approach – sich nähern	*meet – begegnen*
command – befehlen	*obey – gehorchen*
congratulate – gratulieren	*oppose – sich widersetzen*
escape – entkommen	*order – befehlen, beauftragen*
follow – folgen	*please – gefallen*
help – helfen	*remember – sich erinnern*
resist – widerstehen	*trust – (ver)trauen*
serve – dienen	*enter – eintreten in*
succeed – nachfolgen	*invade – eindringen in*
thank – danken	*contradict – widersprechen*

I advise you to see the doctor.	*Ich rate Ihnen, den Arzt aufzusuchen.*
Follow me in your car.	*Folge mir in deinem Auto!*
Thank you for lunch.	*Ich danke Ihnen für das Mittagessen.*
This music pleases me.	*Diese Musik gefällt mir.*
He entered the building.	*Er trat in das Gebäude.*
Don't contradict me.	*Widersprechen Sie mir nicht!*

Intransitive Verben

Grundwissen: Verben, die kein direktes Objekt bei sich haben, werden intransitiv genannt. Sie können keine Passivform bilden. Manche Verben können transitiv oder intransitiv sein (→ 6.11. Bsp. 6).

Zu den rein intransitiven Verben gehören (4):

(4)   *ache – wehtun*   *disappear – verschwinden*
      come – kommen   *fall – fallen*
      go – (weg)gehen   *rise – sich erheben*
      appear – erscheinen   *cough – husten*
      arise – entstehen; sich erheben   *arrive – ankommen*
      hesitate – zögern   *lie – liegen; lügen*
      sleep – schlafen   *sneeze – niesen*

      My head aches.   *Mein Kopf tut (mir) weh.*
      The train arrived at 2 o'clock.   *Der Zug ist um 14 Uhr ange-*
                                kommen.
      She coughed all night. *Sie hustete die ganze Nacht.*
      They fell out of the tree.   *Sie sind vom Baum gefallen.*
      We slept on the couch. *Wir haben auf der Couch*
                                geschlafen.

Es gibt zudem eine Reihe von »phrasal verbs«, d. h. Verb-Partikel-Verbindungen (→ 6.12.), die ausschließlich intransitiv gebraucht werden, z. B. (5):

(5)   *break down*   *eine Panne haben*
      dress up   *sich fein machen*
      show off   *angeben*

      Our car broke down in the   *Unser Auto hat mitten in der*
      middle of the nigt.   *Nacht eine Panne gehabt.*
      They dressed up before the   *Sie haben sich vor der Party*
      party.   *fein gemacht.*
      Stop showing off!   *Hör auf anzugeben!*

Manche Verben können transitiv (mit direktem Objekt) oder intransitiv (ohne direktes Objekt) verwendet werden. Dazu gehören (6):

(6)   *answer*   *antworten*
      ask   *fragen*
      begin   *beginnen, anfangen*

break	kaputtgehen; kaputtmachen; (zer)brechen
burn	brennen
choose	(aus)wählen
close	schließen
drop	fallen lassen
fly	fliegen
hurt	verletzen; wehtun
read	lesen; sich lesen
move	bewegen, umstellen; sich bewegen, umziehen
open	öffnen
ring	läuten; klingen; klingeln
shake	schütteln
understand	verstehen
write	schreiben

intr.	The machine broke.	Das Gerät ist kaputt-gegangen.
trans.	I broke the machine.	Ich habe das Gerät kaputtgemacht.

intr.	The shop closed.	Das Geschäft schloss.
trans.	He closed the shop.	Er hat das Geschäft geschlossen.

intr.	This book reads well.	Dieses Buch liest sich gut.
trans.	She is reading a book.	Sie liest gerade ein Buch.

intr.	Can you understand?	Kannst du es verstehen?
trans.	Do you understand me?	Verstehst du mich?

6.12. Verb + Adverb oder Präposition *(Phrasal Verbs)*

Grundwissen: Eines der Merkmale des englischen Verbs ist seine Fähigkeit, sich mit Adverbien und Präpositionen zu verbinden.

Bildung und Gebrauch der Verb-Partikel-Kombination

Die häufigsten Kombinationen bestehen aus oft gebrauchten Verben und kurzen Adverbien bzw. Präpositionen, die Stellung oder Richtung bezeichnen (1):

(1) Verben   Partikel

    be – sein   *along*
    break – (zer)brechen   *down*
    bring – bringen   *in*
    come – kommen   *off*
    do – machen   *on*
    fall – fallen   *out*
    find – finden   *over*
    get – bekommen   *under*
    give – geben   *up*
    go – gehen
    help – helfen
    let – erlauben
    make – machen
    put – stellen
    send – schicken
    stand – stehen
    take – nehmen
    tear – (zer)reißen
    throw – werfen
    turn – drehen
    write – schreiben

Ein Verb kann mit vielen Partikeln kombiniert werden, wobei sich verschiedene Bedeutungen ergeben, z. B. (2):

(2) *put*   *put on* – (Kleidung) anziehen
                        put out – ausstrecken; verrenken; ausschalten
                        put in – hineinstellen
                        put up – (jemandem) Unterkunft anbieten
                        put off – abstoßen; entmutigen

     let   *let off* – freisprechen
                        let down – enttäuschen
                        let on – enthüllen
                        let in – hineinlassen
                        let out – herauslassen

In der Umgangssprache ist es üblich, an Stelle eines Verbs, das aus nur einem Wort besteht, ein gleichbedeutendes *phrasal verb* zu verwenden, z. B. *blow up (explodieren – sprengen)* an Stelle von *explode*. Andere Beispiele (3):

(3) *take off (erfolgreich werden)* statt *succeed:*
Her business really took off   *Ihr Geschäft wurde letztes*
    last year.   *Jahr sehr erfolgreich.*

    give in (aufgeben) statt *surrender:*
The boxer gave in and   *Der Boxer gab auf und gab*
    admitted defeat.   *seine Niederlage zu.*

    let off (freisprechen) statt *acquit:*   *Der Richter sprach den*
    The judge let the criminal off.   *Verbrecher frei.*

Die wichtigsten Arten der Phrasal Verbs

Verb + Präposition

Die folgenden Kombinationen aus Verb und Präposition werden mit Objekt gebraucht. Die Präposition ist immer unbetont (4):

(4) *break into (einbrechen)*   *The thief broke into the house.*
                               Der Dieb brach ins Haus ein.
    come across (entdecken)   *I came across an old book in*
                               the attic.
                               Ich entdeckte im Speicher ein
                               altes Buch.
    do without (verzichten auf)   *I can't do without coffee.*
                               Ich kann auf Kaffee nicht ver-
                               zichten.
    get at (meinen)   *What are you getting at?*
                               Was meinen Sie damit?
        (kritisieren)   *She's always getting at me.*
                               Sie kritisiert mich ständig.
    get over (genesen)   *You'll get over your cold if*
                               you stay in bed.
                               Du wirst von deiner Erkältung
                               genesen, wenn du im Bett
                               bleibst.
    go for (angreifen)   *That dog goes for the post-*
                               man every morning.
                               Dieser Hund greift den Brief-
                               träger jeden Morgen an.
    go into (erforschen)   *We must go into this problem*
                               more deeply.
                               Wir müssen dieses Problem
                               tiefer erforschen.

jump at (sofort annehmen)	She jumped at the job.
	Sie hat die Arbeit sofort ange-nommen.
look into (untersuchen)	The police looked into the murder.
	Die Polizei untersuchte den Mord.
run into (zufällig treffen)	She ran into her old boy-friend.
	Sie traf zufällig ihren alten Freund.
see to (sich kümmern um)	I'll see to the problem immediately.
	Ich kümmere mich sofort um das Problem.
see about (sich überlegen)	I'll have to see about it.
	Ich muss es mir überlegen.
stand by (unterstützen)	He always stands by his friends.
	Er unterstützt immer seine Freunde.
stand for (bedeuten)	The letters "e.G." stand for "for example".
	Die Buchstaben »z. B.« bedeu-ten »zum Beispiel«.
take after (ähneln)	She takes after her father.
	Sie ähnelt ihrem Vater.
take to (mögen)	They took to each other straight away.
	Sie haben sich sofort gemocht.
turn on (aggressiv werden)	The dog turned on the postman.
	Der Hund ging auf den Brief-träger los.

Verb + Präposition/Adverb

Die folgenden Kombinationen aus Verb und Präposition/Adverb sind teils transitiv, teils intransitiv. Präpositionen und Adverb werden betont (5):

(5) *answer back (freche Antwort geben)*	He told his son not to answer back.
	Er sagte seinem Sohn, er solle keine frechen Antworten geben.

back down (nachgeben)	*Don't back down or run away!* *Gib nicht nach, und lauf nicht weg!*
bear up (durchhalten)	*Bear up! It's not as bad as you think!* *Halt durch! Es ist nicht so schlimm, wie du denkst.*
break down (zusammenbrechen)	*She broke down when she heard the news.* *Sie brach zusammen, als sie die Botschaft hörte.*
break off (abbrechen)	*She broke off the engagement.* *Sie löste die Verlobung.*
break out (ausbrechen)	*A flu epidemic broke out last autumn.* *Letzten Herbst ist eine Grippeepidemie ausgebrochen.*
break up (aufhören)	*School broke up yesterday.* *Die Schule hat gestern aufgehört.*
carry on (weitermachen)	*Don't stop! Carry on!* *Hör nicht auf! Mach weiter!*
catch up (einholen)	*They caught up with us in their fast car.* *Sie haben uns in ihrem schnellen Auto eingeholt.*
clear out (weggehen)	*You're busy so I'll clear out and go home.* *Du hast viel zu tun, also geh ich nach Hause.*
clear up (besser werden)	*I hope the weather will clear up at the weekend.* *Ich hoffe, dass das Wetter am Wochenende besser wird.*
come about (passieren)	*How did this come about?* *Wie ist das passiert?*
come to (zu Bewusstsein kommen)	*He came to quickly after the accident.* *Nach dem Unfall ist er schnell wieder zu sich gekommen.*
drop in (vorbeikommen)	*Please drop in whenever you're in London.* *Komm bitte vorbei, wenn du in London bist!*

fall back (zurückfallen)	*The horse fell back in the race.*
	Das Pferd ist beim Rennen hinter die anderen zurückgefallen.
fall off (abnehmen)	*The number of people in this choir has fallen off.*
	Die Zahl der Mitglieder in diesem Chor hat abgenommen.
fall through (fehlschlagen)	*My plans fell through.*
	Meine Pläne sind fehlgeschlagen.
find out (herausfinden)	*Please find out the answer by tomorrow.*
	Bitte finden Sie die Antwort bis morgen heraus.
get on (sich gut verstehen)	*Julie and Helen get on well.*
	Julie und Helen verstehen sich gut.
(Fortschritte machen)	*She's getting on well with French.*
	Sie macht in Französisch große Fortschritte.
give in (nachgeben; aufgeben)	*The cyclist had to give in and stop the race.*
	Der Radfahrer musste sich geschlagen geben und mit dem Rennen aufhören.
give out (bekannt geben)	*The university has given out that new courses will be offered next year.*
	Die Universität hat bekannt gegeben, dass nächstes Jahr neue Kurse angeboten werden.
give up (aufgeben)	*He gave up his job to live on an island.*
	Er hat seine Stelle aufgegeben, um auf einer Insel zu leben.
go off (explodieren)	*The bomb went off at midnight.*
	Die Bombe explodierte um Mitternacht.
go round (ausreichen)	*Is there enough cake to go round?*
	Gibt es genügend Kuchen für alle?

hang around (herumsitzen)	*John and his friends hang around the library at night.*
	John und seine Freunde sitzen abends in der Bibliothek herum.
hold on (warten)	*Hold on! I'll come with you.*
	Wartet mal! Ich komme mit!
hold out (durchhalten)	*Can you hold out until lunch is ready, or do you want to eat something now?*
	Kannst du durchhalten, bis das Mittagessen fertig ist, oder willst du jetzt etwas essen?
knock off (aufhören)	*I'm tired. Let's knock off.*
	Ich bin müde. Lass uns aufhören zu arbeiten.
leave off (aufhören)	*Please leave off annoying the cat!*
	Hör bitte auf, die Katze zu ärgern!
live in (im Hause wohnen)	*Do you want to live in when you start studying, or do want to look for your own flat?*
	Willst du im Studentenwohnheim wohnen, wenn du zu studieren anfängst, oder willst dur dir eine eigene Wohnung suchen?
look out (aufpassen)	*Look out! There's a car coming!*
	Pass auf! Es kommt ein Auto!
look up (besser werden)	*I think the situation is looking up.*
	Ich glaube, die Situation wird besser.
make up (sich schminken)	*She made up her face before going out.*
	Sie schminkte sich, bevor sie ausging.
make out (tun als ob)	*He makes out that he's much cleverer than he is.*
	Er tut so, als ob er viel schlauer wäre, als er eigentlich ist.
pull through (durchkommen)	*The patient pulled through.*
	Der Patient kam durch.

pull up (anhalten)	*The car pulled up at the traffic lights.*
	Das Auto hielt an der Ampel an.
ring off (auflegen)	*After talking to my mother on the phone for 3 hours I rang off.*
	Nachdem ich 3 Stunden mit meiner Mutter telefonierte, habe ich aufgelegt.
ring up (anrufen)	*I rang up my mother yesterday.*
	Ich rief meine Mutter gestern an.
set in (anfangen)	*Winter will set in soon.*
	Der Winter wird bald anfangen.
settle up (eine Rechnung begleichen)	*I must settle up this bill before the end of the month.*
	Ich muss diese Rechnung vor Monatsende begleichen.
shut up (den Mund halten)	*Shut up and leave me alone!*
	Halt den Mund, und lass mich in Ruhe!
stand by (zu jemandem stehen)	*He always stands by his friends.*
	Er steht immer zu seinen Freunden.
take off (abfliegen)	*The plane takes off at 9 o'clock.*
	Das Flugzeug fliegt um 9 Uhr ab.
turn up (erscheinen, auftauchen)	*He turned up 2 hours late.*
	Er tauchte 2 Stunden zu spät auf.

Verb + Objekt + Partikel *oder* Verb + Partikel + Objekt

Außer bei sehr wenigen Verben in dieser Kategorie (gekennzeichnet durch *) sind beide Kombinationen möglich, d. h. entweder *to take one's shoes off* oder *to take off one's shoes.* Wenn die Partikel nach dem Objekt kommt, wird sie betont: *to take one's shoes off,* aber: *to take off one's shoes.* Wenn das Objekt ein Personalpronomen ist, wird es zwischen Verb und Partikel gestellt: *bring him up, do it up* usw. Bei allen Verben sind auch passivische Konstruktionen möglich (6):

(6) *back up (unterstützen)*   *He always backs me up.*
                                          Er unterstützt mich immer.

bear out (bestätigen)	He bore out my suspicion.
	Er hat meinen Verdacht bestätigt.
break up (abbrechen)	Mr. Denham broke up his son's party.
	Mr. Denham brach die Party seines Sohnes ab.
bring about (verursachen)	The new mayoress brought about many changes.
	Die neue Bürgermeisterin hat viele Veränderungen in die Wege geleitet.
bring round (überzeugen)	He was brought round to her point of view.
	Er wurde von ihrer Meinung überzeugt.
bring up (erziehen)	I was brought up by my grandparents.
	Ich wurde von meinen Großeltern erzogen.
call off (absagen)	The football match was called off.
	Das Fußballspiel wurde abgesagt.
carry on (weitermachen)	We carried on until dusk.
	Wir machten bis Einbruch der Dunkelheit weiter.
carry out (erledigen, erfüllen)	She carried out her task successfully.
	Sie hat ihre Aufgabe erfolgreich erledigt.
clean up (aufräumen)	Please clean your room up.
	Räume bitte dein Zimmer auf!
cut off (abstellen)	Our telephone has been cut off.
	Unser Telefon wurde abgestellt.
do up (renovieren)	They did up the old house.
	Sie haben das alte Haus renoviert.
draw up (entwerfen)	She drew up the plans.
	Sie hat die Pläne entworfen.
*get off (abschicken)	Please get this letter off for me.
	Schicken Sie bitte diesen Brief für mich ab.

give away (verraten)	*She gave the criminal away to the police.*
	Sie verriet den Verbrecher an die Polizei.
give up (aufgeben)	*You must give up smoking!*
	Sie müssen das Rauchen aufgeben!
hold up (aufhalten)	*The road works held up the traffic.*
	Die Straßenbauarbeiten hielten den Verkehr auf.
knock out (bewusstlos schlagen)	*The heavyweight champion was knocked out in the first round.*
	Der Weltmeister im Schwergewicht wurde in der ersten Runde bewusstlos geschlagen.
*keep under (unterdrücken)	*Her husband always kept his feelings under.*
	Ihr Mann unterdrückte immer seine Gefühle.
lay in (Vorräte ansammeln)	*We have to lay in stores for winter.*
	Wir müssen Vorräte für den Winter ansammeln.
leave out (weglassen)	*Leave out numbers 2 and 3 in the exam.*
	Lassen Sie die Nummern 2 und 3 in der Prüfung weg!
let down (enttäuschen)	*Brian has really let me down.*
	Brian hat mich wirklich enttäuscht.
let off (freisprechen)	*The judge let the criminal off.*
	Der Richter sprach den Verbrecher frei.
look up (nachschlagen)	*Look this word up in the dictionary.*
	Schlag dieses Wort im Wörterbuch nach!
make out (verstehen)	*I can't make out your writing.*
	Ich kann deine Schrift nicht lesen.
make up (erfinden)	*The little girl made up a story.*
	Das kleine Mädchen hat die Geschichte erfunden.

make up (sich versöhnen)	*Horace and Laetitia made up after their fight.*
	Horace und Laetitia haben sich nach ihrem Streit versöhnt.
pay back (zurückzahlen)	*Can you lend me 10 pounds? I'll pay you back on Friday.*
	Kannst du mir 10 Pfund borgen? Ich zahle sie dir am Freitag zurück.
(sich rächen)	*She wanted to pay her teacher back for giving her a bad mark.*
	Sie wollte sich an ihrem Lehrer rächen, da er ihr eine schlech- Note gegeben hatte.
pull up (anhalten)	*We pulled up at a country pub.*
	Wir hielten an einem Land- gasthof an.
put across (verständlich machen)	*She put her ideas across very clearly.*
	Sie hat ihre Ideen sehr klar verständlich gemacht.
put off (verschieben)	*Don't put your work off until tomorrow.*
	Verschieben Sie ihre Arbeit nicht auf morgen.
run down (kritisieren)	*His wife always runs him down.*
	Seine Frau kritisiert ihn ständig.
run over (überfahren)	*Our cat was run over.*
	Unsere Katze wurde überfahren.
see off (sich verabschieden)	*He saw me off at the station.*
	Er hat sich von mir am Bahn- hof verabschiedet.
take off (sich freinehmen)	*I took the day off yesterday.*
	Ich habe mir gestern frei- genommen.
(nachahmen)	*Anna takes off her boss brilliantly.*
	Anna kann ihren Chef genial nachahmen.
take on (auf sich nehmen)	*He took on too much work last year.*
	Er hat letztes Jahr zu viel Arbeit auf sich genommen.

take over (übernehmen)	*She took over the business last year.*
	Sie hat das Geschäft letztes Jahr übernommen.
take up (anfangen)	*I want to take up photography.*
	Ich will mit dem Fotografieren anfangen.
try on (anprobieren)	*Where can I try on this dress?*
	Wo kann ich dieses Kleid anprobieren?
try out (probieren)	*They tried out the new brand of coffee.*
	Sie haben die neue Kaffeemarke probiert.
turn down (ablehnen)	*She turned down the job.*
	Sie hat die Arbeit abgelehnt.
wind up (zu Ende bringen, auflösen)	*Let's wind up the party now.*
	Lasst uns die Party jetzt beenden.

Verb + Partikel + Präposition

Die Partikel wird bei diesen Verben immer betont. Konstruktionen im Passiv sind selten (7):

(7) *back out of (aussteigen)*	*He backed out of the plan at the last minute.*
	Er ist aus dem Plan in letzter Minute ausgestiegen.
be fed up with (die Nase voll haben)	*I'm really fed up with this weather.*
	Ich habe die Nase voll von diesem Wetter.
be up to (in der Lage sein)	*Are you up to climbing this mountain?*
	Bist du in der Lage, diesen Berg zu besteigen?
break in on (unterbrechen)	*Sorry, I didn't want to break in on you.*
	Es tut mir Leid, ich wollte euch nicht unterbrechen.
catch on to (verstehen)	*I didn't catch on to a word of that lecture.*

	Ich habe kein Wort von dieser Vorlesung verstanden.
catch up with *(nachholen)*	She had a lot of work to catch up with after her holiday.
	Nach ihrem Urlaub musste sie viel Arbeit nachholen.
drop out of *(abspringen)*	He's dropped out of his course at university.
	Er ist von seinem Universitätskurs abgesprungen.
face up to *(ins Gesicht sehen)*	You have to face up to facts.
	Du musst den Tatsachen ins Gesicht sehen.
fall back on *(zurückgreifen auf)*	She's got her savings to fall back on.
	Sie kann auf ihre Ersparnisse zurückgreifen.
fall in with *(sich anschließen)*	I'll fall in with your plans.
	Ich werde mich deinen Plänen anschließen.
get away with *(ungestraft davonkommen)*	The thieves didn't get away with the bank robbery.
	Die Diebe sind nicht ungestraft bei dem Banküberfall davongekommen.
get on with *(sich gut verstehen)*	He gets on very well with his brother.
	Er versteht sich sehr gut mit seinem Bruder.
go back on *(zurücknehmen, rückgängig machen)*	She didn't go back on her promise.
	Sie hat ihr Versprechen gehalten.
go through with *(fertigbringen)*	He wanted to study medicine but couldn't go through with it.
	Er wollte Medizin studieren, konnte es aber nicht durchhalten.
keep up with *(mithalten)*	She kept up with the others in the race.
	Sie hat beim Rennen mit den anderen mitgehalten.

make up for (aufholen)	*We should make up for lost time.*
	Wir sollten die verlorene Zeit aufholen.
put up with (ertragen)	*I can't put up with this situation any longer.*
	Ich kann diese Situation nicht mehr ertragen.
run out of (von etwas nichts mehr haben)	*We've run out of coffee.*
	Wir haben keinen Kaffee mehr.
run up against (auf etwas stoßen)	*He has run up against difficulties.*
	Er ist auf Schwierigkeiten gestoßen.
stand up for (unterstützen)	*Jeremy stood up for Eunice in the fight.*
	Jeremy hat Eunice in dem Streit verteidigt.
stand up to (widerstehen)	*Can you stand up to the temptation?*
	Kannst du der Versuchung widerstehen?

Hinweis: Eine Präposition oder ein Adverb folgen häufig auf ein Verb. Diese Kombination gilt jedoch nur dann als »*phrasal verb*«, wenn die Präposition oder das Adverb eine besondere Beziehung zum Verb haben, d. h. die Kombination eine eigene Bedeutung hat, z. B. (8):

(8) *eat out*	*essen gehen, in einem Restaurant essen*
Let's eat out tonight.	*Lasst uns heute abend essen gehen!*

Aber:

Let's eat out in the garden.	*Lasst uns draußen im Garten essen!*

(Hier bezieht sich *out in* auf *garden*, nicht auf *eat*!)

Substantive, denen Verb-Partikel-Kombinationen zu Grunde liegen

Im Englischen gibt es ziemlich viele Substantive, die aus *phrasal verbs* gebildet werden. Die häufigsten sind (9):

(9) breakdown   Panne; Zusammenbruch
     drawback   Nachteil
     dropout   Studienabbrecher; Aussteiger
     upbringing   Erziehung
     takeover   Übernahme

Our car had a breakdown.   Unser Auto hatte eine Panne.
Our car broke down.
He was a university dropout.   Er war ein Studienabbrecher.
He dropped out of university.
There was a company takeover.   Das Geschäft wurde über-
The company was taken over.   nommen.

6.13. Regelmäßige und unregelmäßige Verben

Regelmäßige Verben

Grundwissen: Regelmäßige Verben sind diejenigen, bei denen das
Präteritum und das Partizip der Vergangenheit auf Infinitiv + -d/ed,
lauten. Die Endung -d verwendet man bei Verben mit vokalischem, -ed
bei Verben mit konsonantischem Endbuchstaben (1):

(1) Infinitiv   Präteritum   Partizip der
                                             Vergangenheit
     work   worked   worked
     joke   joked   joked
     live   lived   lived
     look   looked   looked

Unregelmäßige Verben

Grundwissen: Unregelmäßige Verben sind diejenigen, die ihr Präteritum und/oder ihr Partizip der Vergangenheit unregelmäßig bilden. Das
einzige englische Verb, das auch im Präsens unregelmäßig konjugiert
wird, ist be (→ 6.2. Konjugationstabelle).

Einige Verben bleiben in allen drei Stammformen unverändert (2):

(2) put – stellen   cost – kosten
     let – lassen, erlauben   split – spalten
     spread – (sich) ausdehnen

Bei einer anderen Gruppe von Verben stimmen Partizip der Vergangenheit und Präteritum überein, weichen aber vom Infinitivstamm ab (3):

(3)	bind	bound	bound	binden
	get	got	got	bekommen
	hear	heard	heard	hören
	hold	held	held	halten

Einige Verben unterscheiden sich in allen drei Stammformen (4):

(4)	be	was	been	sein
	draw	drew	drawn	zeichnen, ziehen
	eat	ate	eaten	essen
	give	gave	given	geben
	sing	sang	sung	singen
	wear	wore	worn	tragen

Es gibt auch eine sehr kleine Kategorie von unregelmäßigen Verben, die entweder im Präteritum oder im Partizip der Vergangenheit mit dem Infinitivstamm übereinstimmen (5):

(5)	become	became	become	werden
	beat	beat	beaten	schlagen

Hinweis: Eine kleine Gruppe von Verben bildet regelmäßige und unregelmäßige Stammformen z.B. (6):

(6)	mow	mowed	mowed	mähen
oder:			mown	
	strew	strewed	strewed	streuen
oder:			strewn	
	burn	burned	burned	brennen
oder:		burnt	burnt	
	learn	learned	learned	lernen
oder:		learnt	learnt	

Eine Liste der unregelmäßigen Verben

Verb	Präteritum	Partizip	Übersetzung
abide	abode	abode	bleiben
arise	arose	arisen	aufstehen
awake	awoke	awoken	aufwecken
be	was/were	been	sein
bear	bore	borne; born	tragen, ertragen
beat	beat	beaten	schlagen
become	became	become	werden
beget	begot	begotten	erzeugen
begin	began	begun	anfangen
bend	bent	bent	(sich) biegen, beugen
beseech	besought	besought	bitten, flehen
bet	bet/betted	bet/betted	wetten
bid	bade	bidden	bitten
bind	bound	bound	binden
bite	bit	bitten	beißen
bleed	bled	bled	bluten
blow	blew	blown	blasen
break	broke	broken	(zer)brechen
breed	bred	bred	züchten
bring	brought	brought	bringen
build	built	built	bauen
burn	burnt/burned	burnt/burned	brennen
burst	burst	burst	bersten
buy	bought	bought	kaufen
can	could	–	können
cast	cast	cast	werfen
catch	caught	caught	fangen
chide	chided	chided	schelten
choose	chose	chosen	(aus)wählen
cling	clung	clung	festhalten
come	came	come	kommen
cost	cost	cost	kosten
creep	crept	crept	kriechen
cut	cut	cut	schneiden
deal	dealt	dealt	austeilen; (Karten) geben
dig	dug	dug	graben

do	did	done	machen, tun
draw	drew	drawn	zeichnen; ziehen
dream	dreamt/ dreamed	dreamt/ dreamed	träumen
drink	drank	drunk	trinken
drive	drove	driven	fahren
dwell	dwelt	dwelt	wohnen
eat	ate	eaten	essen
fall	fell	fallen	fallen
feed	fed	fed	füttern
feel	felt	felt	(sich) fühlen
fight	fought	fought	kämpfen
find	found	found	finden
flee	fled	fled	flüchten
fling	flung	flung	werden
fly	flew	flown	fliegen
forbid	forbade	forbidden	verbieten
forget	forgot	forgotten	vergessen
forgive	forgave	forgiven	verzeihen
forsake	forsook	forsaken	verlassen
freeze	froze	frozen	frieren
get	got	got (US: gotten)	werden; bekommen
gild	gilded	gilt/gilded	vergolden
gird	girded, girt	girded/girt	sticheln
give	gave	given	geben
go	went	gone	gehen
grind	ground	ground	mahlen
grow	grew	grown	wachsen
hang	hung	hung	hängen
	hanged (Jur)	hanged (Jur)	hinrichten
have	had	had	haben
heave	heaved, hove	heaved/hove	heben; schwellen
hear	heard	heard	hören
hew	hewed	hewn/hewed	hauen, hacken
hide	hid	hid/hidden	(sich) verstecken
hit	hit	hit	schlagen
hold	held	held	halten
hurt	hurt	hurt	verletzen; wehtun
keep	kept	kept	behalten

kneel	*kneeled/knelt*	*kneeled/knelt*	*knien*
knit	*knit/knitted*	*knit/knitted*	*stricken*
know	*knew*	*known*	*wissen; kennen*
lay	*laid*	*laid*	*legen*
lead	*led*	*led*	*führen*
lean	*leant/leaned*	*leant/leaned*	*(sich) lehnen*
leap	*leapt*	*leapt*	*springen*
learn	*learnt/learned*	*learnt/learned*	*lernen*
leave	*left*	*left*	*verlassen*
lend	*lent*	*lent*	*(ver-)leihen*
let	*let*	*let*	*lassen; vermieten*
lie	*lay*	*lain*	*liegen*
light	*lit*	*lit*	*anzünden*
lose	*lost*	*lost*	*verlieren*
make	*made*	*made*	*machen*
may	*might*	*–*	*dürfen*
mean	*meant*	*meant*	*meinen*
meet	*met*	*met*	*treffen, kennen lernen*
mow	*mowed*	*mowed/mown*	*mähen*
pay	*paid*	*paid*	*bezahlen*
put	*put*	*put*	*setzen, legen, stellen*
quit	*quit/quitted*	*quit/quitted*	*verlassen*
read	*read*	*read*	*lesen*
rend	*rent*	*rent*	*(zer)reißen*
rid	*rid*	*rid*	*befreien*
ride	*rode*	*ridden*	*reiten*
ring	*rang*	*rung*	*läuten, klinge(l)n*
rise	*rose*	*risen*	*aufstehen*
run	*ran*	*run*	*rennen, laufen*
saw	*sawed*	*sawed/sawn*	*sägen*
say	*said*	*said*	*sagen*
see	*saw*	*seen*	*sehen*
sell	*sold*	*sold*	*verkaufen*
send	*sent*	*sent*	*schicken*
set	*set*	*set*	*setzen; stellen*
sew	*sewed*	*sewn*	*nähen*
shake	*shook*	*shaken*	*schütteln*
shave	*shaved*	*shaved/shaven*	*(sich) rasieren*
shear	*sheared*	*sheared/shorn*	*scheren*
shed	*shed*	*shed*	*abwerfen*

shine	shone	shone	scheinen
shoe	shod	shod	(Pferd) be-schlagen
shoot	shot	shot	(er)schießen
show	showed	shown	zeigen
shrink	shrank	shrunk	schrumpfen
shut	shut	shut	schließen
sing	sang	sung	singen
sink	sank	sunk	sinken
sit	sat	sat	sitzen
slay	slayed	slain	schlachten
sleep	slept	slept	schlafen
slide	slid	slid	rutschen
sling	slung	slung	schleudern
slink	slunk	slunk	schleichen
slit	slit	slit	(auf-, zer-)schlit-zen
smell	smelt/smelled	smelt/smelled	riechen
smite	smote	smitten	schlagen; heimsuchen
sow	sowed	sowed/sown	sähen
speak	spoke	spoken	sprechen
speed	sped	sped	rasen
spell	spelt/spelled	spelt/spelled	buchstabieren
spend	spent	spent	verbringen; (Geld) aus-geben
spin	spun	spun	spinnen
spit	spat	spat	spucken
split	split	split	spalten; teilen
spoil	spoilt/spoiled	spoilt/spoiled	verderben; ver-wöhnen
spread	spread	spread	(aus-, ver-)brei-ten
spring	sprang	sprung	springen
stand	stood	stood	stehen
steal	stole	stolen	stehlen
stick	stuck	stuck	stecken; kleben
sting	stung	stung	stechen
strew	strewed	strewed, strewn	streuen
stride	strode	stridden	durchschreiten

strike	struck	struck	schlagen
string	strung	strung	bespannen; (Musikinstrument) besaiten
strive	strove	striven	streben
swear	swore	sworn	schwören; schimpfen
sweep	swept	swept	kehren
swell	swelled	swollen/swelled	(an)schwellen
swim	swam	swum	schwimmen
swing	swung	swung	schwingen; schaukeln
take	took	taken	nehmen
teach	taught	taught	lehren, unterrichten
tear	tore	torn	(zer)reißen
tell	told	told	erzählen
think	thought	thought	denken
thrive	throve/thrived	thriven/thrived	gedeihen
throw	threw	thrown	werfen
thrust	thrust	thrust	stoßen
tread	trod	trodden	treten
understand	understood	understood	verstehen
wake	woke	woken	(auf)wecken
wear	wore	worn	tragen
weave	wove	woven	weben
weep	wept	wept	weinen
win	won	won	gewinnen
wind	wound	wound	aufziehen; wickeln
wring	wrung	wrung	ringen; wringen
write	wrote	written	schreiben

Übungen

1. Geben Sie die Verneinungen der folgenden Formen von *be* an:

   a. I am.
   b. Were we?
   c. Was I?
   d. You are.
   e. She is.

2. Übersetzen Sie ins Englische:

   a. Wie geht es Ihnen?
   b. Mir ist kalt.
   c. Wie groß ist er?
   d. Wie alt sind Sie?
   e. Wie viel Uhr ist es?

3. Geben Sie die Verneinungen der folgenden Formen von *have* an:

   a. I have.
   b. Has it?
   c. They have.
   d. She has.
   e. Have we?

4. Übersetzen Sie ins Englische. Verwenden Sie eine Form von *have*:

   a. Sie lässt sich jeden Monat die Haare schneiden.
   b. Er muss uns ein Stück Kuchen geben.
   c. Ich muss zum Arzt.
   d. Ich habe keine Zeit.

5. Geben Sie die Verneinungen der folgenden Formen des Hilfsverbs *do* an:

   a. I do.
   b. Does he?
   c. We do.
   d. Do they?
   e. She does.

6. Verneinen Sie die folgenden Sätze:

   a. I swim.
   b. We love.
   c. They eat.
   d. He walks.
   e. It swims.

7. Bilden Sie Fragen mit den folgenden Sätzen:

   a. We love.
   b. They work.
   c. I drink.
   d. It sleeps.
   e. You wait.

8. Übersetzen Sie ins Englische:

   a. Spielen sie Fußball?
   b. Ich hoffe sehr, dass du mich besuchen wirst.
   c. Sei doch still!
   d. Ich spiele nicht Tennis.
   e. Wie oft macht er seine Hausaufgaben?

9. Verneinen Sie die folgenden Sätze:

   a. I can swim.
   b. You must study.
   c. May I go?
   d. We may leave.

10. Übersetzen Sie ins Englische:

   a. Ich darf schon wochenlang keine Milch trinken.
   b. Er kann Französisch sprechen.
   c. Es kann sein, dass morgen die Sonne scheint.
   d. Darf er das Zimmer verlassen?
   e. Sie durfte rauchen.

11. Verneinen Sie die folgenden Sätze:

   a. I need.
   b. You ought.
   c. She dares.

12. Übersetzen Sie ins Englische:

    a. Sie brauchen dieses Eis nicht zu essen.
    b. Du brauchtest das nicht zu sagen.
    c. Er braucht es kaum zu probieren.
    d. Brauchen sie neue Bücher?
    e. Du solltest jeden Tag einen Apfel essen.

13. Setzen Sie das passende Wort in die entsprechende Lücke ein:

a. Are you Spanish?	Yes, I ...
b. Do you like cricket?	Yes, I ...
c. Will he stay?	Yes, he ...
d. Can they speak English?	Yes, they ...
e. Would you like some tea?	Yes, I ...

14. Stimmen Sie diesen Aussagen zu:

a. They can swim well.	Yes, they ...
b. The weather is lovely today.	Yes, it ...
c. Today is Monday.	So it ...
d. We haven't done it yet.	No, you ...
e. He didn't buy this house.	No, he ...
f. We aren't rich.	No, you ...
g. They like me.	Yes, they ...
h. The coffee isn't good.	No, it ...

15. Widersprechen Sie diesen Aussagen:

a. The sun will shine tomorrow.	No, it ...
b. They will arrive next week.	No, they ...
c. I can't speak German.	Yes, you ...
d. She isn't beautiful.	Yes, she ...
e. I wasn't late.	No, you ...
f. He can swim.	No, he ...
g. The weather is awful.	No, it ...
h. English is an easy language.	No, it ...

16. Stimmen Sie den Aussagen zu:

a. I love cats.	So ...
b. He's English.	...
c. We saw him last week.	...
d. We can speak English.	...

    e. He isn't Spanish.   Nor ...
    f. She couldn't swim.   ...
    g. We don't like her.   ...
    h. I don't enjoy skiing.   ...

17. Widersprechen Sie folgenden Aussagen:

    a. You didn't ring me.   Yes, ...
    b. I won't be home tomorrow.   Yes, ...
    c. He can speak German.   No, ...
    d. They were here yesterday.   No, ...
    e. She will ring next week.   No, ...
    f. I can't speak English.   Yes, ...
    g. They aren't British.   Yes, ...
    h. We don't like ice-cream.   Yes, ...

18. Setzen Sie die Präsensformen von *work* ein:

    a. Do you ...?
    b. He ...
    c. I don't ...
    d. Doesn't it ...?
    e. Does she ...?

19. Setzen Sie die Verlaufsform des Präsens von *work* ein:

    a. At the moment, I ... in a bank.
    b. Where ... you ... now?
    c. She ... not ... in a factory at present.

20. Wählen Sie die richtige Form des Präsens aus:

    a. I always *get up/am getting up* at six in the morning.
    b. I can *see/be seeing* the lake.
    c. He *drinks/is drinking* tea at the moment.
    d. She *wants/is wanting* to go to the cinema.
    e. What *does this word mean/is this word meaning*?
    f. What *do you do/are you doing* today?
    g. Eric *sees/is seeing* the town today.
    h. I *think/am thinking* about you at the moment.
    i. I *have/am having* lunch with her next week.
    j. She usually *travels/is travelling* by train.

21. Setzen Sie die richtige *Present Perfect* Form von *work* in die entsprechende Lücke ein:

    a. ... you ever ... in Africa?
    b. How long ... he ... here?
    c. We ... never .... before.
    d. ... he ... at night?

22. Wählen Sie die richtige Verbform aus:

    a. He *is living/has lived* in London for 20 years.
    b. How long *do you study/have you studied* here?
    c. She *is/has been* here for two years.
    d. I *swim/have swum* every morning.
    e. She *is learning/has learned* English at the moment.

23. Setzen Sie die Verlaufsform des Present Perfect von *work* in die entsprechende Lücke ein:

    a. How long ... you ... here?
    b. We ... here for two months.
    c. They ... not ... here at all.

24. Wählen Sie die richtige Form aus:
    a. She *has spoken* to me/*has been speaking* to me three times today.
    b. I *have just cut/have been cutting* my foot.
    c. He *has written/has been writing* letters all morning.
    d. We *have owned/have been owning* this car for five years.
    e. *Have you ever been/have you been being* to Rome?

25. Setzen Sie die richtige Präteritumform von *work* ein!

    a. Yesterday, I ... at home.
    b. Did you ... yesterday?
    c. We didn't ... when we were children.

26. Wählen Sie die richtige Form aus:

    a. Last week we *saw/have seen* the Queen.
    b. They *lived/have lived* here since last year.
    c. They *moved/have moved* here one year ago.
    d. The day before yesterday the weather *was/has been* horrible.
    e. He *was/has been* here many times recently.

   f. When *did you go/have you been* to Egypt?

   g. *Did you ever go/Have you ever been* to Italy?

   h. *Was she/Has she* been here last week?

   i. *Did you see/Have you seen* him yet?

   j. How long *did you live/have you lived* in Germany when you were a child?

27. Setzen Sie die richtige Verlaufsform des Präteritums von *work* ein:

   a. When he entered the room, she ...

   b. Where ... you ... last year?

   c. He (not) ... at this time last week.

28. Wählen Sie die passende Verbform aus:

   a. At two o'clock yesterday, I *read/was reading* a book.

   b. What *did you do/were you doing* when he walked in the room?

   c. When did *he ring/was he ringing* you?

   d. When she arrived, we *opened the door/were opening the door.*

   e. While I was sleeping, he *drank/was drinking* tea.

29. Setzen Sie die richtige Plusquamperfektform von *work* ein:

   a. I ... for three years up to last June.

   b. ... he ... here before?

   c. They (not) ... here before.

30. Wählen Sie die passende Verbform aus:

   a. When they met, she *was/had been* a lawyer for 20 years.

   b. When they met, it *was/had been* a sunny day.

   c. After the rain *stopped/had stopped,* we *went/had gone* for a walk.

   d. Before last year, she *never ate/had never eaten* caviar.

   e. When she was small she often *read/had read* books.

31. Setzen Sie die richtige Verlaufsform des Plusquamperfekts von *work* ein:

   a. I... for two hours when the computer broke down.

   b. ... she ... when you came into the room?

   c. They (not) ... before three o'clock.

32. Wählen Sie die passende Verbform aus:

    a. We *had tried/had been trying* to ring each other the whole day.
    b. We *had tried/had been trying* to ring each other two or three times that morning.
    c. Had you *travelled/been travelling* many times last year?
    d. How often *had you tried/had you been trying* to learn English before you came here?
    e. She *had owned/had been owning* the house up until last winter.

33. Setzen Sie die richtige Form des *going to*-Futurs von *work* ein!

    a. I ... tomorrow.
    b. He (not) ... next week.
    c. ... you ... next year?

34. Setzen Sie die richtige Form des *will/shall*-Futurs von *work* ein:

    a. We ... work tomorrow.
    b. ... you ... next week?
    c. She (not) ... when she finishes school.

35. Wählen Sie die passende Verbform aus:

    a. Look at those big black clouds! *It's going to/It will rain!*
    b. The sun *is going/will shine* next summer.
    c. I hope *it's going to be/it will be* a nice day tomorrow.
    d. He's hungry, *he's going to/he will eat* something.
    e. Do you have plans for the summer?
       Yes. *We're going to/We'll go to* Spain.
    f. What would you like to eat?
       I'm not sure. I think *I'm going to have/I'll have* the chicken.
    g. Perhaps *we're going to go/we'll go to* the pub tonight.
    h. Surely it's not going to/it won't happen.
    i. Oh, no! It's raining! *I'm going to/ I'll* get the washing off the line.
    j. Oh, no. I'm late! *I'm going to/I'll* miss the bus.

36. Setzen Sie die richtige Verlaufsform des *will*-Futurs von *work* ein:

    a. I ... at this time tomorrow.
    b. ... you ... at three o'clock tomorrow?
    c. He (not) ... at all next week.

37. Wählen Sie die passende Form aus:

    a. What will you *do/be doing* from two until four o'clock tomorrow afternoon?
    b. When you leave for work I'll still *cook/be cooking* lunch.
    c. At two o'clock tomorrow, I'll *begin/be beginning* my work.
    d. This time next week, *they'll sleep/be sleeping* in the sun.
    e. Tomorrow, the weather *will be/will be being* nice.

38. Setzen Sie die richtige einfache Form des Futur II von *work* ein:

    a. I ... for three years before I start studying.
    b. ... she ... there before?
    c. They (not) ... here, I'm sure.

39. Setzen Sie die richtige Verlaufsform des Futur II von *work* ein:

    a. I ... for two ... months before then.
    b. ... he ... for a long time?
    c. We (not) ... very hard.

40. Wählen Sie die passende Form aus:

    a. He *will have done/will have been doing* the dishes three times today.
    b. Next year, she *will have written/will have been* writing many essays for her course.
    c. By the end of the week, we *will have worked/will have been working* without a break for two months.

41. Übersetzen Sie ins Englische:

    a. Mach das Fenster doch zu!
    b. Geben Sie mir bitte die Marmelade!
    c. Lass(t) uns mit dem Zug fahren!
    d. Arbeitet!
    e. Arbeiten Sie nicht!

42. Setzen Sie folgende Sätze ins Passiv:

    a. The dog bites me.
    b. The postman didn't bring the letter.
    c. She will have rung me.
    d. He won't have visited us.

43. Setzen sie folgende Sätze ins Aktiv:

    a. The milk will have been drunk.
    b. The cat had been rescued.
    c. The work is done by us.
    d. The book is being written by them.
    e. Mice have always been eaten by cats.

44. Übersetzen Sie mit Passivkonstruktionen ins Englische:

    a. Es kann sein, dass die Katze von ihm gefüttert wurde.
    b. Die Katze hätte von ihm gefüttert werden sollen.
    c. Man hat mir gesagt, dass Sie gekommen sind.
    d. Man hat unseren Freunden ein Bier gekauft.
    e. Man schickte nach einem Arzt.

45. Setzen Sie die richtige Form des Konjunktivs in die entsprechende Lücke ein:

    a. She (work) ...
    b. I (work) ...
    c. We (be) ...
    d. He (has) ...

46. Übersetzen Sie die folgenden Sätze mit Konjunktivkonstruktionen ins Englische:

    a. Ich bat darum, dass er nach Hause fahre.
    b. Ich schlage vor, dass sie schlafe(n soll).
    c. Es ist ratsam, dass ihr ruhig seid.
    d. Es ist dringend erforderlich, dass sie einen Regenmantel hat.
    e. Wenn ich Sie wäre, würde ich im Bett bleiben.

47. Entscheiden Sie, ob der Infinitiv mit oder ohne *to* in den folgenden Sätzen nötig ist:

    a. There was nothing else *so/to do* than go home.
    b. Why not *stay/to stay*?
    c. We want you *come/to come*.
    d. I'm learning *speak/to speak* French at the moment.
    e. We heard him *play/to play* the piano.
    f. She knows how *repair/to repair* computers.
    g. We went to school in order *learn/to learn*.
    h. I would rather *read/to read* than work.

    i. He made us *do/to do* the dishes.
    j. These goods are easy *sell/to sell.*
    k. There are many things *do/to do.*
    l. We watched her *run/to run* the race.
    m. They seem *like/to like* him.
    n. Please bring me something *read/to read.*
    o. They are always the last *arrive/to arrive.*

48. Übersetzen Sie ins Englische:

    a. Dies ist ein sehr interessanter Film.
    b. Dieses Buch ist überraschend.
    c. Er ist überraschend intelligent.

49. Übersetzen Sie ins Englische und verwenden Sie Partizipialkonstruktionen:

    a. Der Hund, der im Park spielte, war sehr groß.
    b. Nachdem sie ihn getroffen hatte, sind sie ins Restaurant
        gegangen.
    c. Wir hörten ein Hörspiel, das von der französischen Revolution
        handelte.
    d. Die Musik, die sie spielten, war sehr schön.
    e. Er ist beim Sklfahren hingefallen.

50. Übersetzen Sie ins Englische und verwenden Sie das Gerundium:

    a. Joggen ist gesund.
    b. Schlafen ist nötig.
    c. Schwimmen macht nicht immer Spaß.
    d. Der erfolgreiche Abschluss eines Studiums ist nicht immer
        einfach.
    e. Er kann gut Klavier spielen.
    f. Sie freut sich darauf, dich kennen zu lernen.

51. Wählen sie die richtige Form aus:

    a. I enjoy *to eat/eating.*
    b. We agree *to help/helping* you.
    c. He is prepared *to take part/taking part.*

52. Entscheiden Sie, welche Bedeutung für die folgenden englischen Sätze am passendsten ist:

    a. I remembered to buy some milk.
       1. Ich habe nicht vergessen, Milch zu kaufen
       2. Ich erinnerte mich daran, dass ich Milch gekauft hatte.

    b. He prefers sitting.
       1. Er sitzt im Moment lieber.
       2. Ihm ist generell das Sitzen lieber.

    c. We stopped talking to each other.
       1. Wir haben angehalten, um miteinander zu reden.
       2. Wir haben aufgehört, miteinander zu reden.

53. Übersetzen Sie ins Englische:

    a. Die Situation wird besser.
    b. Er ist krank geworden.
    c. Dieser Baum scheint eine Birke (birch) zu sein.

54. Übersetzen Sie ins Englische und verwenden Sie Partizipialkonstruktionen:

    a. Er lag im Bett und las dabei.
    b. Wir gingen singend spazieren.
    c. Sie standen den ganzen Tag und arbeiteten.

55. Übersetzen Sie ins Englische:

    a. Wir wählten sie zur Präsidentin.
    b. Das Wetter machte uns glücklich.
    c. Sie haben ihre Tochter Eunice genannt.

56. Übersetzen Sie in Englische und verwenden Sie Partizipialkonstruktionen:

    a. Ich hörte ihn, als er sang.
    b. Es tut mir leid, dass ich Sie warten ließ.
    c. Der Dieb wurde beim Stehlen erwischt.

57. Welche von den folgenden Verben sind transitiv und welche intransitiv?

    a. advise
    b. come
    c. cough
    d. serve
    e. please
    f. invade

58. Setzen Sie die richtigen Partikel (Präposition, Adverb) in die entsprechende Lücke ein:

    a. The thief broke ... the house and stole some jewellery.
    b. I'll look ... the problem as soon as possible.
    c. He was happy to run ... his old girlfriend after so many years.
    d. You take ... you father: you both have the same eyes.
    e. We were very happy that our old cat and the new puppy took ... each other so well.
    f. I'm sorry to break ... but I have to ask you a question.

59. Welche von den folgenden Verben sind regelmäßig und welche unregelmäßig?

    a. arise
    b. freeze
    c. act
    d. lend
    e. watch
    f. vouchsafe
    g. split
    h. gird
    i. drink
    j. swim
    k. stride
    l. try
    m. attempt
    n. draw
    o. write

60. Setzen Sie die fehlenden Stammformen der folgenden Verben ein:

a. drive	...	...
b. ...	lead	...
c. ...	...	taught
d. hold	...	...
e. ...	wrote	...
f. ...	...	fell
g. sleep	...	...
h. ...	burst	...
i. ...	...	frozen
j. begin	...	...
k. ...	shrank	...
l. ...	...	stung
m. bleed	...	...
n. ...	crept	...
o. ...	...	cost
p. shave	...	...
q. ...	flung	...
r. ...	...	rung
s. bite	...	...
t. ...	got	...

Lösungen

1. a. I'm not.   c. Wasn't?   e. She isn't/
   b. Weren't we?   d. You aren't.   She's not.

2. a. How are you?
   b. I'm cold.
   c. How tall is he?
   d. How old are you?
   e. What's the time/ What time is it?

3. a. I haven't.   c. They haven't.   e. Haven't we?
   b. Hasn't it?   d. She hasn't.

4. a. She has her hair cut every month.
   b. He has to give us a piece of cake.
   c. I have to go to the doctor ('s).
   d. I don't have (any) time.

5. a. I don't.   c. We don't.   e. She doesn't.
   b. Doesn't he?   d. Don't they?

6.   a. I don't swim.   c. They don't eat.   e. It doesn't swim.
       b. We don't love.   d. He doesn't walk.

7.   a. Do we love?   c. Do I drink?   e. Do you wait?
       b. Do they work?   d. Does it sleep?

8.   a. Do you play football?
       b. I do hope that you'll visit me.
       c. (Do) be quiet.
       d. I don't play tennis.
       e. How often does he do his homework?

9.   a. I can't swim.
       b. You mustn't/needn't study.
       c. May I not go?
       d. We may not leave.

10.   a. I haven't been allowed to drink milk for weeks.
       b. He can speak French.
       c. The sun may/might shine tomorrow.
       d. Is he allowed to leave the room?
       e. She was allowed to smoke.

11.   a. I needn't/don't need.
       b. You oughtn't.
       c. She daren't.

12.   a. You don't need to eat this ice-cream.
       b. You didn't need to say that.
       c. He hardly needs to try.
       d. Do they need new books?
       e. You should eat an apple every day.
           You ought to eat an apple every day.

13.   a. am.   c. will.   e. would.
       b. do.   d. can.

14.   a. can.   d. haven't.   g. do.
       b. is.   e. didn't.   h. isn't.
       c. is.   f. aren't.

15.   a. won't.   d. is.   g. isn't.
       b. won't.   e. were.   h. isn't.
       c. can.   f. can't.

16. a. do I.
    b. So am I.
    c. So did I.
    d. So can I.
    e. am I.
    f. Nor could I.
    g. Nor do I.
    h. Nor do I.

17. a. I did.
    b. you will.
    c. he can't.
    d. they weren't.
    e. she won't.
    f. you can.
    g. they are.
    h. you do.

18. a. work
    b. works
    c. work
    d. work
    e. work

19. a. am working
    b. are, working
    c. is, working

20. a. get up
    b. see
    c. is drinking
    d. wants
    e. does this word mean
    f. are you doing
    g. is seeing
    h. am thinking
    i. am having
    j. travels

21. a. have, worked
    b. has, worked
    c. have, worked
    d. Has, worked

22. a. has lived
    b. have you studied
    c. has been
    d. swim
    e. is learning

23. a. have, been working
    b. have been working
    c. have, been working

24. a. has spoken
    b. have just cut
    c. has been writing
    d. have owned
    e. have you ever been

25. a. worked
    b. work
    c. work

26. a. saw
    b. have lived
    c. moved
    d. was
    e. has been
    f. did you go
    g. Have you ever been
    h. Was she
    i. Have you seen
    j. did you live

27. a. was working
    b. were, working
    c. wasn't working

28. a. was reading
    b. were you doing
    c. did he ring
    d. were opening
    e. was drinking

29. a. had worked   b. Had, worked   c. Hadn't worked

30. a. had been   c. had stopped,   d. had never eaten
    b. was   went   e. read

31. a. had been working
    b. Had, been working
    c. Hadn't been working

32. a. had been trying   c. travelled   e. had you tried
    b. had tried   d. had you travelled   f. had owned

33. a. am going to work
    b. 's not going to work
    c. Are, going to work

34. a. will/shall work   b. Will, work   c. won't work

35. a. going to   e. 're going to   h. won't/not going
    b. will shine   f. I'll have   to
    c. will be   g. we'll go   i. I'll
    d. going to   j. I'm going to

36. a. I won't be (shan't be) working
    b. Will, be working
    c. won't be working

37. a. will you be doing
    b. I'll still be cooking
    c. I'll be beginning oder I'll begin
    d. They'll be sleeping
    e. will be

38. a. will have worked
    b. Will, have worked
    c. won't have worked

39. a. will have been working
    b. Will, have been working
    c. won't have been working

40. a. will have done
    b. will have written
    c. will have been working

41. a. Do close/shut the window!
    b. Please give me the marmalade/jam.
    c. Let's go by train.
    d. Work!
    e. Don't work!

42. a. I am bitten by the dog.
    b. The letter wasn't brought by the postman.
    c. I will have been rung by her.
    d. We won't have been visited by him.

43. a. Someone will have drunk the milk.
    b. Someone had rescued the cat.
    c. We do the work.
    d. They are writing the book.
    e. Cats have always eaten mice.

44. a. The cat may have been fed by him.
    b. The cat should have been fed by him.
    c. I was told that you had come.
    d. A beer was bought for our friends.
    e. A doctor was sent for.

45. a. work   c. be
    b. work   d. have

46. a. I asked that he drive home.
    b. I recommend that she sleep.
    c. It is advisable that you be quiet.
    d. It is vital that she should have a rain coat.
    e. If I were you, I would stay in bed.

47. a. to do   f. to repair   k. to do
    b. stay   g. to learn   l. run
    c. to come   h. read   m. to like
    d. to speak   i. do   n. to read
    e. play   j. to sell   o. to arrive

48. a. This is a very interesting film.
    b. This book is surprising.
    c. He is surprisingly intelligent.

49. a. The dog playing in the park was very big.
    b. After meeting him, they went to a restaurant.
    c. We listened to a radio play dealing with the French Revolution.
    d. The music played by them was very lovely.
    e. He fell while skiing.

50. a. Jogging is healthy.
    b. Sleeping is necessary.
    c. Swimming is not always fun/enjoyable.
    d. The successful completing of a course is not always easy.
    e. He is good at playing the piano.
    f. She is looking forward to meeting you.

51. a. eating
    b. to help
    c. to take part

52. a. 1.   b. 2.   c. 2.

53. a. The situation is getting better.
    b. He has got ill.
    c. The tree appears to be a birch.

54. a. He lay in bed reading.
    b. We walked, singing./We went for a walk, singing.
    c. We stood working the whole day.

55. a. We elected her president.
    b. The weather made us happy.
    c. They have called their daughter Eunice.

56. a. I heard him singing.
    b. I'm sorry I kept you waiting.
    c. The thief was caught stealing.

57. a. transitiv
    b. intransitiv
    c. intransitiv
    d. transitiv
    e. transitiv
    f. transitiv

58. a. into
    b. into
    c. into
    d. after
    e. to
    f. in

59. a. unreg.
    b. unreg.
    c. reg.
    d. unreg.
    e. reg.
    f. reg.
    g. unreg.
    h. unreg.
    i. unreg.
    j. unreg.
    k. unreg.
    l. reg.
    m. reg.
    n. unreg.
    o. unreg.

60. a. drove, driven
    b. lead, lead
    c. teach, taught
    d. held, held
    e. write, written
    f. fall, fell
    g. slept, slept
    h. burst, burst
    i. freeze, froze
    j. began, begun
    k. shrink, shrunk
    l. sting, stang
    m. bled, bled
    n. creep, crept
    o. cost, cost
    p. shaved, shaven
    q. fling, flung
    r. ring, rang
    s. bit, bitten
    t. get, got

7. Präpositionen

Grundwissen: Präpositionen (Verhältniswörter) dienen dazu, örtliche, zeitliche und abstrakte Verhältnisse auszudrücken. Sie stehen normalerweise vor Substantiven (→ 1.1.), Pronomen (→ 3.) und Gerundien (→ 6.9.).

Das Pronomen (→ 3.1. Bsp. 4) steht im Objektfall, wenn es einer Präposition folgt (1):

(1) *with him*
     before me
     between us

7.1. Präpositionen, die einen Ort bezeichnen

above bedeutet *über/oberhalb* (1)*:*

(1) *Munich is 500 metres above sea level.*	*München liegt 500 Meter über dem Meeresspiegel.*

among bedeutet *inmitten/(mitten) unter* (2):

(2) *The house stands among the trees.*	*Das Haus steht inmitten der Bäume.*
among the crowd	*(mitten) unter die/der Menge*

at als Ortspräposition bedeutet *an* (3), *bei* (4) und *in* (5):

(3) *We were standing at the corner at university.*	*Wir standen an der Ecke an der Universität.*
(4) *He's at his sister's.*	*Er ist bei seiner Schwester.*
(5) *She's at school.*	*Sie ist in der Schule.*

behind bedeutet *hinter* (6):

(6) *The cat is hiding behind the sofa.*	*Die Katze versteckt sich hinter dem Sofa.*

below bedeutet *unter* und ist abstrakter als *under* (→ 7.1. Bsp. 20) (7):

(7) *Here we are below sea level.*	*Hier befinden wir uns unter dem Meeresspiegel.*

beside bedeutet *neben* (8):

(8) *Mary sat beside the taxi-driver.*   *Mary saß neben dem Taxifahrer.*

between bedeutet *zwischen* (9):

(9) *She was sitting between them.*   *Sie saß zwischen ihnen.*

in bedeutet *in* (10):

(10) *He lives in England.*   *Er wohnt in England.*
      Jim is still in bed.   *Jim ist noch im Bett.*

in front of bedeutet *vor* (11):

(11) *He left the pram in front*   *Er ließ den Kinderwagen vor*
      of the theatre.   *dem Theater stehen.*

inside bedeutet *in/innerhalb* (12):

(12) *We stood inside the hollow*   *Wir standen im/innerhalb des*
      tree trunk.   *hohlen Baumstamm(s).*

near bedeutet *in der Nähe von* (13):

(13) *Tom lives near the station.*   *Tom wohnt in der Nähe des*
                                      Bahnhofs.

next to bedeutet *neben* (14):

(14) *I stood next to the*   *Ich stand neben dem Präsi-*
      President.   *denten.*

on bedeutet *auf,* wenn etwas unbefestigt auf einer Fläche (15) liegt oder sitzt, und *an,* wenn etwas an etwas befestigt (16) ist:

(15) *The milk bottle is on the*   *Die Milchflasche steht auf*
      table.   *dem Tisch.*
(16) *The picture hangs on the wall.*   *Das Bild hängt an der Wand.*

opposite bedeutet *gegenüber (von)* (17):

(17) *Max sat opposite me.*   *Max saß mir gegenüber/*
                                     gegenüber von mir.

outside bedeutet *draußen (vor)* (18):

(18) *John waited outside the hotel.*	*John wartete draußen vor dem Hotel.*

over als Ortspräposition bedeutet *über* (19):

(19) *He held the umbrella over her head.*	*Er hielt den Schirm über ihren Kopf.*

under bedeutet *unter* (20):

(20) *The book is under the bed.*	*Das Buch ist unter dem Bett.*

with als Ortspräposition bedeutet *bei* (21):

(21) *Elizabeth lives with her mother.*	*Elizabeth wohnt bei ihrer Mutter.*

7.2. Präpositionen, die eine Richtung angeben

across bedeutet *über (... hinüber)* (1):

(1) *Judith ran across the road.*	*Judith ist über die Straße gelaufen.*

down bedeutet *hinunter/herunter* (2):

(2) *Lilian fell down the steps.*	*Lilian ist die Treppe herunter- /hinuntergefallen.*

from bedeutet *aus* (3) und *von* (4):

(3) *The best wine comes from France.*	*Der beste Wein kommt aus Frankreich.*
(4) *We travelled from London to York by train.*	*Wir sind mit dem Zug von London nach York gefahren.*

into bedeutet *in ... hinein* (5):

(5) *He went into the shop.*	*Er ist in den Laden hinein- gegangen.*

out of bedeutet *aus ... hinaus* (6):

(6) *She walked out of the room.* — *Sie ist aus dem Zimmer hinausgegangen.*

over bedeutet *über* (7):

(7) *She spread the blanket over the bed.* — *Sie breitete die Decke über das Bett.*

past bedeutet *an ... vorbei* (8):

(8) *Alice drove past the bank.* — *Alice ist an der Bank vorbeigefahren.*

through bedeutet *durch* (9):

(9) *We drove slowly through the wood.* — *Wir sind langsam durch den Wald gefahren.*

to bedeutet *zu* (10), *in* (11) und *nach* (12):

(10) *Did you go to the doctor?* — *Bist du zum Arzt gegangen?*
(11) *Let's go to the cinema!* — *Gehen wir ins Kino!*
(12) *Charlie is going to France next week.* — *Charlie fährt nächste Woche nach Frankreich.*

towards bedeutet *auf ... zu* (13):

(13) *He walked towards the car.* — *Er ging auf das Auto zu.*

up bedeutet *hinauf* (14):

(14) *Joe ran up the hill.* — *Joe ist den Hügel hinaufgelaufen.*

7.3. Präpositionen, die einen Zeitpunkt oder eine Zeitspanne angeben

after bedeutet *nach* (1):

(1) *After dinner we went for a walk.* — *Nach dem Essen sind wir spazieren gegangen.*

ago bedeutet *vor*. Es steht nach dem Substantiv (2):

(2) *I painted the window-*   *Ich habe vor zwei Jahren die*
     frames two years ago.   *Fensterrahmen gestrichen.*

at als zeitangebende Präposition bedeutet *um* (3):

(3) *at eleven o'clock*   *um elf Uhr*

before bedeutet *vor* (4):

(4) *We went for a walk before*   *Wir sind vor dem Essen*
     dinner.   *spazieren gegangen.*

between bedeutet *zwischen* (5):

(5) *Amy always gets up between*   *Amy steht immer zwischen*
     six and seven o'clock.   *sechs und sieben Uhr auf.*

by als zeitangebende Präposition bedeutet *bis* (6):

(6) *Can you do it by tomorrow?*   *Können Sie es bis morgen*
      machen?

during bedeutet *während* (7):

(7) *He fell asleep during the*   *Er ist während des Films*
     film.   *eingeschlafen.*

for als zeitangebende Präposition bedeutet *seit* (8):

(8) *I haven't seen him for*   *Ich habe ihn seit drei Jahren*
     three years.   *nicht gesehen.*

from ... to bedeutet *von ... bis* (9):

(9) *Edward Heath was Prime Mi-*   *Edward Heath war von 1970*
     nister from 1970 to 1974.   *bis 1974 Premierminister.*

in als zeitangebende Präposition bedeutet *am* (10), *im* (11) und *in* (12):

(10) *in the morning*   *am Morgen/am Vormittag*
(11) *in 1966*   *im Jahr 1966*
(12) *in a short time*   *in kurzer Zeit*

on als zeitangebende Präposition bedeutet *am* (13):

(13) *on Saturday*   *am Samstag*

since bedeutet *seit* (14):

(14) *John's been living in*   *John wohnt schon seit 1970*
       Australia since 1970.   *in Australien.*

to als zeitangebende Präposition bedeutet *vor* (15):

(15) *It is ten to five.*   *Es ist zehn Minuten vor fünf.*

until bedeutet *bis* (16):

(16) *He waited until nine o'clock.*   *Er hat bis neun Uhr gewartet.*

within bedeutet *innerhalb (von)* (17):

(17) *The bridge was built*   *Die Brücke wurde innerhalb*
       within six months.   *von sechs Monaten gebaut.*

7.4. Andere wichtige Präpositionen

about bedeutet sowohl *über* (1) als auch *ungefähr* (2):

(1) *Samantha has written an*   *Samantha hat einen Artikel*
     article about fashion.   *über Mode geschrieben.*
(2) *Her article is about five*   *Ihr Artikel ist ungefähr fünf*
     pages long.   *Seiten lang.*

according to bedeutet *nach/laut* (3):

(3) *According to the newspaper,*   *Nach der/Laut der Zeitung hat*
     he has a great future.   *er eine große Zukunft.*

against bedeutet *gegen* (4):

(4) *Many people are against*   *Viele Leute sind gegen die*
     the new motorway.   *neue Autobahn.*

because of bedeutet *wegen* (5):

(5) *Because of her beautiful smile she got the part.*   *Wegen ihres schönen Lächelns bekam sie die Rolle.*

by bedeutet *von* (6), wenn es sich auf einen Urheber bezieht, und *mit* (7), wenn es ein Verkehrsmittel betrifft:

(6) *The opera is by Verdi.*   *Die Oper ist von Verdi.*
(7) *by car*   *mit dem Auto*

due to bedeutet *wegen/auf Grund*. Es ist ziemlich formell (8):

(8) *The train was late due to operating difficulties.*   *Der Zug hatte auf Grund/wegen einer Betriebsstörung Verspätung.*

except (for) bedeutet *außer/bis auf*. Man kann das *for* weglassen (9):

(9) *Everyone arrived on time except (for) Jane.*   *Alle außer/bis auf Jane sind rechtzeitig angekommen.*

for bedeutet *für* (10):

(10) *The flowers are for her.*   *Die Blumen sind für sie.*

from bedeutet *von* (11):

(11) *We've got an invitation from the Eliots.*   *Wir haben eine Einladung von den Eliots bekommen.*

in spite of/despite bedeutet *trotz*. *despite* ist gebräuchlicher als *in spite of* (12):

(12) *In spite of/despite his new watch he arrived late.*   *Trotz seiner neuen Uhr ist er zu spät gekommen.*

instead of bedeutet *statt/an Stelle von* (13):

(13) *Mike bought sugar instead of salt.*   *Mike hat Zucker statt/an Stelle von Salz gekauft.*

like bedeutet *wie* (14):

(14) *Angela is supposed to look like Marilyn Monroe.*   *Angela soll wie Marilyn Monroe aussehen.*

of bedeutet *von*, wenn man Besitz oder Urheberschaft ausdrücken will (15):

(15) *She is the author of three famous tragedies.*	*Sie ist die Autorin von drei berühmten Tragödien.*

on kann *über* bedeuten (16):

(16) *He's written an article on English politics.*	*Er hat einen Artikel über die englische Politik geschrieben.*

unlike bedeutet *im Gegensatz zu* (17):

(17) *Unlike his father, Mark is a good driver.*	*Im Gegensatz zu seinem Vater ist Mark ein guter Fahrer.*

with bedeutet normalerweise *mit* (18):

(18) *He dug up the lawn with a spade.*	*Er hat den Rasen mit einem Spaten umgegraben.*

without bedeutet *ohne* (19):

(19) *You should never leave the house without an umbrella.*	*Man sollte nie das Haus ohne Schirm verlassen.*

7.5. Besonderheiten

Einige Präpositionen werden im Englischen in festen Redewendungen gebraucht und werden daher im Deutschen unterschiedlich übersetzt. Man sollte diese Redewendungen lernen.

at (1):

(1) *at Easter*	*zu Ostern*
at home	*zu Hause*
at breakfast	*beim Frühstück*
at the top/bottom	*oben/unten*
at sea	*auf der See*
at the same time	*gleichzeitig*
at last	*endlich*
at least	*mindestens*
at full speed	*mit voller Geschwindigkeit*

for (2):

(2) *for example*   *zum Beispiel*
     for sale   *zu verkaufen*
     for a change   *zur Abwechslung*

in (3):

(3) *in particular*   *besonders*
     in addition   *zusätzlich*
     in common   *gemeinsam*
     in love   *verliebt*
     in fact   *tatsächlich*

of (4):

(4) *full of*   *voller, voll von*
     proud of   *stolz auf*
     typical of   *typisch für*

to (5):

(5) *a visit to*   *ein Besuch bei*
     welcome to   *willkommen in*
     the answer to   *die Antwort auf*

Übungen

Setzen Sie die passende Präposition in die Lücke ein:

a. We ought to put the bookcase ... (*zwischen*) the standard lamp and the television set.
b. David lives ... (*in*) a cottage ... (*neben*) the post office.
c. In the cinema Julie was dismayed to find that the man sitting ... (*vor*) her was wearing a huge hat.
d. No one wants to live ... (*in der Nähe von*) the factory.
e. Philippa stood ... (*auf*) the chair so that she could replace a lightbulb.
f. Andrew looked forward to seeing his porcelain ducks hanging ... (*an*) the wall ... (*über*) the fireplace.
g. She finally found the wedding-ring ... (*unter*) a pile of washing.
h. Mr. and Mrs. Prentice found it quite easy to paddle ... (*über*) the river in their canoe.

i. The Thorntons always go on holiday ... (*zu*) Easter.
j. Most nights the House of Commons does not conclude its business ... (*bis*) 1 a.m.
k. The English Civil War occured more than 340 years ... (*vor*).
l. Gladstone could not walk ... (*an ... vorbei*) a bookshop without going in.
m. Lucy McCrumb went ... (*nach*) Harvard to take her degree.
n. We went ... (*in*) the theatre ... (*mit*) taxi to see a new play ... (*von*) Harold Pinter.
o. ... (*seit*) the death of Francis Bacon, Lucien Freud is regarded as the best figurative artist in Britain.
p. Disraeli became Prime Minister ... (in) 1874.
q. Colin Aukland was known as "titch" ... (*wegen*) his size.
r. There is a documentary on television tonight ... (*über*) the Norman Conquest.
s. Mrs. Cotton managed to sing well ... (*trotz*) her nervousness.
t. In the eyes of many Philip Larkin looked ... (*wie*) Eric Morecambe.
u. ... (*im Gegensatz zu*) many people in England, Tracy prefers coffee to tea.
v. Manchester United are one of the richest football teams in Britain ... (*laut*) reports in the press.
w. Trains are already travelling ... (*durch*) the Channel Tunnel.
x. The opposition is ... (*gegen*) the government's proposals.
y. The Humber Bridge is ... (*ungefähr*) a mile long.
z. The shop will be closed ... (*von*) April ... (*bis*) July.

Lösungen

a. between	j. until	s. despite/in spite of
b. in; next to	k. ago	t. like
c. in front of	l. past	u. Unlike
d. near	m. to	v. according to
e. on	n. to; by; by	w. through
f. on; over	o. Since	x. against
g. under	p. in	y. about
h. across	q. because of	z. from ... to
i. at	r. about	

8. Konjunktionen

Grundwissen: Konjunktionen (Bindewörter) dienen dazu, Wörter miteinander (1), Hauptsätze untereinander (2) und Nebensätze mit Hauptsätzen (3) zu verknüpfen:

(1) *Bill and Ben*
     you and I
(2) *You buy a paper and I'll buy some milk.*
     John is a gardener and Mary is a teacher.
(3) *Wash your hands before you eat dinner.*
     David put on his coat because it was raining.

Man unterscheidet zwei verschiedene Hauptklassen von Konjunktionen, nämlich koordinierende und subordinierende Konjunktionen.

8.1. Koordinierende Konjuktionen

Koordinierende Konjunktionen (beiordnende Bindewörter) verbinden grammatikalisch gleichartige Wörter, Satzteile oder Sätze. Die nebeneinander stehenden Teile werden in diesem Fall als gleichermaßen wichtig erachtet (1):

(1) *Tom and Jerry*
     You read a book and I'll do the washing up.

Welche koordinierende Konjuktion man auswählt, hängt von der Art des Verhältnisses ab, das man ausdrücken möchte.

Dementsprechend lassen sich die koordinierenden Konjuktionen in vier Klassen einteilen.

Die erste Klasse bilden die kopulativen Konjunktionen (die reihenden Bindewörter). Zu dieser Klasse gehören z. B. *and* (2), *also* (3), *as well as* (4), *both ... and* (5), *not only ... but also* (6) und *neither ... nor* (7):

(2) *He played cards and she watched television.*	*Er spielte Karten, und sie sah fern.*
(3) *His mother and also his father came round.*	*Seine Mutter und auch sein Vater sind vorbeigekommen.*
(4) *Little Toby would like a brother as well as a sister.*	*Der kleine Toby möchte sowohl einen Bruder als auch eine Schwester.*

(5) *Both his paintings and his furniture are valuable.*	*Sowohl seine Bilder als auch seine Möbel sind wertvoll.*
(6) *You should bring with you not only a raincoat but also sturdy shoes.*	*Sie sollten nicht nur einen Regenmantel, sondern auch robuste Schuhe mitbringen.*
(7) *Neither my father nor I will be present.*	*Weder mein Vater noch ich werden anwesend sein.*

Als zweite Klasse von koordinierenden Konjunktionen sind die disjunktiven Konjunktionen (die ausschließenden Bindewörter) zu nennen. Dazu gehören z. B. *or* (8) und *either ... or* (9):

(8) *Would you like a whisky or a brandy?*	*Möchten Sie einen Whisky oder einen Weinbrand?*
(9) *We could either go to the cinema or stay at home.*	*Wir könnten entweder ins Kino gehen oder zu Hause bleiben.*

Die dritte Klasse von koordinierenden Konjunktionen bilden die adversativen und restriktiven Konjunktionen (die entgegensetzenden und einschränkenden Bindewörter). Dazu zählen z. B. *but* (10), *however* (11), *nevertheless* (12) und *yet* (13):

(10) *The weather was sunny but not too hot.*	*Das Wetter war sonnig, aber nicht zu heiß.*
(11) *I drink lots of tea, however never with milk.*	*Ich trinke viel Tee, jedoch nie mit Milch.*
(12) *She is not very tall, nevertheless she's got big feet.*	*Sie ist nicht sehr groß und hat trotzdem große Füße.*
(13) *The film was long yet never boring.*	*Der Film war lang, aber nie langweilig.*

Als vierte Klasse von koordinierenden Konjunktionen sind die kausalen Konjunktionen (die begründenden Bindewörter) zu nennen, z. B. *for* (14):

(14) *Alice was very happy, for she had just passed an important examination.*	*Alice war sehr glücklich, denn sie hatte gerade eine wichtige Prüfung bestanden.*

8.2. Subordinierende Konjunktionen

Subordinierende Konjunktionen (unterordnende Bindewörter) verbinden Nebensätze mit dem übergeordneten Satz. Sie dienen dazu, die Art des Verhältnisses zwischen den Satzteilen auszudrücken (1):

(1)   *He had to travel by bus because his car had broken down.*
      Jane is going on holiday to Greece, where it is always warm.
      Julian went into town in order to buy a newspaper.

Man kann acht Klassen von subordinierenden Konjunktionen unterscheiden.

Die erste Klasse von subordinierenden Konjunktionen bilden die Konjunktionen der Zeit. Dazu gehören z. B. *when* (2), *before* (3), *after* (4), *since* (5), *as* (6), *whenever* (7), *as soon as* (8) und *until* (9):

(2) *Robert had to bring in the washing when it began to rain.*	*Robert musste die Wäsche hereinbringen, als es zu regnen begann.*
(3) *Julia had to finish her homework before she could watch television.*	*Julia musste ihre Hausaufgaben fertig machen, bevor sie fernsehen durfte.*
(4) *After he had got on the train, Jim fell asleep.*	*Nachdem er in den Zug eingestiegen war, schlief Jim ein.*
(5) *Has anyone phoned since I've been gone?*	*Hat jemand angerufen, seitdem ich gegangen bin?*
(6) *As she opened the door, Sue dropped her key.*	*Als Sue die Tür öffnete, ließ sie ihren Schlüssel fallen.*
(7) *Whenever he's away, Alan calls his wife three times a day.*	*Jedes Mal, wenn Alan weg ist, ruft er dreimal am Tag seine Frau an.*
(8) *As soon as they arrive I'll serve dinner.*	*Sobald sie ankommen, werde ich das Essen servieren.*
(9) *I'll wait until the train leaves.*	*Ich werde warten, bis der Zug abfährt.*

Zur zweiten Klasse von subordinierenden Konjunktionen zählen die Konjunktionen der Bedingung. Dazu rechnen z. B. *if* (10), *even if* (11), *unless* (12), *as long* (13) und *in case* (14):

(10) *If it rains tomorrow, I'll clean the flat.*	*Wenn/Falls es morgen regnet, werde ich die Wohnung sauber machen.*
(11) *Claire couldn't have done it even if she'd wanted to.*	*Claire hätte es nicht tun können, selbst wenn sie es gewollt hätte.*
(12) *Unless you eat your greens you will never be big and strong.*	*Wenn du dein grünes Gemüse nicht isst, wirst du nie groß und stark sein.*

(13) *As long as you stay there,*   *Solange du dableibst, bist du*
       you will be safe.   *sicher.*
(14) *You had better take an umbrella*   *Sie nehmen lieber einen*
       with you in case it rains.   *Schirm mit, falls es regnet.*

Als dritte Klasse von subordinierenden Konjunktionen sind die Konjunktionen des Grundes zu nennen. Darunter fallen z. B. *because* (15), *as* (16) und *since* (17):

(15) *Kenneth is celebrating*   *Kenneth feiert, weil er fünf-*
       because he's won five   *tausend Pfund gewonnen*
       thousand pounds.   *hat.*
(16) *As it was hot, he was only*   *Da es heiß war, trug er nur*
       wearing a pair of shorts.   *Shorts.*
(17) *Since he was on a diet, he*   *Da er eine Schlankheitskur*
       could not eat the pudding.   *machte, durfte er die Nach-*
                                  speise nicht essen.

Die vierte Klasse von subordinierenden Konjunktionen bilden die Konjunktionen der Einräumung und des Gegensatzes. Zu dieser Klasse gehören z. B. *although/though* (18), *while* (19) und *whereas* (20):

(18) *Although/though he was only*   *Obwohl er nur fünfzehn war,*
       fifteen, he was already   *war er schon größer als sein*
       taller than his father.   *Vater.*
(19) *While the others ate steak,*   *Obwohl/Während die anderen*
       he had lamb.   *Steak aßen, aß er Lamm.*
(20) *Teresa likes wine, whereas*   *Teresa trinkt gern Wein, wäh-*
       her husband prefers beer.   *rend ihr Mann Bier bevorzugt.*

Zur fünften Klasse von subordinierenden Konjunktionen zählen die Konjunktionen der Absicht oder des Zwecks, z. B. *in order that/so that* (21) und *in order to* (22):

(21) *He spoke slowly in order*   *Er sprach langsam, damit ihn*
       that/so that no one might   *niemand falsch verstehen*
       misunderstand him.   *sollte.*
(22) *She was working in the*   *Sie arbeitete abends, um ein*
       evenings in order to earn   *wenig Geld zu verdienen.*
       a little money.

Als sechste Klasse von subordinierenden Konjunktionen sind die Konjunktionen des Vergleiches zu nennen. Dazu rechnen z. B. *as* (23), *as if* (24) und *than* (25):

(23) *He steered the boat as he had been taught to.*	*Er steuerte das Boot, wie man es ihm beigebracht hatte.*
(24) *The dog looked at us as if it expected a reward.*	*Der Hund sah uns an, als ob er eine Belohnung erwartete.*
(25) *The journey took longer than I expected.*	*Die Fahrt dauerte länger, als ich erwartet hatte.*

Die siebte Klasse von subordinierenden Konjuktionen bilden die Konjunktionen der Folge, z. B. *so ... that* (26) und *such ... that* (27):

(26) *The sun was so bright that Fiona had to put on her sunglasses.*	*Die Sonne war so hell, dass Fiona ihre Sonnenbrille anziehen musste.*
(27) *He had such a bad cold that he had to stay in bed.*	*Er hatte eine so schwere Erkältung, dass er im Bett bleiben musste.*

Übungen

Setzen Sie die passenden Konjunktionen in die Lücken ein:

a. Alice is going to go to Sicily for a week ... (*und*) Martin is staying at home to finish respraying his car.

b. Would you like a red wine to accompany your meal ... (*oder*) would you prefer white?

c. John was happy to be invited round to the embassy ... (*denn*) he wanted to meet the new ambassador.

d. The car shuddered reluctantly to life ... (*als*) she turned the key in the ignition for the third time.

e. ... (*Sobald*) I take the washing out, it always begins to rain cats and dogs.

f. Philip Larkin turned down the opportunity to become Poet Laureate in Britain ... (*weil*) he felt unable to write any more poems.

g. Gripping the microphone in his left hand, he belted out the song ... (*wie*) only he could.

h. Out walking with Coleridge, Wordsworth always took a notepad with him ... (*falls*) he should be gripped suddenly by poetic inspiration.

i. Things went from bad to worse in the coffee house ... (*als*) Jonathan Swift noticed that his usual seat was occupied by John Gay.

j. The dons were so pleased with their new master ... (*dass*) they held a dinner in his honour.

k. ... (*Solange*) you like hilly landscapes, you can lead a good life in the Yorkshire Dales.

l.   ... (*Jedes Mal, wenn*) Lorna visits London she goes to see her favourite paintings in the National Gallery.

m.   Dominic had enough time to visit ... (*sowohl*) the castle ... (*als auch*) the nearby abbey.

n.   ... (*Weder*) Darren ... (*noch*) his father could understand why the television set would not work.

o.   Mr. Oldridge did not notice that he was lost ... (*bis*) he reached the end of the footpath.

p.   ... (*Wenn ... nicht*) he was mistaken, the birdwatcher had just caught a glimpse of the rare golden eagle.

q.   ... (*Obwohl*) everyone had met the managing director, no one knew him very well.

r.   ... (*Um zu*) get up so early every morning, Judith had to go to bed at 9 o'clock every evening.

s.   Throughout the lecture, Deborah looked ... (*als ob*) she was about to fall asleep at any moment.

t.   Cordelia always wanted to become a mechanic ... (*während*) her brother was determined to become a famous actor.

u.   ... (*Wenn/Falls*) George phones, can you tell him that I've just popped out to buy some milk?

v.   This year Thomas has cultivated more potatoes in his allotment ... (*als*) he can possibly eat himself.

w.   He had ... (*so*) a long time to wait ... (*dass*) he decided to do a bit of sightseeing.

y.   Christopher couldn't program a video recorder ... (*selbst wenn*) he had the operating instructions in front of him.

y.   Victor wanted to buy himself a new pair of shoes ... (*aber*) he couldn't find a pair he liked.

Lösungen

a.	and	j.	(so ...) that	r.	In order to
b.	or	k.	As long as	s.	as if
c.	for	l.	Whenever	t.	whereas
d.	when/as	m.	both ... and	u.	If/In case
e.	As soon as	n.	Neither ... nor	v.	than
f.	because	o.	until	w.	such ... that
g.	as	p.	Unless	x.	even if
h.	in case/if	q.	While/Although/ Though	y.	but
i.	as/when				

9. Interjektionen

Grundwissen: Interjektionen (Empfindungswörter) sind lautmalende Wörter, die dazu dienen, einer Willensäußerung oder einem starken Gefühl wie Überraschung, Aufregung oder Ablehnung Ausdruck zu verleihen; ihnen folgt in der Regel ein Ausrufezeichen. Den Interjektionen stehen viele Kurzsätze in Ausrufeform nahe, die deshalb an dieser Stelle mitbehandelt werden sollen.

Hinweis: Zum Teil haben Interjektionen bzw. Kurzsätze verschiedene Bedeutungen. Ob z. B. *Excuse me!* Entrüstung oder Höflichkeit ausdrückt, hängt von der Betonung und vom Kontext ab.

9.1. Äußerungen körperlicher und seelischer Empfindungen

Es gibt im Englischen mehrere Interjektionen bzw. Kurzsätze, die **Bestürzung** anzeigen (1):

(1)	*Oh dear!*	*Oje! Ach du meine Güte!*
	Oh no!	*O nein!*
	Oh God!	*O Gott!*
	Cripes!	*Mann!*
	Heavens above!	*Du lieber Himmel!*

Hinweis: Interjektionen bzw. Kurzsätze wie *Damn and blast!* und *Oh damn!* (Verdammt) sind ziemlich informell, und man sollte sie in formellen Kontexten vermeiden.

Im Englischen findet man mehrere Interjektionen bzw. Kurzsätze, die Entrüstung oder Protest bezeichnen (2):

(2)	*It's outrageous!*	*Das ist eine Unverschämtheit!*
	Goodness gracious!	*Ach du liebe Güte!*
	Really!	*Also wirklich!*
	I say!	*Na so was!*
	Well!	*Also bitte!*
	Good God!	*Großer Gott!*
	What a liberty!	*So eine Frechheit!*
	Hell's bells!	*Heiliger Strohsack!*
	Hell's teeth!	*Heiliger Bimbam!*
	Oh!	*Ach!*
	It's just not on!	*Das gibt es einfach nicht/ Es geht nicht!*

Excuse me!	*Erlauben Sie mal!*
Pardon me!	*Erlauben Sie mal!*
Thank you!	*Vielen Dank!*

Hinweis: Die letzten drei Kurzsätze (*Excuse me!*, *Pardon me!* und *Thank you!*) sind ironisch betont, wenn sie als Ausdrücke der Entrüstung verwendet werden.

Im Englischen gibt es viele Interjektionen bzw. Kurzsätze der Anerkennung oder Zustimmung (3):

(3)	*OK! (Okay!)*	*O. K.! (Okay!)*
	All right!	*Gut!/Schön!*
	Right on!	*Super!*
	Well done!	*Gut gemacht!/Sehr gut!*
	Good!	*Gut!/Schön!*
	Good enough!	*Schön!*
	Fine!	*Gut!*
	That's fine!	*Gut!/In Ordnung!*
	Indeed!	*Wirklich!*
	Oh yes!	*O ja!*
	That's settled then!	*Das ist also klar!*
	Too true!	*Das ist nur zu wahr!*
	I should think so!	*Das will ich aber auch gemeint haben!*
	I see!	*Aha!/Ach so!*
	Cool!	*Schön!*
	Of course!	*Natürlich!/Klar!*
	By all means!	*Aber selbstverständlich!/ Aber natürlich!*
	Certainly!	*Sicher!/Gewiss!*
	With pleasure!	*Sehr gerne!/Mit Vergnügen!*
	That's it!	*Das ist es!/Gut so!/Richtig!*
	Whoo! whoo!	*Hurra!*
	Hoorah!	*Hurra!*
	Whoopee!	*Hurra!*
	Hear, hear!	*Richtig!/Hört, hört!*
	Bravo!	*Bravo!*

Hinweis: *Bravo!* wird normalerweise nach einem Stück, einem Konzert oder einer Oper gebraucht.

Man findet im Englischen viele Interjektionen bzw. Kurzsätze, die Freude oder Überraschung ausdrücken (4):

(4) Goodness gracious!   Ach du meine Güte!
     Crikey!   Mann!
     Great!   Toll!/Großartig!
     Gosh!   Mensch!
     Golly!   Menschenskind!
     Wow!   Wow!
     Good Lord!   Ach du lieber Himmel!
     Well I never!   Nein, so was!
     Really!   Wirklich!
     Oh!   Oh!
     Tremendous!   Toll!/Prima!
     Fantastic!   Toll!/Phantastisch!
     Terrific!   Klasse!
     Sound!   Prima!
     Fancy!   Nein, so was!
     Just fancy that!   So was!/Denk mal an!
     You don't say!   Nein, wirklich!

Im Englischen zeigen viele Interjektionen bzw. Kurzsätze Ärger, starke
Uneinigkeit und Abwertung an (5):

(5) Rubbish!   Quatsch!
     Nonsense!   Unsinn!
     Stuff and nonsense!   Dummes Zeug!
     Shame!   Schäm dich!/Schämt euch!
     Tut-tut!   Na, na!
     Shame on you!   Du solltest dich schämen!/
                                     Ihr solltet euch schämen!

     Poppycock!   Blödsinn!
     Captrap!   Blödsinn!
     Bloody hell!   Verdammt!
     Christ almighty!   Herrgott!
     For Christ's sake!   Um Himmels willen!
     Hell!   So'n Mist!/Verdammt noch mal!
     To hell with it!   Verdammt noch mal!
     Hell's teeth!   Zum Kuckuck noch mal!
     God forbid!   Gott behüte!/bewahre!
     Not on your life!   Ich bin doch nicht verrückt!
     Not on your nelly!   Nie im Leben!
     Tell that to the marines!   Das kannst du deiner Groß-
                                     mutter erzählen!

Hinweis: Obwohl diese Interjektionen relativ mild ausfallen, könnten sie
auch jemanden beleidigen. Deswegen muss man sie vorsichtig einsetzen.

Es gibt im Englischen mehrere Interjektionen des Ekels (6):

(6) *Ugh!* *I!/Igitt!*
 Yuk! *Bäh!*
 Pooh! *Puh!/Pfui!*
 Phew! *Mensch!/Puh!*

Pooh! und *Phew!* werden normalerweise verwendet, wenn etwas unangenehm riecht (7):

(7) *Pooh! When did you last* *Puh! Wann hast du zum letzten*
 change your socks? *Mal deine Socken ge-*
 wechselt?

Phew! kann auch eine Reaktion auf die Hitze (8) und ein Ausdruck der Erleichterung sein (9):

(8) *Phew! It's hot in here!* *Mensch! Ist es aber heiß hier*
 drin!
(9) *Phew! We made it!* *Mensch! Wir haben es*
 geschafft!

Die gewöhnlichen englischen Interjektionen der Resignation sind (10):

(10) *Oh well!* *Na ja!*
 Heigh ho! *Nun ja!*

Die Interjektionen, die Schmerz ausdrücken, lauten (11):

(11) *Ouch!* *Autsch!*
 Ow! *Aua!*
 Ooyah! *Aua!*
 Ooh! *Oh!*

Die Interjektionen bzw. Kurzsätze des Trostes, des Mitleids und der Besorgnis im Englischen heißen (12):

(12) *What a pity!* *Schade!*
 There! There! *Na, na!*
 Never mind! *Macht nichts!*
 I'm sorry! *Es tut mir Leid!*
 Come come! *Komm!*
 Come now! *Na, na!*
 Bad luck! *So ein Pech!*

Es gibt mehrere Interjektionen bzw. Kurzsätze der Betonung im Englischen (13):

(13) *Really and truly!*	*Wirklich!*
Once and for all!	*Ein für allemal!*
That's that!	*Basta!*
Honest!	*Ehrlich!*
I swear it!	*Ich kann das beschwören!*
Take it from me!	*Das können Sie mir glauben!*
Mark my words!	*Eins kann ich dir sagen!*

Wenn man Ablehnung ausdrücken will, kann man die folgenden Kurzsätze verwenden (14):

(14) *Certainly not!*	*Ganz bestimmt nicht!/Auf keinen Fall!*
Out of the question!	*Ausgeschlossen!*
No way!	*Ausgeschlossen!*

Um Gleichgültigkeit zu zeigen, kann man die folgenden Interjektionen bzw. Kurzsätze gebrauchen (15):

(15) *So what?*	*Na und?*
I don't care a jot!	*Das ist mir schnurzegal!*
What do I care?	*Was geht mich das an?*
I couldn't care less!	*Das ist mir doch völlig egal!*

9.2. Anrufe, Aufforderungen und Ermunterungen

Es gibt im Englischen mehrere Interjektionen bzw. Kurzsätze, die als Anrufe oder brüske Befehle verwendet werden. Sie sind alle relativ informell und sollten im höflichen Umgang gemieden werden (1):

(1) *Hey!*	*He (Sie/Du)!*
Oi!	*He (Sie/Du)!*
Ssh!/Hush!	*Scht!*
(Be) quiet!	*Ruhe!*
Shut up!	*Halt den Mund!*
Pipe down!	*Halt die Luft an!*
Leave me alone!	*Lass mich in Ruhe!*
Get out!	*Raus!*
Get lost!	*Verschwinde!*
Clear off!	*Verschwinde!*
Cooee!	*Huhu!*

Mind your own business!	*Kümmern Sie sich um Ihre eigenen Angelegenheiten!*
Mind your language!	*Drück dich anständig aus!*
Mind!	*Pass auf!*
Look out!	*Pass auf!*
Watch out!	*Achtung!/Vorsicht!*
Hold on!	*Moment!*
Hold it!	*Momentchen!/Moment mal!*
Hurry up!	*Beeilung!/Beeil dich!*
Get a move on!	*Beeil dich!*
Get/Put your skates on!	*Mach/macht mal ein bisschen dalli!*
Calm down!	*Beruhigen Sie sich!*
Keep your cool!	*Reg dich nicht auf!*
Cool it!	*Reg dich ab!*
Cool down!	*Reg dich ab!*

Die üblichen Kurzsätze der Ermunterung lauten (2):

(2)	*No harm done!*	*Nichts passiert!*
	Go on, try!	*Na, versuch's doch!*

9.3. Höflichkeits- und Begrüßungsformeln

Es gibt im Englischen viele Interjektionen bzw. Kurzsätze der Verbindlichkeit und Höflichkeit (1):

(1)	*Don't mention it!*	*Gern geschehen!*
	That's quite all right!	*Schon gut!/Gern geschehen!*
	Pardon?	*Wie bitte?*
	I beg your pardon?	*Wie bitte?*
	Pardon me?	*Wie bitte?*
	Pardon me!	*Entschuldigung!/Verzeihung!*
	Sorry!	*Entschuldigung!/Verzeihung!*
	Sorry?	*Wie bitte?*
	I'm sorry!	*Es tut mir Leid!*
	Thanks!	*Danke!*
	Thank you!	*Danke (schön)!*
	Thank you very much!	*Vielen Dank!*
	No thank you!	*Nein, danke!*
	Yes, thank you!	*Ja, bitte/danke!*
	Cheers!	*Prost!/Danke!/Tschüss!*
	Cheerio!	*Wiedersehen!/Servus!/Prost!*
	Ta!	*Danke!*

Dazu gehören auch die Begrüßungsformeln (2):

(2) *Hello!*   *Hallo!/Guten Tag!/Grüß Gott!*
    Good morning!   *Guten Morgen!*
    Good afternoon!   *Guten Tag!/Grüß Gott!*
    Good evening!   *Guten Abend!*
    Good night!   *Gute Nacht!*
    How do you do?   *Guten Tag!/Grüß Gott!*
    How are you?   *Wie geht's?*
    Bye-bye!   *Auf Wiedersehen!*
    Bye!   *Tschüss!*
    Ta-ta!   *Tschüss!*
    Toodle-oo!   *Tschau!*
    See you!   *Wiedersehen!/Servus!*

Übung

Welche Empfindung drücken die folgenden Injektionen aus:

a. Ouch!   e. Crikey!   i. What a liberty!
b. Heigh ho!   f. Indeed!   j. Hear, hear!
c. Ugh!   g. Well!   k. Gosh!
d. Rubbish!   h. Oh dear!   l. Nonsense!

Lösung

a. Schmerz   f. Anerkennung,   j. Anerkennung,
b. Resignation   Zustimmung   Zustimmung
c. Ekel   g. Entrüstung,   k. Überraschung,
d. Ärger, starke   Protest   Freude
   Uneinigkeit   h. Bestürzung   l. Ärger, starke
e. Überraschung,   i. Entrüstung,   Uneinigkeit
   Freude   Protest

10. Zahlwörter

Grundwissen: Zahlwörter drücken eine Anzahl in schriftlicher Form aus.

10.1. Die Grundzahlen

Die Grundzahlen werden so geschrieben (1):

(1)
0 *nought*	11 *eleven*	30 *thirty*
1 *one*	12 *twelve*	40 *forty*
2 *two*	13 *thirteen*	50 *fifty*
3 *three*	14 *fourteen*	60 *sixty*
4 *four*	15 *fifteen*	70 *seventy*
5 *five*	16 *sixteen*	80 *eighty*
6 *six*	17 *seventeen*	90 *ninety*
7 *seven*	18 *eighteen*	100 *a/one hundred*
8 *eight*	19 *nineteen*	
9 *nine*	20 *twenty*	
10 *ten*	21 *twenty-one usw.*	

101 *a/one hundred and one*
173 *a/one hundred and seventy-three*
200 *two hundred*
1,000 *a/one thousand*
1,082 *a/one thousand and eighty-two*
1,000,000 *a/one million*
1,000,000,000 *Br. a/one thousand million*
               Am. a/one billion
1,000,000,000,000 *Br. a/one billion*
               Am. a/one trillion

Hinweis: Grundzahlen über 1.000 werden im Englischen durch Kommas gegliedert. Vor 100, 1000, 100.000 usw. steht normalerweise der unbestimmte Artikel *a* (2) (→ 2.3. Bsp. 27). Wenn man aber die Anzahl betonen will, kann *one* vor dem Zahlwort stehen (3):

(2) *He spent a hundred pounds.*
(3) *Altogether he spent one million dollars.*

In der Regel erhalten *hundred* usw. im Plural kein *-s*. Wenn man sie aber substantivisch (z. B. vor einem *of*-Genitiv (→ 1.6. Bsp. 31–38) verwendet, bekommen sie ein *-s* (4):

(4) *There were thousands of people at the football match.*

Sonderfall: Man kann die Zahl 0 auf mehrere verschiedene Weisen schreiben. Null heißt *nought*, wenn man den Zahlwert (5) meint, *zero*, wenn man an das Thermometer und andere Skalen (6) denkt, *o/oh*, wenn man eine Jahreszahl oder eine Telefonnummer (7) buchstabiert, und *nil*, wenn man Sportergebnisse (8) zusammenfaßt:

(5) $5 - 5 = 0$	*Five minus five is nought.*
(6) *The temperature has fallen*	*The temperature has fallen*
to twelve below 0.	*to twelve below zero.*
(7) *1905*	*nineteen oh-five*
762470	*Seven-six-two-four-seven-oh*
(8) *The half-time score is 2–0.*	*The half-time score is two–nil.*

Zusammengesetzte Zahlen

Man verbindet zweistellige Zahlen ab 21 durch einen Bindestrich zwischen Zehnern und Einern (9):

(9) 25 *twenty-five*		41 *forty-one*	
38 *thirty-eight*		94 *ninety-four*	

Man verbindet die Wörter *hundred, thousand, million* usw. mit den Zehner- und Einerzahlen durch die Konjunktion (→ 8. Bsp. 1) *and* (10):

(10) 113   *a/one hundred and thirteen*
     1,050   *one thousand and fifty*
     10,329 *ten thousand three hundred and twenty-nine*

10.2. Die Ordnungszahlen

Grundwissen: Ordnungszahlen stellen eine Rangfolge her (das Erste, das Zweite, ...). Um die meisten Ordnungszahlen zu bilden, muss man *th* an das Ende der Grundzahl anfügen. Dies gilt sowohl, wenn man eine Anzahl ausschreibt, als auch, wenn man eine Anzahl in Ziffern schreibt (1):

(1) Grundzahl	Ordnungszahl
six (6)	*sixth (6th)*
ten (10)	*tenth (10th)*
hundred (100)	*hundredth (100th)*
two thousand (2,000)	*two thousandth (2,000th)*

Es gibt aber einige unregelmäßig gebildete Ordnungszahlen (2):

(2) Grundzahl | Ordnungszahl
one (1) | *first (1st)*
two (2) | *second (2nd)*
three (3) | *third (3rd)*
five (5) | *fifth (5th)*
eight (8) | *eighth (th)*
nine (9) | *ninth (9th)*
twelve (12) | *twelfth (12th)*

twenty-one (21) | *twenty-first (21st)*
twenty-two (22) | *twenty-second (22nd)*
usw.

Wenn eine Grundzahl mit *-ty* endet (z. B. *twenty*), bildet man ihre Ordnungszahl, indem man das *-ty* am Zahlenende durch *-tieth* ersetzt (3):

(3) Grundzahl | Ordnungszahl
twenty (20) | *twentieth (20th)*
thirty (30) | *thirtieth (30th)*
usw.

Hinweis: Wenn römische Ziffern einem Personennamen folgen, werden sie als Ordnungszahlen ausgesprochen (4):

(4) *Elizabeth II* | *Elizabeth the Second*
George Hamilton IV | *George Hamilton the Fourth*

10.3. Jahreszahlen und Daten

Jahreszahlen werden normalerweise als zwei einzelne Zahlen gesprochen. Die erste Zahl ist die des entsprechenden Jahrhunderts, darauf folgen Dekade und Jahr als eine Zahl (1):

(1) *376* | *three seventy-six*
1702 | *seventeen oh-two*
1994 | *nineteen ninety-four*

Hinweis: Im Gegensatz zum Deutschen wird das Wort *hundred* (*Hundert*) im Englischen selten bei Jahreszahlen mitgesprochen (2):

(2) *nineteen sixty-one* | *neunzehnhunderteinundsechzig*

Bei Daten kann man den Tag vor dem Monat (3) oder umgekehrt (4) schreiben:

(3) *Geschrieben:* *3rd May(,) 1993 3 May(,) 1993*
   Gesprochen: *the third of May, nineteen ninety-three*
(4) *Geschrieben:* *May 3rd, 1993 May 3, 1993*
   Gesprochen: *May the third, nineteen ninety-three*

10.4. Uhrzeiten

Die Uhrzeiten werden in der Regel folgendermaßen ausgeschrieben (1):

(1) *1.00*   *one (o'clock)*
   1.05   *five (minutes) past one*
   1.15   *(a) quarter past one*
   1.23   *twenty-three minutes past one*
   1.30   *half past one*
   1.35   *twenty-five (minutes) to two*
   1.45   *quarter to two*
   1.53   *seven minutes to two*

Hinweis: Man kann das Wort *minutes* bei 5 Minuten und seinen Vielfachen weglassen.

Im Gegensatz zum Deutschen zählt man im Englischen die Stunden nur bis 12 und fängt dann wieder bei 1 an. Um zwischen vormittags und nachmittags zu unterscheiden, verwendet man a.m. (*ante meridiem*) für 0–12 Uhr und *p.m.* (*post meridiem*) für 12–24 Uhr (2). Andernfalls muss man Redewendungen wie *in the morning* oder *in the evening* (3) benutzen:

(2) *2.00 a.m.*   *two a.m.*
   4.30 p.m.   *four thirty p.m.*
   11.36 p.m.   *eleven thirty-six p.m.*
(3) *two o'clock in the morning*
   half past four in the afternoon
   twenty-four minutes to eleven at night

Hinweis: In der gesprochenen Sprache sind diese Redewendungen (3) gebräuchlicher als *a.m.* und *p.m.*

Sonderfall: Bei Fahrplänen werden die Stunden normalerweise von 0 bis 24 Uhr gezählt (4):

(4) *Depart Hull 12.05 (twelve oh-five)*
   Arrive Oxford 17.30 (seventeen thirty)

10.5. Wiederholungszahlen

Wiederholungszahlen antworten auf die Frage *wie oft*? In der Regel bildet man die Wiederholungszahlen, indem man *times* an die Grundzahl anschließt. Die Ausnahmen sind die Wiederholungsformen von 1 und 2 (1):

(1) *once*   *einmal*
    twice   *zweimal*
    three times   *dreimal usw.*
    four times
    five times
    six times usw.

    I called three times but no   *Ich habe schon dreimal ange-*
    one answered.   *rufen, aber niemand hat*
                                        abgenommen.

Sonderfall: Manchmal findet man *thrice* statt *three times*. Dies ist aber eine veraltete Form, und man sollte sie normalerweise nicht mehr verwenden.

10.6. Vervielfältigungszahlen

In der Regel bildet man die Vervielfältigungszahlen, indem man die Endung *-fold* an die Grundzahl anhängt. Die niedrigen Zahlen haben Alternativformen, die jedoch – mit Ausnahme von *single, double, triple/treble* und *quadruple* – kaum verwendet werden. Die seltenen Formen stehen in den folgenden Beispielen in Klammern (1):

(1) *single*   *einfach*
    double (twofold)   *zweifach*
    treble, triple (threefold)   *usw.*
    quadruple (fourfold)
    fivefold (quintuple)
    sixfold (sextuple)
    sevenfold (septuple)
    eightfold
    ninefold usw.

    manifold   *vielfach*

    Last year our firm had a   *Im letzten Jahr erreichte*
    fourfold increase in profit.   *unsere Firma eine vierfache*
                                       Gewinnerhöhung.

10.7. Gemeine Brüche

Wenn man gemeine Brüche ausschreibt, verwendet man als Nenner normalerweise eine Ordnungszahl (→ 10.2. Bsp. 1) (1):

(1) *a/one third*   *ein Drittel*
    a/one fifth   *ein Fünftel*
    a/one sixth   *ein Sechstel*
    usw.

Sonderfall: Es gibt zwei Ausnahmen (2):

(2) *a/one half*   *ein halb/eine Hälfte*
    a/one quarter   *ein Viertel*

Man kann auch *a/one fourth (ein Viertel)* sagen, aber dies ist ungebräuchlich.

Man bildet den Plural, indem man einfach *-s* an den Nenner anhängt (3):

(3) *two sevenths*   *zwei Siebtel*
    five ninths   *fünf Neuntel*

Die Pluralform von *half* ist *halves*.

Hinweis: Maßeinheiten folgen dem Bruch mit *of* (4):

(4) *two thirds of a mile*   *zwei Drittel einer Meile*

Sonderfall: Bei *half (halb)* folgen die Maßeinheiten normalerweise ohne *of* (5):

(5) *half a mile*   *eine halbe Meile*
    half a litre   *ein halber Liter*

10.8. Dezimalbrüche

Im Gegensatz zum Deutschen steht vor dem Dezimalbruch ein Punkt (1):

(1) geschrieben   gesprochen
    3.73   *three point seven three*
    8.193   *eight point one nine three*

Man spricht die Zahlen nach dem Punkt als einzelne Ziffer aus.

Wenn eine Null vor dem Punkt steht, wird sie normalerweise nicht ausgesprochen (2). Manchmal wird sie auch beim Schreiben weggelassen (3):

(2) geschrieben
    0.28

gesprochen
*point two eight (oder seltener:
    oh/nought point two eight)*

(3) *.004*

point oh oh four

Übungen

1. Schreiben Sie die folgenden Grundzahlen in Buchstaben aus:

   a. 25
   b. 7
   c. 1,005
   d. 2,569

   e. 98
   f. 250,341
   g. 1,040,726
   h. 250,105

   i. 753,005
   j. 10,581,082

2. Schreiben Sie die Ordnungsformen der folgenden Grundzahlen in Buchstaben aus:

   a. 1
   b. 11
   c. 153
   d. 10,002

   e. 7
   f. 212
   g. 103
   h. 20,000,689

   i. 58
   j. 75

3. Schreiben Sie die folgenden Jahreszahlen in Buchstaben aus:

   a. 1825
   b. 1653

   c. 1930
   d. 1066

   e. 1712

4. Schreiben Sie die folgenden Uhrzeiten in Buchstaben aus:

   a. 02.43
   b. 14.30

   c. 10.15
   d. 23.40

   e. 07.23
   f. 17.20

5. Schreiben Sie die folgenden Dezimalbrüche in Buchstaben aus:

   a. 2.005
   b. 7.5

   c. 3.1305
   d. .62

   e. 5.053
   f. 9.08302

6. Versuchen Sie, die folgenden gemeinen Brüche ins Englische zu übersetzen:

    a. zwei Drittel   d. fünf Dreizehntel
    b. drei Fünftel   e. drei Viertel
    c. eine Hälfte   f. sieben Zehntel

Lösungen

1. a. twenty-five
    b. seven
    c. a/one thousand and five
    d. two thousand five hundred and sixty-nine
    e. ninety-eight
    f. two hundred and fifty thousand three hundred and forty-one
    g. one million forty thousand seven hundred and twenty-six
    h. two hundred and fifty thousand one hundred and five
    i. seven hundred and fifty-three thousand and five
    j. ten million five hundred and eighty-one thousand and eighty-two

2. a. first
    b. eleventh
    c. one hundred and fifty-third
    d. ten thousand and second
    e. seventh
    f. two hundred and twelfth
    g. one hundred and third
    h. twenty million six hundred and eighty-ninth
    i. fifty-eight
    j. seventy-fifth

3. a. eighteen twenty-five
    b. sixteen fifty-three
    c. ninteen thirty
    d. ten sixty-six
    e. seventeen twelve

4. a. seventeen minutes to three (in the morning)
    b. half past two (in the afternoon)
    c. quarter past ten (in the morning)
    d. twenty to twelve (at night); oder: twenty to midnight
    e. twenty three minutes past seven in the morning
    f. twenty past five (in the afternoon)

5. a. two point oh oh five
    b. seven point five
    c. three point one three oh five oh two
    d. point six two
    e. five point oh five three
    f. nine point oh eight three

6. a. two thirds
    b. three fifths
    c. a/one half
    d. five thirteenths
    e. three quarters
    f. seven tenths

II. Satzbau

11. Der einfache Satz

Grundwissen: Anders als im Deutschen werden englische Aussage-sätze fast immer in der Reihenfolge Subjekt-Prädikat-Objekt struktu-riert. Die fünf üblichsten Formen des Satzbaus sind (1):

(1) Subjekt-Prädikat

I hesitated.
Accidents happen.

Subjekt-Prädikat-Subjektergänzung

Roses are red.
It appears harmless.
The television is broken.

Subjekt-Prädikat-direktes Objekt

Janet wrote a letter.
He caught the ball.

Subjekt-Prädikat-indirektes Objekt-direktes Objekt

Janet sent me a letter.
I gave her a present.
Peter cooked Betty a meal.

Subjekt-Prädikat-direktes Objekt-Objektergänzung

The news made me happy.
He called my brother a liar.
We regarded John as a risk.

11.1. Das Subjekt

Grundwissen: Das Subjekt sagt, wer oder was etwas tut oder ist. Es besteht meist aus einem Substantiv oder Pronomen und kann durch Attribute näher bestimmt werden (2):

(2)

Dogs eat dog food.	*Hunde fressen Hundefutter.*
Jogging through the forest is not my idea of fun.	*Durch den Wald zu joggen ist nicht meine Vorstellung von Spaß.*
Somebody was here while you were gone.	*Jemand war hier, während du weg warst.*
The chairman of the board of General Motors wrote me a letter.	*Der Vorstandsvorsitzende von General Motors hat mir einen Brief geschrieben.*
No matter how many times I travel this route, I see something new each time.	*Egal, wie oft ich diese Route fahre, jedes Mal sehe ich etwas Neues.*

Man kann das Subjekt eines Satzes finden, indem man sich überlegt, wer oder was die Tätigkeit (des Prädikats) ausführt.

Im Englischen ist das Subjekt also in fast allen Fällen vor dem Verb zu finden.

Sonderfall: In Sätzen mit *there + to be* kommt das eigentliche Subjekt nach dem Prädikat (3):

(3)   *There is no reason to panic.*   *Es besteht kein Grund zur Panik.*

      There are no polar bears in Africa.   *In Afrika gibt es keine Eisbären.*

      There is plenty of time to think it over.   *Es bleibt noch viel Zeit, um es sich zu überlegen.*

Sonderfall: Das Subjekt fällt in Imperativsätzen meist aus. In solchen Sätzen ist *you* das eigentliche Subjekt, es wird aber nicht erwähnt (4):

(4)   *Don't be ashamed to admit it.*   *Schämen Sie sich nicht, es zuzugeben.*

11.2. Subjektergänzung

Grundwissen: Eine Subjektergänzung ist entweder ein Substantiv, das das Subjekt umbenennt (1), oder ein Adjektiv, das es beschreibt (2). Subjektergänzungen treten immer in Zusammenhang mit bestimmten Verben (→ 6.10. Bsp. 1–5) auf:

(1) *His life was a constant struggle.* (Das Substantiv *struggle* benennt *life* – das Subjekt – um.)

Sein Leben war ein ständiger Kampf.

The play will be a failure. (Das Substantiv *failure* benennt das Subjekt *play* um.)

Das Theaterstück wird ein Misserfolg.

(2) *I became angry.* (Das Adjektiv *angry* beschreibt das Subjekt *I*.)

Ich wurde wütend.

That food smells good. (Das Adjektiv *good* beschreibt das Subjekt *food*.)

Dieses Essen riecht gut.

11.3. Das direkte Objekt

Grundwissen: Das direkte Objekt beantwortet die Frage wen? oder was? und erscheint nur in Zusammenhang mit transitiven Verben (→ 6.). Es bezeichnet wie im Deutschen die Person oder den Gegenstand, auf die eine Handlung zielt (1):

(1) *I ate a large pizza.*
Hans lifted the heavy box.

Ich aß eine große Pizza.
Hans hob die schwere Kiste.

11.4. Das indirekte Objekt

Das indirekte Objekt beantwortet die Frage wem? und gibt an, für wen die Handlung des Satzes geschieht. Es ähnelt dem Dativobjekt im Deutschen (1):

(1) *Please give me a large pizza.*   *Geben Sie mir bitte eine
                                         große Pizza.*

*I sent my girlfriend a dozen   Ich schickte meiner Freundin
red roses.*   ein Dutzend rote Rosen.

*Dr. Martin dictated a letter   Dr. Martin diktierte seiner
to his secretary.*   Sekretärin einen Brief.*

Im ersten Beispiel ist *me* das indirekte Objekt und *a large pizza* das
direkte Objekt. Das Subjekt (eigentlich *you*) fällt aus, weil es im Imperativ enthalten ist.

Indirekte Objekte kommen nur nach gewissen transitiven Verben (mit
direkten Objekten) vor. Die üblichsten sind (2):

(2) *to ask*   *fragen*
     to bring   *bringen*
     to buy   *kaufen*
     to find   *finden*
     to get   *holen*
     to give   *geben*
     to hand   *reichen*
     to lend   *leihen*
     to loan   *leihen*
     to offer   *bieten*
     to pay   *zahlen*
     to promise   *versprechen*
     to read   *vorlesen*
     to send   *schicken*
     to serve   *servieren*
     to show   *zeigen*
     to teach   *lehren*
     to tell   *sagen*
     to write   *schreiben*

11.5. Stellung der direkten und indirekten Objekte

Das indirekte Objekt steht meistens vor dem direkten Objekt (1). Wenn
das direkte Objekt kürzer ist als das indirekte, kommt es zuerst (2). In
diesem Fall wird das indirekte Objekt mit *to* angefügt:

(1) *I taught my son the art of   Ich brachte meinem Sohn die
fly-fishing.*   Kunst des Fliegenfischens bei.*

(2) *My father taught fly-fishing to*   *Mein Vater brachte einigen*
     a few of the neighbourhood   *Kindern aus der Nachbar-*
     youngsters.   *schaft das Fliegenfischen bei.*

Sollte sowohl das direkte als auch das indirekte Objekt in einem Satz aus
einem Pronomen bestehen, kommt das direkte Objekt zuerst (3):

(3) *Have you mentioned it to*   *Hast du es ihm gegenüber*
     him?   *erwähnt?*
     I recommended her to them.   *Ich empfahl sie ihnen.*

Bei einigen Verben steht immer *to* vor dem indirekten Objekt; in diesem
Fall wird das direkte Objekt grundsätzlich hinter das indirekte Objekt
gestellt (4):

(4) *Can you introduce me to*   *Kannst du mich Shannon*
     Shannon Davis?   *Davis vorstellen?*
     I can't explain physics to you   *Ich kann euch Physik nicht in*
     in just one semester.   *nur einem Semester erklären.*
     The guard said something to   *Der Wächter sagte etwas zu*
     my friend.   *meinem Freund.*
     I explained the whole thing   *Ich erklärte ihr die ganze*
     to her.   *Sache.*

Zu diesen Verben gehören (5):

(5) *to announce*   *ankündigen*
     to deliver   *liefern*
     to describe   *beschreiben*
     to dictate   *diktieren*
     to explain   *erklären*
     to introduce   *vorstellen*
     to mention   *erwähnen*
     to prove   *beweisen*
     to recommend   *empfehlen*
     to report   *berichten*
     to say   *sagen*
     to suggest   *vorschlagen*

Hinweis: Man beachte den Unterschied zwischen indirekten Objekten
mit *to* (6) und Adverbialbestimmungen (7) bzw. Adverbialsätzen (8) mit
to. Indirekte Objekte antworten auf die Frage *wem?* (6), während solche Adverbialbestimmungen und -sätze auf die Fragen *wohin?* (7) bzw.
wozu? (7, 8) antworten:

(6) *Wargrave handed the file to his assistant.*   *Wargrave gab die Akte seinem Assistenten.*

   I sent a dozen roses to my girlfriend.   *Ich schickte meiner Freundin ein Dutzend Rosen.*

(7) *The judge sent the convict to prison.*   *Der Richter schickte den für schuldig Befundenen ins Gefängnis.*

   Kenneth hadn't forgotten the documents, to his colleagues' relief.   *Kenneth hatte die Unterlagen zur Erleichterung seiner Kollegen nicht vergessen.*

(8) *I took a walk to collect my thoughts.*   *Ich machte einen Spaziergang, um meine Gedanken zu ordnen.*

Betonung des indirekten Objekts

Wenn man das indirekte Objekt betonen möchte, stellt man es (mit *to* oder *for*) hinter das direkte Objekt (9):

(9) *I don't lend my car to just anyone.*   *Ich verleihe mein Auto nicht an jeden.*

   I bought a few for myself.   *Ich kaufte einige für mich selbst.*

Betonung direkter Objekte am Satzanfang

Direkte Objekte im Zusammenhang mit *that, this, these, those* können am Satzanfang erscheinen. Die Wortstellung des restlichen Satzes bleibt erhalten (10):

(10) *That aspect of the job she never liked.*   *Diese Seite der Aufgabe mochte sie nie.*

   Those suggestions he dismissed right away.   *Diese Vorschläge hat er sofort abgewiesen.*

Stellung der Objekte in den zusammengesetzten Zeitformen

Im Gegensatz zum Deutschen bleibt im Englischen die Stellung eines Objekts bei Gebrauch zusammengesetzter Zeitformen unverändert. Das Objekt erscheint also im Unterschied zum Deutschen nicht zwischen den Teilen des Verbs (11):

(11)	*She congratulated me.*	*Sie gratulierte mir.*
	She will congratulate me.	*Sie wird mir gratulieren.*
	She has congratulated me.	*Sie hat mir gratuliert.*
	She would have congratulated me.	*Sie hätte mir gratuliert.*

11.6. Objektergänzung

Grundwissen: Eine Objektergänzung ist entweder ein Substantiv, das das Objekt umbenennt (1), oder ein Adjektiv, das es beschreibt (2). Objektergänzungen treten immer nach dem direkten Objekt auf:

(1)	*No sailor would ever call a ship a boat.*	*Kein Seemann würde jemals ein Schiff ein Boot nennen.*
(2)	*Her beauty can make a strong man weak.*	*Ihre Schönheit kann einen starken Mann schwach machen.*

Objektergänzungen treten in Zusammenhang mit gewissen Verben (→ 6.10. Bsp.) auf (3):

(3)	*to appoint*	ernennen	*He will be appointed acting chairman of the committee.*
	to call	bezeichnen	*Mr. Hagen called Tanya a credit to her profession.*
	to consider	halten für	*I consider collecting phonecards a waste of time.*
	to elect	wählen	*The student body elected Lance class president.*

to find	*finden*	*Critics found the play a colossal bore.*
to make	*machen*	*Flanigan made poverty the subject of his new book.*
to think	*halten für*	*He had always thought it impossible.*

Bei einigen Verben benutzt man *as* zwischen Objekt und Objektergänzung (4):

(4)	*to look upon*	*betrachten*	*Todd looks upon Jeff as a close friend.*
	to recognize	*erkennen*	*I recognized her as the actress in a well-known soap commercial.*
	to refer to	*sprechen von*	*I like to refer to my wife as "my better half".*
	to regard	*betrachten*	*My boss regards IBM as our most important customer.*
	to think of	*betrachten*	*Lee thinks of Kerri as the sister he never had.*

Bei dem Verb *to take* benutzt man *for* zwischen Objekt und Objektergänzung (5):

(5) *She is making a mistake if she takes Gail for a fool.*	*Sie macht einen Fehler, wenn sie Gail für eine Närrin hält.*

11.7. Stellung eines zusammengesetzten Verbs

Wenn der zweite Teil einer Verb-Partikel-Zusammensetzung wie z. B. *take off, close down, put on* (→ 6.12.) betont werden soll, wird er ans Satzende gestellt. Sonst folgt er dem Verb (1):

(1) *If you go outside in this weather you should put on a coat.*
Put your clothes on!

I think you should probably turn down the music.
Turn that music down!
I'd better give back the things that I borrowed.
You borrowed his things, and you should give all of them back.

Übungen

1. Setzen Sie die direkten und indirekten Objekte an die richtige Stelle im Satz, und fügen Sie *to* ein, wenn es gebraucht wird:

    a. I gave ...
        (a kiss)
        (Judy)

    b. I told ...
        (the news)
        (most of my relatives and all of my closest friends)

    c. Yesterday Derek brought ...
        (a dozen roses)
        (his elderly grandmother)

    d. They bought ...
        (a few souvenirs)
        (me)

    e. Chris wrote ...
        (a long letter)
        (me)

    f. I lent ...
        (a few books on the subject from my personal collection)
        (Andy)

    g. All of my friends recommended ...
        (the film)
        (him)

h. If you do it, I will pay ...
   (fifty pounds)
   (you)

i. Phoebe explained ...
   (the facts)
   (her sister)

j. My experiences in Africa taught ...
   (a lot about the world)
   (me)

2. Geben Sie das Subjekt des Hauptsatzes an:

   a. Though some would disagree, I think that there is no country more beautiful than Austria.
   b. According to many people, fishing is the most relaxing of all hobbies.
   c. One must admit that Robertson has improved his performance since last year.
   d. Eric and Lawrence are my closest friends.
   e. Andy is the one whom I trusted the most.
   f. There is nothing to worry about.
   g. "That's a matter of opinion," I replied.
   h. Nobody noticed her new hairstyle.
   i. Of all the people who started the marathon, only eight made it to the finish line.
   j. Bob Johnson, our chairman, has called a staff meeting for this afternoon.

3. Identifizieren Sie Subjektergänzungen, Objektergänzungen, direkte und indirekte Objekte.

   a. I am upset about today's events.
   b. They will sell the house to the highest bidder.
   c. I gave the message to my assistant.
   d. I found ten dollars in my coat pocket.
   e. May I pour you some more iced tea?
   f. Mr. Williams has written eight books.
   g. All of the students regard Dr. Payne as an excellent professor.

h. Hubert called his brother a liar.
i. Mr. Greyer promised his son a new bicycle for Christmas.
j. The students voted Stan the best dressed man in the class.
k. I wouldn't say that to the dean.
l. This food certainly smells delicious.
m. Phil taught Troy the tricks of the trade.
n. I consider him an utter fool.
o. I'm growing weary of her constant complaints.

Lösungen

1. a. I gave Judy a kiss.
   b. I told the news to most of my relatives and all of my closest friends.
   c. Yesterday Derek brought his elderly grandmother a dozen roses.
   d. They bought me a few souvenirs.
   e. Chris wrote me a long letter.
   f. I lent Andy a few books on the subject from my personal collection.
   g. All of my friends recommended the film to him.
   h. If you do it, I will pay you fifty pounds.
   i. Phoebe explained the facts to her sister.
   j. My experiences in Africa taught me a lot about the world.

2. a. I
   b. fishing
   c. One
   d. Eric and Lawrence
   e. Andy
   f. nothing to worry about
   g. That/I
   h. Nobody
   i. eight
   j. Bob Johnson

3. a. Subjektergänzung: upset
   b. direktes Objekt: the house; indirektes Objekt: to the highest bidder
   c. direktes Objekt: the message; indirektes Objekt: to my assistant
   d. direktes Objekt: ten dollars

e. direktes Objekt: some more iced tea; indirektes Objekt: you
f. direktes Objekt: eight books
g. direktes Objekt: Dr. Payne; Objektergänzung: an excellent professor
h. direktes Objekt: his brother; Objektergänzung: the best dressed man
i. direktes Objekt: a new bicycle; indirektes Objekt: his son
j. direktes Objekt: Stan; Objektergänzung: the best dressed man
k. direktes Objekt: that; indirektes Objekt: to the dean
l. Subjektergänzung: delicious
m. direktes Objekt: the tricks of the trade; indirektes Objekt: Troy
n. direktes Objekt: him; Objektergänzung: an utter fool
o. Subjektergänzung: weary

12. Nebensätze

Grundwissen: Nebensätze agieren als Attribute, Adverbiale, Subjekt, Objekt oder Prädikatsnomen. Sie können jeden Teil des Satzes außer dem Hauptverb ersetzen. Sie beinhalten Substantive und Verben, können aber nicht allein als eigene Sätze stehen. Die häufigsten Formen der Nebensätze im Englischen sind Attributsätze (1) und Adverbialsätze (2):

(1) *This is the street where I first learned how to ride a bicycle.*

Diese ist die Straße, wo ich lernte, wie man Fahrrad fährt.

(2) *We can go home as soon as I finish filling out these forms.*

Wir können nach Hause gehen, sobald ich damit fertig bin, diese Formulare auszufüllen.

Hinweis: Viele deutsche Nebensätze werden im Englischen durch nominale Verbformen verkürzt wiedergegeben, d. h. durch Partizipialkonstruktion (3) und Infinitiv (4):

(3) *The concert having been postponed, we had nothing to do on Friday night.*

Da das Konzert verschoben wurde, hatten wir am Freitag Abend nichts zu tun.

After waiting for him for ten minutes, I saw him coming.

Nachdem ich zehn Minuten auf ihn gewartet hatte, sah ich ihn kommen.

(4) *He wanted to be the first to congratulate her.*

Ich wollte der Erste sein, der ihr gratuliert.

Im Englischen gibt es keine Inversion von Subjekt und Verb im Hauptsatz, wenn ein Nebensatz dem Hauptsatz vorangeht (5):

(5)

Nebensatz am Satzende	Nebensatz am Satzanfang
Das Treffen hatte schon angefangen, als ich ankam.	*Als ich ankam, hatte das Treffen schon angefangen.* (Inversion von Subjekt und Prädikat)
The meeting had already started when I arrived.	*When I arrived the meeting had already started.* (keine Inversion von Subjekt und Prädikat)

12.1. Attributsatz

Ein Attributsatz ist ein Satz, der als Attribut fungiert, der also ein Substantiv oder ein Pronomen näher bestimmt. Attributsätze treten in der Regel direkt nach dem näher bestimmten Substantiv (1) bzw. Pronomen (2) auf:

(1) *Jack is a friend who has*   *Jack ist ein Freund, der mich*
     never let me down.   *nie im Stich gelassen hat.*
     The only person whom I told   *Die einzige Person, der ich*
     about the plan was my   *von dem Plan erzählte, war*
     sister Carolyn.   *meine Schwester Carolyn.*

(2) *He who hesitates is lost.*   *Wer zögert, der ist verloren.*

Attributsätze fangen meistens mit einem Relativpronomen (→ 3.) an. Sie können aber auch mit einer Relativpartikel bzw. einer Relativkonjunktion (*when, where, why*) eingeleitet werden (3):

(3) *Those were the days when we*   *Das waren die Tage, als wir*
     hadn't a care in the world.   *völlig ohne Sorgen waren.*
     This is the field where the   *Dies ist das Feld, auf dem*
     famous battle took place.   *die berühmte Schlacht*
                        stattfand.

Das Relativpronomen kann sehr oft ausfallen (4), wenn es nicht das Subjekt des Attributsatzes näher bestimmt (5):

(4) *The person whom I paid to mow the lawn isn't here yet.*
     The person I paid to mow the lawn isn't here yet.
     Brand X is the brand that I most often buy.
     Brand X is the brand I most often buy.

(5) *Brand X, which is breaking all sales records, is our new*
     product.

12.2. Adverbialsätze

Ein Adverbialsatz ist ein Satz, der als Adverb bzw. Adverbiale fungiert und somit normalerweise ein Verb näher bestimmt. Der Adverbialsatz sagt aus, *wann, wo, wie, warum* und *wozu* etwas geschieht (1):

(1)   *I turned on the television*   *Ich schaltete den Fernseher*
       because I wanted to watch   *ein, weil ich mir die Nach-*
       the news.   *richten ansehen wollte.*

Genau wie Adverbien können Adverbialsätze verschiedene Stellen im Satz einnehmen. Manchmal muss ein Adverbialsatz an einer gewissen Stelle stehen, öfter wird die Stellung im Satz von stilistischen Erwägungen des Sprechers bestimmt.

Adverbialsätze beginnen immer mit einer unterordnenden Konjunktion oder einer Relativkonjunktion. Die üblichsten davon sind (2):

(2)   *after*   *nach*

after	*nach*
although	*obwohl*
as	*da, während*
as if	*als ob*
as soon as	*sobald*
because	*wenn*
before	*ehe*
if	*wenn*
provided that	*vorausgesetzt, dass*
since	*da, seitdem*
so that	*sodass*
such that	*sodass*
though	*obwohl*
unless	*es sei denn*
until	*bis*
when	*wann*
whenever	*wann immer, immer wenn*
where	*wo*
wherever	*wo immer*
whether	*ob*
while	*während*

Adverbialsätze können gelegentlich auch in unvollständigen Formen auftreten (3):

(3)   *He's prepared to work all night if necessary (if it is necessary).*
     While on holiday in Spain I met an interesting woman.
     (While I was on holiday in Spain.)

Hinweis: In Adverbialsätzen der Zeit steht das Verb nie im Futur (4):

(4)

Vergangenheit:	*I told him as soon as he arrived.*	*Ich sagte es ihm, sobald er ankam.*
Futur:	*I will tell him as soon as he arrives.*	*Ich werde es ihm sagen, sobald er ankommt.*

Übungen

Übersetzen Sie folgende Sätze:

a. Sein Bruder, der immer sehr witzig war, ist Komiker geworden.
b. Das ist der Mann, dem ich eine Zigarette gab.
c. Ich kam hierher, weil ich Sie etwas fragen wollte.
d. Der Film war gut, weil die Schauspieler so gut waren.
e. Frau Schmidt ist eine Kollegin, die immer nett zu mir war.
f. Ich werde einkaufen gehen, nachdem ich gegessen habe.
g. Wir feiern, weil heute mein Geburtstag ist.
h. Ich spielte für den Verein, für den mein Vater auch gespielt hatte.
i. Ziehe bitte die Schuhe aus, ehe du hereinkommst.
j. Horst ist derjenige, den ich am besten kenne.
k. Der Einzige, der davon weiß, ist mein Bruder.
l. Ich werde arbeiten, bis die Uhr fünf schlägt.
m. Diese Zeitung ist die, die ich am meisten lese.
n. Als wir nach Hause gingen, war das Fest fast vorbei.
o. Wir wollen jetzt ins Kino gehen, es sei denn, du bist zu müde.

Lösungen

a. His brother, who was always very funny, has become a comedian.
b. That is the man to whom I gave a cigarette.
c. I came here because I wanted to ask you something.
d. The film was good because the actors were so good.
e. Mrs. Schmidt was a colleague who was always very nice to me.
f. I will go shopping after I have eaten.
g. We are celebrating because today is my birthday.

h.   I played for the club for which my father had also played.
i.   Please take off your shoes before you come in.
j.   Horst is the one whom I know (the) best.
k.   The only one who knows about it is my brother.
l.   I will work until the clock strikes five.
m. This newspaper is the one that I read the most.
n. When we went home the party was almost over.
o. We want to go to the cinema now, unless you are too tired.

13. Der Hauptsatz und das Satzgefüge

Ein übergeordneter bzw. Hauptsatz ist eine Gruppe von Wörtern, die entweder allein als Satz steht oder zumindest allein als Satz stehen könnte. D. h., der (Teil-)Satz besteht zumindest aus einem Prädikat und einem Subjekt (1), gegebenenfalls auch aus Objekt(en) und Ergänzung(en) (2):

(1) *She arose.*   *Sie stand auf.*

Dieser Hauptsatz ist vollständig, weil er ein Subjekt und ein Prädikat besitzt.

(2) *He built a house for his*   *Er baute ein Haus für seine*
     parents.   *Eltern.*

Dieser Hauptsatz ist ebenfalls vollständig. *He built* wäre z. B. kein vollständiger Satz. Er hätte zwar Subjekt und Prädikat, aber *to built* ist ein transitives Verb, das ein direktes Objekt erfordert.

Hinweis: Das Subjekt steht in einigen Fällen nicht vor dem Verb (3):

(3) *There is a spider on the wall.*   *Eine Spinne ist auf der Wand.*

Hinweis: Das Subjekt kann bei Imperativsätzen ausfallen. Das eigentliche Subjekt des Satzes, *you,* erscheint nicht im Satz (4):

(4) *Please give me a few minutes*   *Geben Sie mir bitte ein paar*
     to think about it.   *Minuten, um es mir zu*
                                       überlegen.

Auch wenn eine Wortgruppe ein Subjekt, ein Prädikat und die nötigen Objekte oder Ergänzungen hat, ist sie nicht übergeordnet, wenn sie mit einem Wort oder Wörtern anfängt, die die Wortgruppe als Nebensatz kennzeichnen. Dazu gehören insbesondere Relativpronomen (→ 3.) und Nebensatzkonjunktionen (→ 8.), z. B. (5):

(5) *He is welcome to call me whenever he needs help.*

Dieser Satz ist vollständig. Der genaue Satzbau (6):

(6)

Subjekt	Prädikat	Subjektergänzung	Adverbialsatz
He	*is*	*welcome to call*	*whenever he needs help.*

Whenever leitet hier den Nebensatz ein. Obwohl der Adverbialsatz ein Subjekt *(needs)* und ein direktes Objekt *(help)* hat, ist er kein übergeordneter Satz, weil er durch *whenever* als Nebensatz gekennzeichnet ist. *he needs help* könnte jedoch allein als Satz stehen.

Weiteres Beispiel (7):

(7)	*Unless he wins the lottery, he won't be buying a new car in the near future.*	*Er wird in nächster Zeit kein Auto kaufen, es sei denn, er gewinnt in der Lotterie.*

Adverbialsatz	Subjekt	Prädikat	direktes Objekt	Adverbialbestimmung
Unless he wins the lottery,	*he*	*won't be buying*	*a new car*	*in the near future.*

Folgende Sätze können allein stehen (8):

(8) *He won't be buying a new car.*
  He won't be buying a new car in the near future.
  Unless he wins the lottery, he won't be buying a new car.

unless he wins the lottery kann nicht allein stehen, weil es ein Nebensatz ist, der von *unless* eingeleitet wird.

Übungen

Entscheiden Sie, ob ein vollständiger Hauptsatz vorhanden ist oder nicht:

a. I screamed
b. if he wants to work
c. a charitable organization that gives clothes to needy children
d. Bob knows who sent him that letter
e. He ripped
f. give me a full report on today's events
g. unless he would prefer to go to the cinema
h. we'll do it unless you have any objections
i. I don't have much money of my own
j. that's quite interesting

Lösungen

a. ja
b. nein (nur Nebensatz)
c. nein (kein Prädikat)
d. ja
e. nein (transitives Verb ohne Objekt)
f. ja
g. nein (nur Nebensatz)
h. ja
i. ja
j. ja

14. Fragesatz

Grundwissen: Fragen stellen im Englischen eine Ausnahme zur Regel *Subjekt vor Prädikat* dar. Eine Frage wird gebildet, indem ein Prädikat vor das Subjekt gestellt wird (1):

(1) Aussage: *He is the best pupil*   *Er ist der beste*
                   in the class.   *Schüler der Klasse.*
    Frage: *Is he the best pupil*   *Ist er der beste*
                   in the class?   *Schüler der Klasse?*

14.1. Fragen mit modalen Hilfsverben

Regel: Wenn das Prädikat ein modales Hilfsverb (→ 6.) beinhaltet, tritt es im Fragesatz vor das Subjekt, das Vollverb steht hinter dem Subjekt (1):

(1)

modales Hilfsverb	Subjekt	Vollverb	Rest des Satzes	
Could	*I*	*make*	*a suggestion?*	*Darf ich einen Vorschlag machen?*
Shall	*we*	*do*	*it right away?*	*Sollten wir es sofort tun?*
Will	*your parents*	*arrive*	*tomorrow?*	*Werden deine Eltern morgen ankommen?*
May	*I*	*set*	*this down here?*	*Darf ich das hier hinstellen?*
Has	*Cindy*	*finished*	*her homework?*	*Ist Cindy mit ihren Hausaufgaben fertig?*

14.2. Fragen mit *to be*

Regel: Wenn die entsprechende Aussage kein modales Hilfsverb, sondern das Verb *to be* in der Gegenwart oder im Präteritum beinhaltet, treten diese Formen von *to be* im Fragesatz vor dem Subjekt auf. Der Rest des Satzes steht hinter dem Subjekt (1):

(1)

to be	Subjekt	Rest des Satzes
Is	*London*	*the capital of England?*
Was	*that man*	*your uncle?*
Are	*you*	*planning to travel to Rome?*
Were	*they*	*ready to get started?*

Hinweis: Andere Zeitformen von *to be* werden mit den modalen Hilfsverben *will, have* oder *would* gebildet und gehören deswegen nicht zu dieser Kategorie.

14.3. Fragen mit dem Hilfsverb *to do*

Fragen, die keine Hilfsverben, sondern nur Vollverben (→ 6.) in der Gegenwart und im Präteritum aufweisen, werden mit dem Hilfsverb (→ 6.) *do* (bzw. *does,* in der Vergangenheit *did)* und dem Infinitiv des Vollverbs ausgedrückt (1):

(1) Aussage: *She works at a bakery.*   *Sie arbeitet in einer Bäckerei.*

	do	Subjekt	Infinitv des Vollverbs	Rest des Satzes	
Frage:	*Does*	*she*	*work*	*at a bakery?*	*Arbeitet sie in einer Bäckerei?*

Aussage: *Rachel went to a museum yesterday.*   *Rachel ist gestern in ein Museum gegangen.*

	do	Subjekt	Infinitv des Vollverbs	Rest des Satzes	
Frage:	*Did*	*Rachel*	*go*	*to a museum yesterday*	*Ist Rachel gestern in ein Museum gegangen?*

Vollverben in einer anderen Zeit außer der Gegenwart oder dem Präteritum gehören zur ersten Kategorie (Fragen mit modalen Hilfsverben),
weil sie in diesen Zeiten mit Hilfsverben gebildet werden (2):

(2)

Zeit	Aussagesatz	Fragesatz
Present Perfect	*He has finished.*	*Has he finished?*
Futur I	*He will finish.*	*Will he finish?*
Futur II	*He will have finished.*	*Will he have finished?*
Plusquamperfekt	*He had finished.*	*Had he finished?*
Konditional I	*He would finish.*	*Would he finish?*
Konditional II	*He would have finished.*	*Would he have finished?*

14.4. Stellung des Fragepronomens

Wenn eine Frage mit einem Fragepronomen (→ 3.) gebildet wird, wird dieses ganz an den Anfang des Satzes gestellt (1):

(1) *What have you done with my jacket?*   *Was hast du mit meiner Jacke gemacht?*

   Where will the new building be built?   *Wo wird das neue Gebäude gebaut werden?*

   When will they have finished?   *Wann werden sie fertig sein?*

   Whom did he insult?   *Wen hat er beleidigt?*

   Why hadn't they written to you?   *Warum hatten sie dir nicht geschrieben?*

   How would you solve the problem?   *Wie würden Sie das Problem lösen?*

   Which one would you have chosen?   *Welche hättest du gewählt?*

Sonderfall: Wenn nach dem Subjekt des Satzes gefragt wird, ist das Fragepronomen mit dem Subjekt identisch und steht vor dem Prädikat (2):

(2) *What is the capital of Peru?*   *Was ist die Hauptstadt von Peru?*

   Who gave away the secret?   *Wer verriet das Geheimnis?*

   What happened to him?   *Was ist ihm passiert?*

Fragen mit *who (wer)* gehören immer zu dieser Kategorie, weil *who* immer nach dem Subjekt des Satzes fragt, wenn es als Fragepronomen benutzt wird (3):

(3) *Who rang the doorbell just now?*   *Wer hat gerade an der Tür geklingelt?*

Hinweis: In der Umgangssprache wird *who* manchmal als direktes oder indirektes Objekt gebraucht, doch korrekter ist in solchen Fällen die Objektform *whom* (4):

(4)   *Whom did he tell?*   *Wem hat er es gesagt?*

14.5. Kurzfragen bzw. Frageanhängsel

Eine Frage lässt sich auch stellen, indem man sie wie eine Bemerkung ausdrückt und eine so genannte Kurzfrage an das Ende des Satzes anhängt. Dadurch bittet man um die Zustimmung des Gesprächspartners. Ein solches Frageanhängsel entspricht deutschen Ausdrücken wie *nicht wahr?* oder *oder?*.

Man bildet eine Kurzfrage mit dem Hilfsverb (→ 6.) des Satzes und dem Pronomen, das dem Subjekt des Satzes entspricht (1). Wenn das Prädikat des Satzes nicht mit einem Hilfsverb gebildet ist, benutzt man für das Frageanhängsel die richtige Form von *to do* (2):

(1)   *You have eaten breakfast today, haven't you?*
      Whales are mammals, aren't they?
      Today is your birthday, isn't it?

(2)   *Barbara collects stamps, doesn't she?*
      Your parents grew up in Surrey, didn't they?

Wenn der Satz bejaht ist, ist die Kurzfrage verneint (3). Wenn der Satz verneint ist, ist das Frageanhängsel bejaht (4):

(3)   *Allen gave you my report, didn't he?*
      Kristin is a journalist, isn't she?

(4)   *Her brother can't swim, can he?*
      You have never met the Queen, have you?

Hinweis: Wenn *to have* im Satz als Vollverb (→ 6.) statt als Hilfsverb benutzt wird, bildet man die Kurzfrage mit *to do* (5):

(5)   *He had breakfast today, didn't he?*
      Your daughters all have blue eyes, don't they?

Es kann vorkommen, dass ein Verb im Satz sowohl als Hilfsverb als auch als Vollverb benutzt wird. Das heißt, dass ein Verb gleich dreimal im Satz auftreten kann – als Hilfsverb, Vollverb und Frageanhängsel (6):

(6)

Aussage:	*I have had a chance to talk with him.*	*Ich habe die Gelegenheit gehabt, mit ihm zu reden.*
Frage:	*You have had a chance to talk to him, haven't you?*	*Du hast die Gelegenheit gehabt, mit ihm zu reden, nicht wahr?*
Aussage:	*I didn't do my homework.*	*Ich habe meine Hausaufgaben nicht gemacht.*
Frage:	*You didn't do your homework, did you?*	*Du hast deine Hausaufgaben nicht gemacht, oder?*

Kurzfragen werden sehr oft benutzt, um rhetorische Fragen zu stellen (7):

(7)   *It's a bit chilly outside,*   *Es ist etwas kühl draußen,*
        isn't it?   *stimmt's?*
       Money doesn't grow on   *Das Geld fällt nicht vom*
        trees, does it?   *Himmel, richtig?*

Hinweis: Frageanhängsel werden normalerweise mit kontrahierten Formen gebildet. Der Verzicht auf die Kontraktion gibt der Frage einen sarkastischen Ton (8):

(8)   *You are the man they call*   *Du bist ja der, den man „den*
        "Mr. Dependable", are   *Zuverlässigen" nennt, nicht*
        you not?   *wahr?*
       This is the meeting place   *Dies ist schon der Treffpunkt,*
        we had arranged, is   *den wir ausgemacht*
        it not?   *hatten, nicht?*

Eine andere Art von Kurzfragen gibt zu verstehen, dass man an einer Aussage zweifelt (9) bzw. dass man selber die Absicht hat, die Aussage nicht Wirklichkeit werden zu lassen (10). Wenn der Satz bei dieser Art von Kurzfrage bejaht ist, ist das Anhängsel auch bejaht:

(9)	Aussage:	*"Helen has been to Antarctica."*	»Helen ist mal in der Antarktis gewesen.«
	Antwort:	*"She has, has she?"*	»Was du nicht sagst.«
(10)	Aussage:	*"Chuck Doakes plans to go on a date with your girlfriend."*	»Chuck Doakes hat vor, sich mit deiner Freundin zu verabreden.«
	Antwort:	*"He does, does he?"*	»Ach tatsächlich?«

14.6. Fragen ohne Inversion

In der Alltagssprache stellt man oft Fragen ohne Inversion, indem man einen Aussagesatz als Frage wiedergibt. Der Tonfall beim Sprechen bzw. ein Fragezeichen beim Schreiben machen es klar, dass es sich um eine Frage handelt. Solche Fragen stellt man nicht, um nach neuer Information zu fragen, sondern um sich eine Tatsache bestätigen zu lassen (1):

(1)	*You're telling me that Paul made a date with Ashley?*	*Paul hat sich also mit Ashley verabredet?*
	Keith went skiing without his parents'permission?	*Keith ist also Skilaufen gegangen, ohne dass seine Eltern es erlaubten?*
	You say that there were no difficulties?	*Es gab also keine Schwierigkeiten?*
	The entire class failed the exam?	*Die ganze Klasse ist also beim Examen durchgefallen?*

Übungen

1. Stellen Sie die Frage, die mit diesem Satz beantwortet wird:

    a. Yes, my nephew owns a car.
    b. No, ostriches can't fly.
    c. No, Ursula has never been to Venice.
    d. His name is Wellington Webb.
    e. Yes, Vienna is the capital of Austria.
    f. Yes, I have money in my pocket.
    g. Yes, you may borrow a pencil.
    h. Today is Wednesday.
    i. No, I don't like to ski.
    j. She lives on Kingcrest Lane.
    k. Yes, he enjoyed it.
    l. I don't know why he wants to see me.
    m. Yes, I have had dinner.
    n. It's in my pocket.
    o. No, I didn't hear it.
    p. No, I won't have finished by this afternoon.
    q. I did it because someone asked me to.
    r. Yes, it tastes good.
    s. No, I couldn't hear what he said.
    t. Yes, I know Laura Fisher.

2. Fügen Sie das richtige Frageanhängsel hinzu:

    a. Mike's clothes are in his suitcase.
    b. Your nephew has a car of his own.
    c. Ray had never been to Italy before.
    d. Rich could have been successful in any profession.
    e. Pat has had many problems with his new computer.
    f. Shawn claims that Elvis is still alive.
    g. Her grandparents own eighty acres of land.
    h. Her uncle collects rare coins.
    i. The exam was more difficult than anyone expected.
    j. The weather is nice today.

Lösungen

1. a. Does your nephew own a car?
   b. Can ostriches fly?
   c. Has Ursula ever been to Venice?
   d. What is his name?
   e. Is Vienna the capital of Austria?
   f. Do you have money in your pocket?
   g. May I borrow a pencil?
   h. What day is today?
   i. Do you like to ski?
   j. Where does she live?
   k. Did he enjoy it?
   l. Why does he want to see you?
   m. Have you had dinner?
   n. Where is it?
   o. Did you hear it?
   p. Will you have finished by this afternoon?
   q. Why did you do it?
   r. Does it taste good?
   s. Could you hear what he said?
   t. Do you know Laura Fisher?

2. a. Mike's clothes are in his suitcase, aren't they?
   b. Your nephew has a car of his own, doesn't he?
   c. Ray had never been to Italy before, had he?
   d. Rich could have been successful in any profession, couldn't he?
   e. Pat has had many problems with his new computer, hasn't he?
   f. Shawn claims that Elvis is still alive, does he?
   g. Her grandparents own eighty acres of land, don't they?
   h. Her uncle collects rare coins, doesn't he?
   i. The exam was more difficult than anyone expected, wasn't it?
   j. The weather is nice today, isn't it?

15. Indirekte Rede

Grundwissen: Man benutzt die indirekte Rede, um die Aussage eines Dritten wiederzugeben. Die indirekte Rede steht normalerweise im Deutschen im Konjunktiv, während im Englischen der Indikativ gebraucht wird (1):

(1) *He said he had no other choice.*   *Er sagte, er habe keine andere Wahl gehabt.*

In der indirekten Rede werden die Zeiten der Verben nach festen Regeln gesetzt. Auch andere Teile des Satzes (z. B. Pronomen) müssen bei der Wiedergabe sinngemäß geändert werden.

Hinweis: Man sollte sich merken, dass in der indirekten Rede im Englischen kein Komma vor dem Nebensatz steht (2):

(2) *He said that he had an urgent message for me.*   *Er sagte, er hätte eine dringende Nachricht für mich.*

Das Wort *that* entfällt sehr oft (3):

(3) *He said he had an urgent message for me.*

Das einleitende Verb ist sehr oft eine Form von *to say*, doch man benutzt die indirekte Rede auch nach anderen sinnverwandten Wörtern wie (4):

(4)
to add	*hinzufügen*
to admit	*zugeben*
to answer	*antworten*
to ask	*fragen*
to assert	*behaupten*
to be of the opinion	*der Meinung sein*
to complain	*sich beschweren*
to explain	*erklären*
to insist	*beteuern*
to know	*wissen*
to mention	*erwähnen*
to point out	*hinweisen auf*
to promise	*versprechen*
to remark	*bemerken*
to state	*angeben, erklären*
to suggest	*vorschlagen*

to tell (+ Pronomen)	*sagen, erzählen*
to think	*denken*
to wonder	*wissen möchten*

15.1. Indirekte Rede ohne Zeitverschiebung

Regel: Wenn das einleitende Verb in der Gegenwart (1), im *Present Perfect* (2) oder im Futur I (3) bzw. Futur II (4) steht, behält das Verb in der indirekten Rede die Zeit bei, die es in der direkten Rede besitzt:

direkte Rede: "I need a new car."

(1) *He often tells me that he*   *Er erzählt mir oft, er brauche*
     needs a new car.   *ein neues Auto.*

(2) *He has told me that he*   *Er hat mir erzählt, er brauche*
     needs a new car.   *ein neues Auto.*

(3) *He will tell me that he needs*   *Er wird mir erzählen, er brau-*
     a new car.   *che ein neues Auto.*

(4) *He will have told me that he*   *Er wird mir erzählt haben, er*
     needs a new car.   *brauche ein neues Auto.*

In diesen Beispielen (1–4) wird die Zeit des Verbs *to need* nicht verschoben, weil das einleitende Verb *to tell* jeweils in den oben genannten Zeiten steht. Das Pronomen *I* wird in der indirekten Rede hier zu *he*.

15.2. Zeitverschiebung in der indirekten Rede

Wenn das einleitende Verb im Präteritum, im Plusquamperfekt oder im Konditional I bzw. II steht, verschieben sich die Zeiten der indirekten Rede folgendermaßen (1):

(1)

Zeit, die wiederzugeben ist	Beispiel aus der direkten Rede	Zeitverschiebung	indirekte Rede
Gegenwart	*I play tennis.* *Ich spiele Tennis.*	Präteritum	*Ralph said he played tennis.* *Ralph sagte, er spiele Tennis.*

Verlaufsform Präsens	*I am playing*	Verlaufsform des Präteritums	*Ralph said he was playing tennis.*
Present Perfect	*I have played tennis. Ich habe schon Tennis gespielt.*	Plusquamperfekt	*Ralph said he had played tennis. Ralph sagte, er habe schon Tennis gespielt.*
Futur I	*I shall play tennis. oder: I will play tennis. Ich werde Tennis spielen.*	Konditional I	*Ralph said he would play tennis. Ralph sagte, er werde Tennis spielen.*
Präteritum	*I played tennis. Ich spielte Tennis*	Plusquamperfekt (in der Alltagssprache sehr oft keine Zeitverschiebung)	*Ralph said he had played tennis. oder: Ralph said he played tennis. Ralph sagte, er habe Tennis gespielt.*
Futur II	*I shall have played tennis. oder: I will have played tennis.*	Konditional II	*Ralph said he would have played tennis. Ralph sagte, er werde Tennis gespielt haben.*
Plusquamperfekt	*I had played tennis. Ich hatte Tennis gespielt.*	keine Zeitverschiebung	*Ralph said he had played tennis. Ralph sagte, er habe Tennis gespielt.*
Konditional I	*I would play tennis. Ich würde Tennis spielen.*	keine Zeitverschiebung	*Ralph said he would play tennis. Ralph sagte, er würde Tennis spielen.*
Konditional II	*I would have played tennis. Ich hätte Tennis gespielt*	keine Zeitverschiebung	*Ralph said he would have played tennis. Ralph sagte, er hätte Tennis gespielt.*

Die Hilfsverben *may, can* und *will* ändern sich in der indirekten Rede wie folgt (2):

(2) *may* wird zu *might*.
     can wird zu *could*.
     will wird zu *would*.

direkte Rede	indirekte Rede
"I may be a bit late."	*Bill said he might be a bit late.*
"I can't solve the problem."	*Bill said he couldn't solve the problem.*
"I will be a bit late."	*Bill said he would be a bit late.*

Sonderfall: Die Ausdrücke *ought to* und *used to* werden in der indirekten Rede nicht verändert (3):

(3) direkte Rede
     "I ought to congratulate Kathy."

     indirekte Rede
     Jill said she ought to congratulate Kathy.

Hinweis: Die indirekte Rede muss nicht unbedingt die Aussage eines Dritten darstellen, sondern sie kann auch die eigene Aussage bzw. die eigenen Gedanken des Sprechers bzw. Schreibers wiedergeben (4):

(4) direkte Rede: *"Cancer may be*   „Vielleicht wird
                          cured by the year   Krebs bis zum
                          2010."   Jahr 2010 geheilt."
     indirekte Rede: *I thought that*   Ich dachte, dass
                          cancer might be   Krebs bis zum
                          cured by the year   Jahr 2010 geheilt
                          2010.   werden könnte.
     direkte Rede: *"I will not go to the*   „Ich werde nicht
                          party."   zum Fest gehen."
     indirekte Rede: *At the time I thought*   Damals dachte ich,
                          that I would not   ich würde nicht
                          go to the party.   zum Fest gehen.

Wenn man eine allgemein anerkannte Tatsache oder eine Aussage, von deren Wahrheit man selber überzeugt ist, wiedergibt, wird die Zeit in der indirekten Rede nicht verschoben (5):

(5) direkte Rede: *"The Eiffel Tower is*   „Der Eiffelturm ist
                          in Paris."   in Paris."

| | indirekte Rede: | *My teacher informed me that the Eiffel Tower is in Paris.* | *Mein Lehrer informierte mich darüber, dass der Eiffelturm in Paris ist.* |

In solchen Fällen kommt es oft darauf an, wie man die wiedergegebene Aussage selber aufgefasst wissen möchte. D. h. man kann zum Ausdruck bringen, wie sehr man daran glaubt, dass das Wiedergegebene wahr ist (6):

(6)   *I own three sports cars.*

Wenn man diesen Satz als *He said he owned three sports cars* wiedergibt, versucht man entweder, neutral zu bleiben und gar nicht zu beurteilen, ob die Aussage stimmt. Oder man glaubt, es sei möglich, dass sie nicht stimmt. Wenn man aber sagt *He said he owns three sports cars*, deutet man an, dass man von der Wahrheit der Aussage überzeugt ist.

15.3. Umstellung anderer Satzteile in der indirekten Rede

Genau wie im Deutschen muss man beim Wiedergeben der Aussage deren Wörter manchmal ändern, weil der Standpunkt dessen, der die Aussage wiedergibt, sich vom dem Standpunkt des ursprünglichen Sprechers unterscheidet (1):

(1)	in der direkten Rede	in der indirekten Rede
	a few minutes ago	*a few minutes before, a few minutes previously*
	here	*there*
	last week	*the previous week, the week before*
	now (sofort)	*right then, at once*
	now (heutzutage)	*then, at that time*
	this	*that*
	this week/this month	*that week, that month*
	today	*that day*
	tomorrow	*the next day, the following day*
	tomorrow morning	*the next morning, the following morning*
	the day after tomorrow	*two days afterwards*
	yesterday	*the previous day, the day before*
	the day before yesterday	*two days before*

Anwendungsbeispiele:

direkte Rede:	*"The weather is better today than it was last Tuesday."*	*»Das Wetter ist heute besser, als es letzten Dienstag war.«*
indirekte Rede:	*He said the weather was better that day than it had been the previous Tuesday.*	*Er sagte, das Wetter sei an dem Tag besser gewesen, als es am vorhergehenden Dienstag gewesen sei.*
direkte Rede:	*"Lara was here the day before yesterday, and she will be back tomorrow."*	*»Lara war vorgestern hier, und morgen wird sie wieder da sein.«*
indirekte Rede:	*He said that Laura had been there two days before and would be back the following day.*	*Er sagte, Laura sei zwei Tage zuvor dagewesen und werde am nächsten Tag wieder da sein.*

Hinweis: Natürlich kommt es bei solch einer Umstellung auf den Sinn der Aussage an. Das heißt, wenn z. B. die Aussage des ersten Anwendungsbeispiels am Sonntag getroffen wurde und man sie am Montag wiedergibt, würde man einfach sagen *He said the weather was better yesterday than it was last Tuesday.*

Wie im Deutschen müssen auch die Personalpronomen umgestellt werden, wenn eine Aussage in die indirekte Rede gesetzt wird (2):

(2)   *Bill: "They told me that I should tell you that she likes Bob."*   *Bill: »Sie sagten mir, ich solle dir sagen, dass sie Bob mag.«*

Wenn man Bob von dieser Aussage erzählt, heißt es:

    Bill said they had told him he should tell me that she likes you.   *Bill sagte, sie hätten ihm gesagt, er solle mir sagen, dass sie dich mag.*

15.4. Befehle in der indirekten Rede

In der indirekten Rede werden Befehle am häufigsten durch den Infinitiv mit *to* wiedergegeben (1):

(1)	direkte Rede:	*"Close the door!"*	»Mach die Tür zu!«
	indirekte Rede:	*My father told me to close the door.*	*Mein Vater sagte, ich sollte die Tür zumachen.*
	direkte Rede:	*"Come with me!"*	»Komm mit mir!«
	indirekte Rede:	*The constable told me to come with him.*	*Der Polizist sagte, ich sollte mit ihm kommen.*

Neben dem Infinitiv mit *to* gibt es die Möglichkeit, einen Befehl (2) mit Ausdrücken wie *should* (3), *have to* (4) oder *had better* wiederzugeben (5):

(2) *"Read the whole textbook."*
(3) *My teacher told me that I should read the whole textbook.*
(4) *My teacher told me that I had to read the whole textbook.*
(5) *My teacher told me that I had better read the whole textbook.*

Hinweis: Das Wort *that* kann auch bei diesen Sätzen ausfallen.

Sonderfall: Wenn das Hilfsverb *must* als Befehlswort benutzt wird, wird es in der indirekten Rede zu *had to* (6).

(6)	direkte Rede:	*"You must take off your shoes when you enter the house."*	»Du musst die Schuhe ausziehen, wenn du das Haus betrittst.«
	indirekte Rede:	*She told me I had to take off my shoes when I entered the house.*	*Sie sagte, ich müsse die Schuhe ausziehen, wenn ich das Haus beträte.*

Diese Regel gilt jedoch nur, wenn *must* als Befehl gebraucht wird, sonst bleibt es erhalten (7):

(7)	direkte Rede:	*You simply must ring me the next time you're in town.*	*Du musst mich unbedingt anrufen, wenn du das nächste Mal in der Stadt bist.*

indirekte Rede:	*Ben said I simply must ring him the next time I'm in town.*	*Ben sagte, ich müsse ihn unbedingt anrufen, wenn ich zum nächsten Mal in der Stadt bin.*
direkte Rede:	*Kimberly must have forgotten her appointment with me.*	*Kimberly hat wohl ihre Verabredung mit mir vergessen.*
indirekte Rede:	*Cliff thought that Kimberly must have forgotten her appointment with him.*	*Cliff dachte, Kimberly habe wohl ihre Verabredung mit ihm vergessen.*

Der Ausdruck *not to be to* entspricht *should not* oder *must not* und ist in Befehlen der indirekten Rede verwendbar (8):

(8)   *You are not to enter this room   Du sollst diesen Raum ohne without my permission.   meine Erlaubnis nicht betreten. The chief said that I was not to   Der Chef sagte, ich solle den enter that room without his   Raum nicht ohne seine permission.   Erlaubnis betreten.*

15.5. Fragen in der indirekten Rede

Die Wiedergabe einer Frage in der indirekten Rede hängt von der Art der Frage ab.

Wenn man eine Satzfrage (1) wiedergibt, die *ja* oder *nein* als Antwort erwartet, beginnt die indirekte Rede mit *if* (2) oder *whether* (3):

(1)   *"Are you from London?"*
(2)   *He asked me if I was from London.*
(3)   *He asked me whether I was from London.*

Wenn eine Wortfrage (4) mit einem Fragepronomen (→ 3.) in die indirekte Rede gesetzt wird, fängt die indirekte Rede mit demselben Fragewort an (5):

(4)   *"How did you know my name?"*
(5)   *He asked me how I knew his name.*

Als einleitendes Verb kann man neben *to ask* auch andere Ausdrücke gebrauchen (6):

(6)   *He wondered how I knew his name.*
     He inquired how I knew his name.

Wenn man Fragen wiedergibt, die von den Fragepronomen *who, what, where, when, how,* oder *whose* eingeleitet und mit *to be* als Kopula (*linking verb*) gebildet werden, stellt man die richtige Form von *to be* ans Ende der indirekten Rede (7):

(7)   *What is her name?*
     He asked me what her name was.
     Who is the Prime Minister?
     She asked me who the Prime Minister is.
     Where are my shoes?
     She wanted to know where her shoes were.

Der Satzbau für Fragen in der indirekten Rede bleibt Subjekt-Prädikat-Objekt.

Hinweis: Die Umsetzung von *shall* (8) in die indirekte Rede hängt vom Sinn des Wortes ab. Wenn *shall* im Sinne von futurischem *werden* gemeint ist, wird es in der indirekten Rede zu *would* (9). Wenn *shall* im Sinne von *sollen* gemeint ist, wird es in der indirekten Rede zu *should* (10):

(8)   *Shall I be of help to you?*
(9)   *Zack wondered if he would be of help to us.*
(10) *Zack wondered if he should be of help to us.*

Übungen

1. Vervollständigen Sie die Wiedergabe der indirekten Rede bei folgenden Sätzen:

a.
"I won't be at the office this afternoon."
Mr. Jacobs told me that ...

b.
"Do you want to go to the cinema this weekend?"
Eric asked me if ...

c.
"Dont't mention Pam! I don't want to talk about her."
My friend said that ...

d.
"You took my books. Please give them back."
Wesley said that I ...

e.
"The Earth revolves around the sun."
Dr. Birrell pointed out that ...

f.
"We may decide to go Thursday rather than Friday."
Richard mentioned today that they ...

g.
"My salary is so high that I can afford to buy a large house."
Prescott boasted that ...

h.
"Max told me that you had been here before."
Bernard admitted to me that ...

i.
"Colin may have missed his train."
Adele suggested that ...

j.
"Julia and I have never been to Bosham."
Audra insisted that ...

2. Setzen Sie die Fragen in die indirekte Rede:

a.
Sir Percy: "What time is it, old boy?"
Sir Percy asked me ...

b.
Neil: "Why don't we have some more wine?"
Neil asked ...

c.
Mr. Womack: "How much does the meal cost?"
Mr. Womack asked ...

d.
Robin: "When will you be ready to go?"
Robin asked ...

e.
Laura: "May I have some more biscuits?"
Laura asked ...

f.
Mack: "Did Travis call you yesterday?"
Mack asked ...

g.
Scott: "Who is Monica Neal?"
Scott asked ...

h.
Rich: "Did you remember to call Mr. Young?"
Rich asked ...

i.
Deborah: "Had Warren ever been here before?"
Deborah asked ...

j.
Miss Waterman: "Does Clay lift weights often?"
Miss Waterman asked ...

Lösungen

1.   a. Mr. Jacobs told me that he wouldn't be at the office that afternoon.
     b. Eric asked me if I wanted to go to the cinema that weekend.
     c. My friend said that I was not to mention Pam, and that he didn't want to talk about her.
        oder auch: My friend said that I shouldn't mention Pam, and that he didn't want to talk about her.
     d. Wesley said that I had taken his books and asked me to give them back.
     e. Dr. Birrell pointed out that the Earth revolves around the sun.
     f. Richard mentioned today that they might decide to go Thursday rather than Friday.
     g. Prescott boasted that his salary was so high that he could afford to buy a large house.
     h. Bernard admitted to me that Max had told him that I had been there before.
     i. Adele suggested that Colin might have missed his train.
     j. Audra insisted that she and Julia had never been to Bosham.

2.   a. Sir Percy asked me what time it was.
     b. Neil asked why we didn't have some more wine.
     c. Mr. Womack asked how much the meal cost.
     d. Robin asked when I would be ready to go.
     e. Laura asked if she might have some more biscuits.
     f. Mack asked if Travis had called the day before.
     g. Scott asked who Monica Neal was.
     h. Rich asked if I had remembered to call Mr. Young.
     i. Deborah asked if Warren had ever been there before.
     j. Miss Waterman asked whether Clay lifted weights often.

16. Nebensätze mit *should* oder *might*

Nebensätze mit den Hilfsverben *should* (1) oder *might* (2) drücken Wünsche und gefühlsmäßige Stellungnahmen des Sprechers aus:

(1) *The sergeant ordered that each of us should do one hundred push-ups.* — *Der Feldwebel befahl, dass jeder von uns einhundert Liegestütze machen sollte.*

(2) *I suggested to the driver that he might take a shortcut.* — *Ich schlug dem Fahrer vor, eine Abkürzung zu nehmen.*

Man benutzt *should,* wenn es sich um einen Befehl handelt, *might* hingegen, wenn es sich um einen Wunsch oder eine Hoffnung handelt. Solche Nebensätze werden in Zusammenhang mit gewissen Verben benutzt wie (3):

(3)
to agree	*sich einigen*
to arrange	*ausmachen; vereinbaren*
to ask	*verlangen; bitten*
to command	*befehlen*
to demand	*verlangen*
to desire	*wünschen*
to expect	*erwarten*
to insist	*bestehen auf*
to order	*befehlen*
to propose	*vorschlagen*
to recommend	*empfehlen*
to request	*bitten um*
to require	*verlangen*
to suggest	*vorschlagen*

Nach unpersönlichen Ausdrücken bezeichnen Nebensätze mit *might* und *should* Wünsche und gefühlsmäßige Stellungnahmen (4):

(4) *it is better that*
it is desirable that
it is essential that
it is important that
it is natural that
it is right that

It is important that you should talk to him immediately.
It is natural that you might ask him how his day was.

should benutzt man zur Wiedergabe gefühlsmäßiger Stellungnahmen auch nach unpersönlichen Ausdrücken wie (5):

(5)   *it is curious that*
      it is funny that
      it is a pity that
      it is odd that
      it is strange that
      it is surprising that

   It is funny that you should happen to mention Tara. I was just thinking about her.
   It is a pity that both parties should be on the exact same day.

17. Bedingungssatz

17.1. Bedingungssätze mit *if*

Grundwissen: Der Bedingungssatz gehört zu den Adverbialsätzen (→ 12.2.) und drückt aus, unter welcher Bedingung etwas geschieht. Die Konjunktion *if* (wenn, falls) leitet meistens den Bedingungssatz ein. Die Bedingung kann vor (1) oder nach (2) der Folge stehen:

(1)   *If I were a millionaire I would buy my parents a Rolls-Royce.*

   Wenn ich Millionär wäre, würde ich meinen Eltern einen Rolls-Royce kaufen.

   If he paid more attention in class, his marks would be better.

   Wenn er in der Klasse besser aufpassen würde, wären seine Noten besser.

(2)   *I'll buy a car this year if I can find a cheap one.*

   Ich werde mir dieses Jahr ein Auto kaufen, wenn ich ein billiges finden kann.

   I would have done better on the test if I had studied more.

   Ich hätte bei der Prüfung besser abgeschnitten, wenn ich mehr gelernt hätte.

Die Zeiten des Bedingungssatzes:

Um eine Voraussetzung auszudrücken, die man für durchaus erfüllbar hält bzw. die bereits geschieht und weiterhin geschehen könnte, formuliert man die Bedingung im Präsens und die Folge im Futur I (3):

(3)	Bedingung			Folge		
	If you	*give*	*that dog a bone,*	*it*	*will wag*	*its tail.*
	If you	*tell*	*some jokes*	*she*	*will laugh.*	
	If that customer	*likes*	*the product,*	*he*	*will buy*	*it.*

Um eine Voraussetzung auszudrücken, die nur theoretisch gedacht wird, formuliert man die Bedingung im Präteritum und die Folge im Konditional I (4). Bei dieser Form der Bedingung wird *to be* immer zu *were* statt *was* (5). Diese Form des Bedingungssatzes benutzt man auch, wenn die Bedingung eine Unmöglichkeit in Bezug auf die Gegenwart darstellt (6):

(4)	Bedingung			Folge		
	If you	*gave*	*that dog a bone,*	*it*	*would wag*	*its tail.*
	If you	*told*	*some jokes*	*she*	*would laugh.*	
	If that customer	*liked*	*the product,*	*he*	*would by*	*it.*
(5)	*If he*	*were*	*to come here tomorrow,*	*I*	*wouldn't hesitate*	*to welcome him.*
	If I	*were*	*to change my plans,*	*my colleagues*	*would be*	*unhappy.*
	If I	*were*	*Frank,*	*I*	*wouldn't*	*spend so much money.*
(6)	*If people*	*had*	*wings,*	*they*	*wouldn't*	*need aeroplanes.*

Hinweis: Diese Art von Bedingungssatz kann man auch mit Konditional I + Konditional II bilden, um eine Bitte besonders höflich zu formulieren (7):

(7) *I would be grateful if you*   *Ich wäre dankbar, wenn Sie*
    would reply promptly.   *sofort antworten würden.*

Um eine Voraussetzung auszudrücken, die sich bereits in der Vergangenheit hätte ereignen müssen, formuliert man die Bedingung im Plusquamperfekt und die Folge im Konditional II (8):

(8)

Bedingung			Folge		
If you	*had given*	*that dog a bone,*	*it*	*would have wagged*	*its tail.*
If you	*had told*	*some jokes,*	*she*	*would have laughed.*	
If that customer	*had liked*	*the product,*	*he*	*would have bought*	*it.*

Um Voraussetzungen auszudrücken, die eine allgemeine, als wirklich gedachte Erfahrungstatsache beinhalten, formuliert man sowohl die Bedingung als auch die Folge im Präsens (9). Häufig steht die Folge hier vor der Bedingung (10):

(9)

Bedingung			Folge		
If a dog	*is given*	*a bone,*	*it*	*wags*	*its tail.*
If a comedian	*is*	*funny,*	*people*	*laugh*	*at his jokes.*

(10) *A customer only buys a product if he likes it.*

Wenn eine Bedingung als wirklich und gerade im Verlauf befindlich gedacht ist, drückt man sie in der Verlaufsform des Präsens aus (11):

(11)

Bedingung			Folge		
If you	*are planing*	*to be there on time,*	*you*	*should*	*hurry up.*
If Garth	*is working*	*on a project,*	*he*	*doesn't*	*have time to talk to us.*

Enthält der Bedingungssatz eine Voraussetzung, die vielleicht eintritt oder auch nicht, wird die Bedingung mit *should* formuliert (12):

(12)

Bedingung			Folge		
If you	*should happen*	*to meet him,*	*please*	*tell him*	*to call up.*

Hinweis: Die Formulierung der Voraussetzung mit oder ohne *should* kann ihre unterschiedliche Einschätzung durch den Sprecher signalisieren (13):

(13) *If Maggie asks about me, please tell her I'm on a business trip.*
If Maggie should ask about me, please tell her I'm on a
business trip.

Im ersten Fall erwartet der Sprecher, dass Maggie tatsächlich nach ihm fragt.
Im zweiten Fall hält der Sprecher dies nur für eine vage Möglichkeit.

Bedingungssätze mit could

Bei den Formen des Bedingungssatzes, deren Folgen im Konditional I und II formuliert sind, kann man auch *could* statt *would* benutzen (1–3). Statt *wenn eine Sache geschehen würde/wäre, würde/wäre die andere Sache geschehen* sagt man nun *wenn eine Sache geschehen würde/wäre, könnte die andere Sache geschehen/hätte die andere Sache geschehen können* (14):

(14) *If you told him you needed help he could probably help you.*

Wenn du ihm erzählen würdest, dass du Hilfe brauchst, könnte er dir wahrscheinlich helfen.

If I were to take a day off I could sleep until noon.

Wenn ich einen Tag freinehmen sollte, könnte ich bis zum Mittag schlafen.

If you had told me about the party, I could have arranged to be there.

Wenn du mir von dem Fest erzählt hättest, hätte ich es arrangieren können, dabei zu sein.

Hinweis: Auch *might (have)* kann im Folgesatz *would (have)* ersetzen.

17.2. Bedingungssätze ohne *if*

Bedingungssätze ohne die Konjunktion *if* formuliert man per Inversion. Man benutzt das Plusquamperfekt (1), *should* (2) oder *were* (3):

	Inversion			Rest des Satzes	Gegenstück mit if
(1)	*Had*	*I*	*known*	*that my parents were coming, I would have cleaned up the house.*	*If I had known that my parents were coming, I would have cleaned up the house.*
(2)	*Should it*		*give*	*you any trouble, please let me know.*	*If it should give you any trouble, please let me know.*
(3)	*Were*	*my*	*here, father*	*he would help me.*	*If my father were here, he would help me.*

Hinweis: Bedingungssätze mit Inversion können auch am Ende des Hauptsatzes erscheinen (4):

(4) *I would have brought an umbrella, had I known that it would rain.*

17.3. Bedingungssätze mit *unless*

Auch die Konjunktion *unless (außer wenn; es sei denn, dass)* kann Bedingungssätze einleiten (1). Die Bedingung steht dann meist als zweiter Teil des Satzes (2):

(1) *Unless you want to look like a fool, you shouldn't wear a dinner jacket on the beach.*	Man sollte keinen Smoking am Strand tragen, es sei denn, man möchte wie ein Dummkopf aussehen.
(2) *I won't be going to the party unless Nicole asks me to.*	Ich werde nicht auf das Fest gehen, außer wenn Nicole mich darum bittet.
(3) *Don't try skydiving unless you are very adventurous.*	Versuche das Fallschirmspringen nicht, wenn du nicht sehr abenteuerlustig bist.
(4) *There is no need to worry about the exam unless you haven't prepared for it.*	Es gibt keinen Grund, sich Sorgen um die Prüfung zu machen, außer wenn man sich nicht darauf vorbereitet hat.

Übung

Vervollständigen Sie die Bedingung oder die Folge mit der richtigen Form des Verbs:
a. I (to come) here if I had known that he wasn't there.
b. I (to go) to Hawaii this year if I have enough money.
c. If David were to find out about this, he (to be) very angry.
d. If I (to be) Brock I wouldn't talk to professors in that manner.
e. If you work hard, you (to succeed).
f. If you worked harder, you (to succeed).
g. Parker won't do it if he (to decide) that it's a waste of time.
h. If he had invested wisely ten years ago he (to be) rich today.
i. If the weather (to be) unpleasant we might decide to cancel our trip.
j. If he had missed his bus he (to call) us.

Lösung

a.   wouldn't have come
b.   will go
c.   would be
d.   were
e.   will succeed
f.   would succeed
g.   decides
h.   would be
i.   is
j.   would have called

18. Besonderheiten der Wortstellung

18.1. Betonung einzelner Satzteile mit *to be*

Man kann einen Satzteil mit *to be* betonen. Aus dem normalen Satz (1, 6) kann man z. B. das Subjekt (2, 3), das Prädikat 4, 7), das direkte (5, 8) oder indirekte Objekt (9) oder eine Adverbialbestimmung (10) hervorheben.

(1) *Neil ruined my new white suit.*
(2) *Neil was the one who ruined my new white suit.*
(3) *It was Neil who ruined my new white suit.*
(4) *What Neil did was ruin my new white suit.*
(5) *It was my new white suit that Neil ruined.*
(6) *I gave him a little advice this morning.*
(7) *All I did this morning was give him a little advice.*
(8) *All I gave him this morning was a little advice.*
(9) *He was the one whom I gave a little advice this morning.*
(10) *It was this morning that I gave him a little advice.*

18.2. Sätze mit *so* oder *neither/nor*

Um kurz auszudrücken, dass man eine bejahte Aussage für sich selbst oder einen anderen akzeptiert, benutzt man *so*. Es entspricht dem deutschen *auch* (1):

(1) *Beth: "I went to the cinema*   *Beth: "Heute ging ich ins*
     today."   *Kino."*
    Allison: "So did I."   *Allison: "Ich auch."*

Um kurz auszudrücken, dass man eine verneinte Aussage für sich selbst oder einen anderen akzeptiert, benutzt man *neither* oder *nor*. Sie entsprechen dem deutschen *auch nicht* (2):

(2) *Rob: "I didn't go to the party."*   *Rob: "Ich ging nicht zum Fest."*
    Becky: "Neither did I."   *Becky: "Ich auch nicht."*
    Gina: "Nor did I."   *Gina: "Ich auch nicht."*

Man benutzt diese Ausdrücke also, um nicht den ganzen Satz wiederholen zu müssen. In solchen Sätzen (→ 6.) stehen *so, neither* oder *nor* voran, dann folgen das Hilfsverb des Aussagesatzes und das neue Subjekt. Keine anderen Wörter des Aussagesatzes außer dem Hilfsverb werden wiederholt (3), auch das *not* bei Negativaussagen entfällt

(4). Wenn der Aussagesatz kein Hilfsverb aufweist, benutzt man das Hilfsverb *do* (5):

Aussagesatz	so-Satz		
(3) *I've never been to Spain.*	*Neither*	*have*	*we.*
We are ready to go.	*So*	*am*	*I.*
(4) *Chuck couldn't understand what they were saying.*	*Nor*	*could*	*I.*
(5) *You look as if you had a good night's sleep.*	*So*	*do*	*you.*
He studies for three hours a night.	*So*	*does*	*she.*

18.3. Der Gebrauch von *so* oder *not* an Stelle eines Nebensatzes

Ein anderer Gebrauch von *so* weist auf einen Nebensatz im Satz zuvor hin. Dabei steht es immer am Satzende. *So* wird auf diese Weise in Zusammenhang mit folgenden Verben gebraucht: *believe, do, expect, hope, say, suppose, think*. Im amerikanischen Englisch benutzt man es auch mit *guess* (als Synonym für *suppose*) (1):

(1)	so-Satz		ausführliche Ausdrucksweise
Does Harold plan to join us?	*I believe so.*	*Ich glaube schon.*	*I believe that he does.*
I suggest that you come along.	*I shall do so.*	*Das werde ich tun.*	*I shall come along.*
Will your team win the match?	*We hope so.*	*Das hoffen wir.*	*We hope that we shall.*
How did you know that John was here?	*Mr. Wilson said so.*	*Herr Wilson sagte es.*	*Mr. Wilson said that he was here.*
Will it rain today?	*I suppose so.*	*Ich glaube schon.*	*I suppose that it will.*
Will Miss O'Hara be there today?	*I think so.*	*Ich denke schon.*	*I think that she will be.*

Bei *believe* und *think* kann man den *so*-Satz auch negativ formulieren (2):

| (2) | *Will Mrs. Bennett be here today?* | *I don't think so.* | *Ich glaube nicht.* | *I don't think that she will be.* |

Bei *hope, suppose* und *think* kann verneinendes *not* am Satzende stehen (3). Diese Form wird oft verwendet, um mit einer negativen Aussage übereinzustimmen (4):

(3)	*Will the other team win the match?*	*I hope not.*	*Ich hoffe nicht.*	*I hope that they won't.*
(4)	*Otto will win the race.*	*I think not.*	*Ich glaube nicht.*	*I don't think that he will.*
	It seems as if Ray won't be joining us.	*I suppose not.*	*Wahrscheinlich nicht.*	*I suppose that he won't be.*

18.4. Inversion zur Betonung

Betonung von Adverb und Konjunktion

Gewisse Adverbien und Konjunktionen mit einschränkendem Sinn kann man an den Satzanfang stellen (1):

| (1) | *Seldom have I seen such a disgraceful performance.* | *Nur selten habe ich solch eine blamable Leistung gesehen.* |

Vollverben werden in diesem Fall mit *do* umschrieben (2):

| (2) | *Only by running to catch the train did my friends make it here on time.* | *Nur indem sie rannten, um den Zug zu erwischen, konnten meine Freunde rechtzeitig hier ankommen.* |

Die Adverbien und Konjunktionen, die am häufigsten so gebraucht werden, sind (3):

(3)	*hardly*	*kaum*
	little	*kaum*
	neither ... nor	*weder ... noch*

never	*(noch) nie*
no sooner ... than	*kaum ... als*
nor	*auch nicht*
not only	*nicht nur*
not until	*erst*
nowhere	*nirgendwo*
on no account	*auf keinen Fall*
rarely	*selten*
scarcely	*kaum*
seldom	*selten*
under no circumstances	*unter keinen Umständen*

Der Satz ist dann in der Reihenfolge einem Fragesatz ähnlich (→ 14.).
Adverb-Hilfsverb oder *to be*-Subjekt-Vollverb-Rest des Satzes (4):

(4)	Adverb	Hilfsverb oder *to be*	Subjekt	Vollverb	Rest des Satzes
	No sooner	*did*	*I*	*mention*	*his name than he arrived on my door-step.*
	Seldom	*is*	*he*	*inclined*	*to discuss his fee-lings with me.*
	Little	*did*	*I*	*know*	*that she had no intention of accom-panying me.*
	Under no circum-stances	*should*	*young children*	*go*	*there without per-mission.*

Solche Sätze kann man oft auch in der normalen Reihenfolge ausdrücken (5):

(5) *I have seldom seen such a disgraceful performance.*

Eine andere Art von Inversion mit Adverb ist nur möglich, wenn das
Subjekt ein Substantiv (und kein Pronomen) ist, wenn der Satz keine
Objekte aufweist und wenn das Hauptverb des Satzes im Präsens oder
Präteritum steht.

Diese Art von Inversion kommt vor, wenn der adverbiale Teil einer Verb-
Adverb Zusammensetzung wie *to come in* (6), *to come down* (7), *to go
out* (8) am Satzanfang steht.

(6) *In came my four colleagues, exhausted from a hard day's work.*
(7) *Down came a heavy rain which was to spoil our plans for a picnic.*
(8) *Out went the lights as the children heard me coming.*

Diese Art von Inversion tritt auch dann auf, wenn ein Adverb wie *here, so, then, there* (9) oder ein Präpositionalausdruck am Satzanfang steht (10):

(9) *Here comes Diane Decker, my new next-door neighbour.*
Then came a few minutes of absolute silence.
(10) *In the hallway stood an enormous grandfather clock.*
Over the clock hung an original Picasso.

Betonung des Adjektivs

Auch Adjektive können zur Betonung an den Satzanfang gestellt werden. Diese Inversion kommt im formellen Sprachgebrauch vor. Es handelt sich um Sätze mit prädikativen Adjektiven. Adjektiv und Kopula (*linking verb*) treten dabei vor das Subjekt (11):

(1) *Such are the problems I must concern myself with.*
Many were the times I considered ending the affair.

Betonung des Hilfsverbs

In Wunschsätzen mit dem Hilfsverb *may* steht das Hilfsverb vor dem Subjekt (12):

(12) *May you lead happy, healthy lives.*
May he rest in peace.

18.5. Inversion in der indirekten Rede

Im Zwischen- und Nachsatz einer direkten Rede darf das Prädikat vor dem Subjekt stehen (1):

(1) *"Let's have a party and invite all of our friends,"* suggested Amy.

»*Lasst uns feiern und alle unsere Freunde einladen.*«, schlug Amy vor.
"*I'm extremely hungry,*" said a classmate of mine.
»*Ich bin sehr hungrig.*«, sagte einer meiner Klassenkameraden.

Im modernen Englisch tritt diese Inversion jedoch nur auf, wenn das Subjekt ein Substantiv und kein Pronomen ist (2):

(2) "*I really don't know very much about geography,*" she admitted.
»*Ich weiß wirklich nicht viel über Geografie.*«, gab sie zu.
"*I want to go to the movies*", he said.
»*Ich möchte ins Kino gehen*«, sagte er.

19. Aussprache

Grundwissen: Im Englischen kann man die Aussprache eines Wortes viel seltener aus der Buchstabierung erschließen als im Deutschen. Deswegen muss man in der Regel die Aussprache der Wörter einzeln erlernen.

Folgende Wörter werden z. B. alle mit *ough* geschrieben, und dennoch unterscheidet sich ihre Aussprache sehr stark (1):

(1)		Aussprache des Wortes	Aussprache von *ough* im Wort
	through	[θruː]	[uː]
	tough	[tʌf]	[ʌf]
	though	[ðəʊ]	[əʊ]
	thought	[θɔːt]	[ɔː]
	bough	[baʊ]	[aʊ]
	hiccough	[hɪkʌp]	[ʌp]
	cough	[kɒf]	[ɒf]

Dieselben vier Buchstaben werden also in diesem (allerdings extremen) Fall auf sechs verschiedene Weisen ausgesprochen.

19.1. Die Laute im Englischen

Grundwissen: Bei folgenden Lauten handelt es sich um die so genannte *received pronunciation,* d. h. die hochsprachliche Aussprache des britischen Englisch.

Hinweis: Die Bemerkungen zur Aussprache beziehen sich auf die Laute und nicht auf die Buchstaben. Die Bemerkungen über [k] beziehen sich z. B. auf das Lautschrift-Symbol k. Dieser Laut könnte im Wort ein *k* sein, doch er könnte genauso *c, ck* oder *cc* entsprechen (s. u.). Andererseits heißt die Lautschrift für *knife* [naɪf]. Obwohl das Wort also den Buchstaben *k* aufweist, ist der Laut [k] nicht vorhanden.

Konsonanten

Zeichen	Beispiele		Aussprache
[b]	*big* *table* *ebb*	[bɪg] ['teɪbəl] [eb]	wie im Deutschen
[d]	*day* *wedding* *bed*	[deɪ] ['wedɪŋ] [bed]	wie der deutsche Buchstabe *d*, aber immer stimmhaft wie bei *dumm*, nicht ein t-Laut wie bei Pfad
[f]	*friend* *effort* *cough* *autograph* *tough*	[frend] ['efət] [kɒf] ['ɔːtəgrɑːf] [tʌf]	wie im Deutschen
[g]	*get* *egg* *anger*	[get] [eg] ['æŋgə]	Das [g] wird wie ein deutsches *g* ausgesprochen. Doch wichtig ist, dass es nie wie [k] wie im Deutschen bei *Tag*, klingt.
[h]	*hat* *ahead* *who*	[hæt] [ə'hed] [huː]	wie im Deutschen
[j]	*yes* *onion* *Europe* *music*	[jes] ['ʌbjən] ['jʊərəp] ['mjuːzɪk]	wie ein deutsches j
[k]	*cat* *sick* *weekday* *school* *account* *queue*	[kæt] [sɪk] ['wiːkdeɪ] [skuːl] [ə'kaʊnt] [kjuː]	wie ein deutsches k

Zeichen	Beispiele		Aussprache
[l]	*life*	[laɪf]	Man unterscheidet zwischen dem dunklen und dem hellen l, obwohl sie dasselbe Symbol haben. Das helle [l] klingt wie bei *Leute* im Deutschen. Die Vorderzunge berührt den harten Gaumen, die Zungenspitze befindet sich an den so genannten Alveolen (d. h. ganz oben an den Zahnmulden im Kiefer). Das helle [l] wird gebraucht, wenn das [l] vor einem Vokal oder einem [j] steht *(blue, clear, failure)*. [l] vor einem Konsonanten *(film, old)* spricht man als dunkles [l]. Bei der Aussprache des dunklen [l] berührt die Hinterzunge den weichen Gaumen.
	calling	['kɔːlɪŋ]	
	will	[wɪl]	
[m]	*me*	[miː]	wie im Deutschen
	hammer	['hæmə]	
	climb	[klaɪm]	
[n]	*no*	[nəʊ]	wie im Deutschen
	funny	['fʌnɪ]	
	one	[wʌn]	
[ŋ]	*hang*	[hæŋ]	wie im Deutschen bei Gesang
	singer	['sɪŋə]	
	meeting	['miːtɪŋ]	
[p]	*pass*	[paːs]	wie das deutsche *p*
	appear	[ə'pɪə]	
	top	[tɒp]	

Zeichen	Beispiele		Aussprache
[r]	*road* *earring* *rarity*	[rəʊd] ['ɪərɪŋ] ['rɛərɪtɪ]	Dieser Laut ist kein rollendes *r*. Die Zunge wird leicht zurückgebogen, die Seiten der Zunge werden gehoben, sodass sie die Molare, d. h. die hinteren Backenzähne, berühren. Die Zunge ist flach, doch der vordere Teil vertieft sich wie zu einem Löffel. Die Lippen werden dabei leicht gerundet.
[s]	*sun* *face* *kiss* *scent*	[sʌn] [feɪs] [kɪs] [sent]	wie im Deutschen bei *Hass, lassen*
[ʃ]	*English* *precious* *mission* *parachute* *sugar* *conscious* *nation*	['ɪŋglɪʃ] ['preʃəs] ['mɪʃən] ['pærəʃuːt] ['ʃugə] ['kɒnʃəs] ['neɪʃən]	wie im Deutschen bei *Schule,* doch die Lippen sind viel weniger vorgestülpt
[t]	*tap* *attack* *wit*	[tæp] [ə'tæk] [wɪt]	wie im Deutschen
[tʃ]	*cheap* *pitch* *riches*	[tʃiːp] [pɪtʃ] ['rɪtʃɪz]	wie im Deutschen bei *matschig, Deutsch,* doch die Lippen sind viel weniger vorgestülpt

Zeichen	Beispiele		Aussprache
[θ]	*think* *bath* *ethic*	[θɪŋk] [baːθ] [ˈeθɪk]	Man legt die Zunge an die untere Rückseite der oberen Schneidezähne und produziert einen Laut wie bei *Hass, lassen,* nur kürzer.
[ð]	*that* *weather* *clothes*	[ðæt] [ˈweðə] [kləʊðz]	Man legt die Zunge an die untere Rückseite der oberen Schneidezähne und produziert einen Laut wie bei *sein, Hase,* nur weicher.
[v]	*vote* *five* *of*	[vəʊt] [faɪv] [əv, ɒv]	wie das deutsche *w* bei *weg, wollen*
[w]	*wish* *what* *persuade* *quite*	[wɪʃ] [wɒt] [pəˈsweɪd] [kwɪt]	Man spricht ein sehr kurzes deutsches *u* mit vorgestülpten Lippen aus und geht schnell zum folgenden Laut über.
[z]	*zoo* *is* *phase*	[zuː] [ɪz] [feɪz]	wie das deutsche *s* bei *Hase, lesen*
[ʒ]	*pleasure* *barrage* *illusion*	[ˈpleʒə] [ˈbæraːʒ] [ɪˈluːʒən]	wie bei *Garage, Blamage* im Deutschen
[dʒ]	*job* *judge* *danger* *exaggerate*	[dʒɒb] [dʒʌdʒ] [ˈdeɪndʒə] [ɪgˈzædʒəreɪt]	Man spricht den d-Laut und dann gleich den ʒ-Laut aus. Es wird also *nicht* wie tsch ausgesprochen.

Vokale

Zeichen	Beispiele		Aussprache
[ɑ]	*laugh* *jar* *blast*	[lɑːf] [dʒɑː] [blɑːst]	langes *a*. Die Hinterzunge liegt so tief wie möglich.
[æ]	*back* *angry* *sad*	[bæk] ['æŋgrɪ] [sæd]	halbwegs zwischen deutschem *ä* und deutschem *a*. (wie ein gedehntes *ä*). Bei der Aussprache ist der Mund weit geöffnet, die Kehlkopfmuskeln sind gespannt, und die Vorderzunge liegt tief.
[ɒ]	*dog* *sausage* *off*	[dɒg] ['sɒsɪdʒ] [ɒf]	Man spricht den englischen ɑ-Laut aus und rundet dabei leicht die Lippen.
[e]	*yes* *head* *ending*	[jes] [hed] [end]	wie im Deutschen bei *hätte, Bett*
[ə]	*above* *pictures* *alphabet* *album*	[ə'bʌv] ['pɪktʃəz] ['ælfəbet] ['ælbəm]	wie bei *danke, bitte* im Deutschen
[ɜː]	*turn* *bird* *mercy* *journey* *work*	[tɜːn] [bɜːd] ['mɜːsɪ] ['dʒɜːnɪ] [wɜːk]	wie das *ö* in *Mörder,* aber die Lippen werden nicht gerundet, sondern leicht gespreizt
[ɪ]	*if* *wanted* *ring* *England* *build* *crystal*	[ɪf] ['wɒntɪd] [rɪŋ] ['ɪŋglənd] [bɪld] ['krɪstl]	wie bei *nicht* im Deutschen

Zeichen	Beispiele		Aussprache
[iː]	*be*	[biː]	wie bei *Kies* im Deutschen
	meet	[miːt]	
	feat	[fiːt]	
	receive	[rɪ'siːv]	
	piece	[piːs]	
[ɔː]	*cord*	[kɔːd]	wie ein deutsches *or* ohne Aussprechen des *r* oder, anders ausgedrückt, wie das *oo* in *Boot,* wobei die Lippen nicht stark gerundet und vorgestülpt, sondern nur leicht gerundet werden
	board	[bɔːd]	
	author	['ɔːθə]	
	four	[fɔː]	
[uː]	*blue*	[bluː]	wie das *u* in *Zug,* wobei die Zunge im Mund etwas weiter hinten und ein bisschen höher liegt
	mood	[muːd]	
	fruit	[fruːt]	
	move	[muːv]	
	shoe	[ʃuː]	
	group	[gruːp]	
[ʊ]	*put*	[pʊt]	wie ein deutsches *u,* wobei die Lippen nicht vorgestülpt werden
	good	[gʊd]	
	would	[wʊd]	
	woman	['wʊmən]	
[ʌ]	*run*	[rʌn]	wie das *-er* bei Metzger
	judge	[dʒʌdʒ]	
	lull	[lʌl]	
	come	[kʌm]	
	does	[dʌz]	
	blood	[blʌd]	
	touch	[tʌtʃ]	

Diphthonge

Zeichen	Beispiele		Aussprache
[aɪ]	*by*	[baɪ]	ähnlich wie bei *Main,* *weiter* im Deutschen, aber länger
	buy	[baɪ]	
	lie	[laɪ]	
	neight	[haɪt]	
	high	[haɪ]	
	guide	[gaɪd]	
[aʊ]	*round*	[raʊnd]	von [aː] zu [uː] gleiten
	now	[naʊ]	
	out	[aʊt]	
[eɪ]	*late*	[leɪt]	als ob man im Deutschen von *ä* zu *i* gleiten würde
	day	[deɪ]	
	feign	[feɪn]	
	aid	[eɪd]	
	great	[greɪt]	
[ɛə]	*chair*	[tʃɛə]	wie das *är* in *Bär,* aber ohne Aussprechen des *r*
	stare	[stɛə]	
	area	['ɛərɪə]	
	bear	[bɛə]	
[əʊ]	*mow*	[məʊ]	Man gleitet schnell vom [ə] zum [ʊ]:
	go	[gəʊ]	
	coal	[kəʊl]	
[ɪə]	*near*	[nɪə]	wie im Deutschen bei *Bier,* ein [iː] gefolgt *von* einem kurzen [ə].
	here	[hɪə]	
	steer	[stɪə]	
	weird	[wɪəd]	
	pierce	[pɪəs]	
[ɔɪ]	*joy*	[dʒɔɪ]	Man sagt ein kurzes *o* und gleitet zu *i.* Es klingt etwa wie bei *Scheu* im Deutschen
	boil	[bɔɪl]	
	oil	[ɔɪl]	
[ʊə]	*pure*	[pjʊə]	wie das *ur-* bei *uralt,* *Futur,* aber ohne Aussprechen des *r*
	endure	[ɪn'djʊə]	

19.2. Allgemeines zur Aussprache

Der Kehlkopfverschlusslaut

Im Englischen gibt es keinen Kehlkopfverschlusslaut, also kein Knackgeräusch vom Hals, das man bei der Aussprache von *Ei, alles, irgend-
wo* usw. im Deutschen spürt. Das heißt, Vokale im Englischen sind alle
weich. Das Knackgeräusch kommt bei Englisch Sprechenden nur dann
vor, wenn sie ein Wort, das mit einem Vokal anfängt, ganz besonders
stark betonen wolten (1):

(1) *I'm the one who called you, not Wade.*
     That was absolutely the worst film I've ever seen.

Aussprache des Buchstaben r

In der *received pronunciation* wird ein *r* nur vor einem Vokal ausgesprochen. Wenn das *r* vor einem Konsonanten steht, wird der Vokal
verlängert, der vor dem *r* steht. Das *r* wird z. B. in *a better idea* ausgesprochen (*r* vor dem Vokal *i*), bei *a better day* jedoch nicht (*r* vor dem
Konsonanten *d*). Wenn es vor einem nicht ausgesprochenen *e* am
Ende eines Wortes steht und ein Vokal oder Diphthong folgt, wird *r* laut-
lich zu [ə].

Bindung

Im englischen Satz schließt sich bei der Aussprache öfters ein Wort an
das vorhergehende Wort an. Insbesondere Wörter, die mit Vokalen
anfangen, schließen sich oft in dieser Weise an. Bei den Wörtern *he,
her, him, his* sowie *to have*, wenn es als Hilfsverb benutzt wird, wird das
h manchmal nicht ausgesprochen, und der folgende Vokal schließt sich
an das Wort davor an. Im Satz haben die einzelnen Wörter theoretisch
ihr eigenes Gewicht, doch in der Praxis fließen sie zusammen.

Aussprache einzelner Konsonanten

Im Unterschied zum Deutschen wird ein *d* am Ende eines Wortes nicht
wie ein *t* ausgesprochen (3):

(3)   *sad, hand, red*

Im Gegensatz zum Deutschen wird ein *g* am Ende eines Wortes nicht wie ein *k* ausgesprochen (4):

(4)   *egg, fog, bug*

Der Buchstabe *s* wird fast immer als [s] (5) oder [z] (6) ausgesprochen. Wenn er nach einem Vokal steht, wird er [z] ausgesprochen, außer am Wortende.

(5)   *son, south, bliss*
(6)   *lees, easy, ease*

20. Silbentrennung

Grundwissen: Am Ende einer Zeile werden englische Wörter zwischen den Silben getrennt (1):

(1) *re-pro-duc-tion*
    hor-ren-dous-ly
    com-mit-tee
    per-son-nel

Hinweis: Bei englischen Wörtern mit einem verdoppelten Konsonanten bildet der erste dieser zwei Buchstaben fast immer das Ende einer Silbe und der zweite Buchstabe den Anfang der nächsten Silbe (2):

(2) *clob-ber*
    wil-low
    im-pres-sion

    soc-cer
    ham-mer
    at-tack

    lad-der
    in-ner
    skiv-vies

    saf-fron
    top-pings
    pow-wow

    dog-ged
    em-bar-rass
    daz-zled

Abgeleitete Formen von Verben, die auf einen verdoppelten Konsonanten enden, werden nicht zwischen diesen zwei Buchstaben getrennt (3):

(3) Verb   Trennung der abgeleiteten Form

    ebb   *ebb-ing*
    add   *add-ing*
    call   *call-ing*
    kiss   *kiss-a-ble*

Einsilbig gesprochene Wörter werden nie getrennt (4):

(4) *streets*
length
shrimp
through
called

Nach einer Trennung sollte ein Buchstabe nicht allein am Ende der alten Zeile stehen. Ein oder zwei Buchstaben eines getrennten Wortes sollten nicht für sich an den Anfang einer neuen Zeile kommen (5):

(5) *rem-edy*
pi-ano
ma-niac
Aber: *unity*

Wenn man ein zusammengesetztes Wort trennt, sollte man nur dort trennen, wo sich der Bindestrich befindet. Sonst sollte man das ganze Wort auf die nächste Zeile nehmen (6):

(6) *self-portrait*
first-rate
right-of-way
rough-and-ready
will-o'the-wisp

Angesichts der obigen Regeln kann es manchmal im Englischen vorkommen, dass die Trennung eines Wortes von dessen Bedeutung abhängt, oder, anders gesagt, dass zwei Wörter, die gleich geschrieben werden, auf verschiedene Weise getrennt werden (7):

(7) *prayer* (Gebet) wird nicht getrennt, weil es einsilbig gesprochen wird.
prayer (jemand, der betet) wird *pray-er* getrennt, weil es zweisilbig ist.

Bei der Trennung dreier aufeinander folgender Konsonanten gehört der dritte zur neuen Zeile, wenn der zweite und der dritte zusammen nicht den Anfang eines Wortes bilden könnten. So steht im ersten Beispiel das *t* nach der Trennung, weil *ct* keine Kombination ist, mit der Wörter im Englischen anfangen (8):

(8) *punc-tu-al*
ant-sy
ink-ling

Ein *ck* (9) oder ein *x* (10) steht immer vor der Trennung:

(9) *suck-ling*
 sick-en-ing

(10) *com-plex-ion*

Mehrsilbige Präfixe und Suffixe wie *intro-* (11), *-able* (12), *-ary* (13), *-ism* (14) werden nicht getrennt:

(11) *intro-duc-tory*
(12) *un-be-liev-able*
(13) *sec-ond-ary*
(14) *com-mun-ism*

Übungen

Zeigen Sie, wo die folgenden Wörter getrennt werden können:

a. demystification
b. bigger
c. counterattack
d. well-known
e. filled
f. laundry
g. pity
h. sticky
i. introductory

Lösungen

a. de-mys-ti-fi-ca-tion
b. big-ger
c. coun-ter-at-tack
d. well-known
e. filled
f. laun-dry
g. pity
h. sticky
j. intro-duc-tory

21. Zeichensetzung

21.1. Das Komma

Grundwissen: Im Englischen verwendet man ein Komma, um Satzteile oder Sinngruppen zu trennen, sodass der Leser die gemeinte Bedeutung des Satzes erkennt. Es gibt mehrere Kommaregeln.

Kommas mit koordinierenden Konjunktionen

Wenn zwei oder mehr Hauptsätze durch eine beiordnende Konjunktion (→ 8.) aneinander gereiht werden, braucht man vor der Konjunktion ein Komma (1):

(1) *Fiona offered me something to drink, but I wasn't thirsty.*   *Fiona bot mir etwas zu trinken an, aber ich hatte keinen Durst.*

I *wasn't thirsty* könnte als Einzelsatz stehen. Das Gleiche gilt für *Fiona offered me something to drink. but* ist die koordinierende Konjunktion.

Das Komma darf bei solchen Sätzen nur dann entfallen, wenn der Satz derart kurz ist, dass man ihn nicht missverstehen kann (2):

(2) *The alarm sounded and he woke up.*   *Der Alarm tönte, und er wachte auf.*

Ein weiteres Beispiel (3):

(3) *I had blisters on my feet, and my legs ached.*   *Ich hatte Blasen an meinen Füßen, und meine Beine taten weh.*

and fungiert als koordinierende Konjunktion. Hier darf das Komma nicht wegfallen. Es zeigt nämlich eine Pause im Satz an, ohne die ein Missverständnis entstehen würde. Ohne das Komma würde man als Leser zunächst verstehen *I had blisters on my feet and my legs,* also *Ich hatte Blasen an meinen Füßen und meinen Beinen.* Im Deutschen sorgen die gebeugten Formen (meine Beine) dafür, dass ein solches Missverständnis nicht vorkommt. Diese Funktion erfüllt im Englischen das Komma.

Noch ein Beispiel (4):

(4)   *I have to go to the grocer's and buy some food.*

and ist zwar koordinierende Konjunktion, aber *buy some food* ist eine Infinitivwendung, kein Hauptsatz. Der Satz weist kein Komma auf.

Komma bei Aufzählungen

Das Komma wird auch gebraucht, um die Teile einer Aufzählung voneinander zu trennen (5). Wenn der letzte Teil der Aufzählung mit *and* angereiht wird, darf das Komma auch entfallen (6).

(5)   *They saw Paris, Rome, Madrid, Munich, and Berlin.*
I have to go to the grocer's, buy some food, go to the post office, and do my homework.

     Sie sahen sich Paris, Rom, Madrid, München und Berlin an.
Ich muss zum Lebensmittelhändler gehen, etwas zu essen kaufen, zur Post gehen und meine Hausaufgaben machen.

(6)   *I ordered a hamburger, a hot dog and a soft drink.*

     Ich bestellte einen Hamburger, einen Hot Dog und eine Limonade.

Kommas bei attributiven Adjektiven

Wenn mehrere Adjektive vor einem Substantiv auftreten, werden sie mit Kommas getrennt, wenn sie gleichberechtigt nebeneinander stehen, nicht jedoch, wenn sie kumulativ einen Gesamtbegriff bilden.

Durch Kommas voneinander getrennte Adjektive (7) können ein Substantiv auch allein näher bestimmen, kumulativ aneinander gefügte (8) können es nicht.

(7)   *Digging trenches is difficult, tiring, unpleasant work.*

     Gräben auszuheben ist eine schwierige, anstrengende, unangenehme Arbeit.

(8)   *Two new red sports cars stood in the driveway.*

     Zwei neue rote Sportwagen standen in der Auffahrt.

Hinweis: Im Zweifelsfall kann man schnell bestimmen, zu welcher Kategorie die Adjektive gehören, indem man zwei Tests macht.

Könnte man die Adjektive auch in einer anderen Reihenfolge ordnen? Bei (7) könnte man das:

Digging trenches is unpleasant, tiring, difficult work.

Bei (8) könnte man es nicht. Man hat *zwei neue rote Sportwagen,* nicht etwa *rote neue zwei Sportwagen*.

Könnte man die Adjektive mit *and* trennen? Bei (7) ginge es:

tiring and unpleasant and difficult

Kommas vor nicht-bestimmenden Relativsätzen

Kommas benutzt man auch, um nicht-bestimmende Relativsätze abzuheben.
Während bestimmende Relativsätze nicht von ihrem Bezugswort abgetrennt werden (9), muss vor nicht-bestimmenden Relativsätzen ein Komma stehen (10):

(9) *Her daughter likes books that*   *Ihre Tochter mag Bücher, die*
     have lots of pictures.   *viele Bilder haben.*
(10) *I bought the book "Faust", which* *Ich kaufte das Buch »Faust«,*
     was Goethe's greatest work.   *das Goethes größtes Werk war.*

Im ersten Satz (9) steht kein Komma vor *that*, weil *that have lots of pictures* einen bestimmenden Relativsatz bildet. Die Tochter mag nur solche Bücher. Ohne den Relativsatz würde sich die Bedeutung ändern.
Im zweiten Beispiel (10) benutzt man ein Komma, weil *which was Goethe's greatest work* einen nicht-bestimmenden Relativsatz darstellt. Der Relativsatz erzählt Näheres über das Buch, könnte jedoch auch fehlen.

Weitere Beispiele von bestimmenden (11) und nicht-bestimmenden Relativsätzen (12):

(11) *I can afford to buy a car that*   *Ich kann es mir leisten, ein Auto*
     costs less than $3,000.   *zu kaufen, das unter 3.000 $*
                                 kostet.

     Teenagers who drive expensive   *Teenager, die teure Sportwagen*
     sports cars often cause   *fahren, verursachen oft Ver-*
     traffic accidents.   *kehrsunfälle.*

(12) *Peter's girlfriend, who was wea-*   *Peters Freundin, die einen roten*
      ring a red miniskirt, came in   *Minirock trug, kam herein*
      and sat down.   *und setzte sich.*
      They live in Bad Homburg,   *Sie wohnen in Bad Homburg,*
      which is near Frankfurt.   *das in der Nähe von Frankfurt*
           liegt.

      Teenagers, who have more free   *Teenager, die ja mehr Freizeit*
      time than most adults, go to   *haben als die meisten Er-*
      the cinema more often than   *wachsenen, gehen öfter ins*
      adults do.   *Kino als Erwachsene.*

Kommas bei Appositionen

Bei Appositionen (nachgestellten Beisätzen, die davorstehende Substantive näher bestimmen) wird das Komma ebenfalls benutzt, um erläuternde Bestimmungen abzuheben (13). Vor einer notwendigen Bestimmung steht jedoch kein Komma (14):

(13) *That reminds me of Rodin's*   *Das erinnert mich an Rodins*
      famous sculpture of two   *berühmte Plastik von zwei*
      embracing lovers, The Kiss.   *sich umarmenden Liebha-*
           bern, »Der Kuss«.

      Basil Rathbone portrayed the   *Basil Rathbone spielte den be-*
      famous detective who lives   *rühmten Detektiv, der in der*
      at 221B Baker Street, Sher-   *Baker Street 221B wohnt,*
      lock Holmes.   *Sherlock Holmes.*
      I received a letter from Heather   *Ich bekam einen Brief von*
      Becker, a former classmate   *Heather Becker, einer ehe-*
      of mine.   *maligen Mitschülerin von mir.*
      I was face to face with the   *Ich stand dem Wächter, einem*
      guard, a tall, brawny man.   *großen, kräftigen Mann,*
           gegenüber.

(14) *Sherlock Holmes first appeared*   *Sherlock Holmes erschien zum*
      in the short story "A Study in   *ersten Mal in der Kurzge-*
      Scarlet".   *schichte »A Study in Scarlet«.*
      A famous sentence opens Jane   *Ein berühmter Satz leitet Jane*
      Austen's novel "Pride and   *Austens Roman »Pride and*
      Prejudice".   *Prejudice« ein.*

Kommas bei Übergängen

Kommas benutzt man, um Wörter oder Phrasen abzuheben, die als Übergänge am Satzanfang dienen. Häufige Übergänge sind (15):

(15) *as a matter of fact*   in der Tat
    first of all   erstens
    for example   zum Beispiel
    in fact   in der Tat
    in other words   in anderen Worten
    in the first place   erstens

    In fact, many Germans have   In der Tat sind viele Deutsche
      never been to Hungary.   nie in Ungarn gewesen.
    Erich, for example, has never   Erich ist zum Beispiel nie in
      been to Hungary.   Ungarn gewesen.

Das Komma bei Partizipialkonstruktionen

Partizipien, die einen adverbialen Nebensatz vertreten (→ 6.), werden mit Kommas abgehoben.
Dies gilt für verbundene Partizipien (16), die ein Bezugswort im Satz aufweisen, und für unverbundene Partizipien, die in sich selbstständig eingefügt sind (17):

(16) *"Certainly," she said, nodding*   »Sicher,« sagte sie und nickte
      her head vigorously.   dabei eifrig mit dem Kopf.
    He poured the rest of the milk,   Er goss den Rest der Milch ein
      tilting the carton to get the   und kippte dabei die Tüte,
      last drops.   um die letzten Tropfen he-
               rauszubekommen.

(17) *Chris played tennis with us, his*   Chris spielte Tennis mit uns, da
      other commitments having   seine sonstigen Verpflichtun-
      been cancelled.   gen abgesagt wurden.

Kommas bei Gegensätzen

Kommas benutzt man auch, um Gegensätze abzuheben (18):

(18) *I want the real thing, not a*   Ich will das Echte und keine
      cheap imitation.   billige Kopie.

*In case of fire you are to walk,   Falls es Feuer geben sollte, soll-
not run, to the exit.   ten Sie zum Ausgang gehen
                                                  und nicht rennen.*

Ein Komma hebt manchmal Satzteile ab, die mit Konjunktionen wie *but*
(19) oder *though* (20) eingeleitet werden:

(19) *He may be overjoyed, but I'm   Er mag vielleicht überglücklich
not.   sein, aber ich bin es nicht.*

(20) *When I returned I was extreme-   Als ich zurückkehrte, war ich
ly happy, though quite ex-   äußerst glücklich, wenn auch
hausted.   sehr erschöpft.*

Das Komma bei einer Anrede

Wenn ein Satz mit einer Anrede anfängt (21), stellt man ein Komma
dahinter:

(21) *Darling, let's go to the park   Liebling, gehen wir mal zum
and have a picnic.   Park und machen ein Pick-
                                                nick.*

*Jake, come here for a moment,   Jake, komme bitte mal einen
please.   Moment hierher.*

*Uncle Al, may I borrow this   Onkel Al, darf ich dieses Buch
book?   borgen?*

Das Komma bei Interjektionen

Wenn ein Satz mit einer Interjektion (→ 9.) beginnt (22), wird sie mit
einem Komma abgetrennt (22):

(22) *Hey, I've got an idea!   Du, ich habe eine Idee!
I say, is that necessary?   Sagen Sie mal, ist das not-
                                        wendig?*

*Oh yes, I almost forgot to tell   Ach ja, ich hätte fast vergessen,
you the news.   dir die Neuigkeiten zu er-
                                                zählen.*

Das Komma bei beiläufig eingeschobenen Satzteilen

Das Komma hebt die Satzteile ab, die beiläufig in den Hauptsatz eingefügt werden. Es erscheinen oft mehrere davon In einem einzigen Satz (23):

(23) *I didn't do it because I want-*
ed to, although I certainly
did want to; rather, it was,
if I might put it this way, an
inner voice, a voice which
inspired me and which never;
ever let me give up.

Ich tat es nicht, weil ich es tun
wollte, obwohl ich es gewiss
doch tun wollte; es war, wenn
ich es so ausdrücken darf,
viel mehr eine innere Stimme,
eine Stimme, die mich anreg-
te, die mich niemals aufgeben
ließ.

Die Nebensätze *although I certainly did want to* und *if I might put it this way* (23) erläutern Teile des Hauptsatzes und könnten genauso in Klammern gesetzt werden. Mit Kommas sind sie jedoch mehr in den Satz integriert, als es mit Klammern der Fall wäre.

Hinweis: Im Englischen erscheinen Kommas im Satz oft an denjenigen Stellen, an denen man beim Sprechen eine Pause macht. Im obigen Beispiel (23) ist das Komma zwischen *never* und *ever* gesetzt, um das Wort *ever* zu betonen. Das Ganze könnte man genauso ohne dieses Komma schreiben, doch der Ausdruck *never ever* würde dann gesprochen anders klingen.

Das Komma bei Daten

Kommas benutzt man auch bei Daten. Wenn ein Datum in der Reihenfolge Tag-Monat-Jahr genannt wird, steht ein Komma vor dem Jahr (24).

(24) *April l6th, 2003*

Aber:
April 2003
16. April 2003

Das Komma bei Ortsnamen

Bei Ortsangaben benutzt man ebenfalls ein Komma (25).

(25) *He took a plane from Newark, New Jersey to Leeds, England.*

Das Komma bei Zahlenangaben

Bei Zahlenangaben ist der Gebrauch des Kommas und des Punkts im Englischen genau umgekehrt wie im Deutschen. Im Englischen benutzt man das Komma für Zahlen ab tausend und den Punkt für die Abtrennung der Zehntel (26):

(26)		
3,450	*dreitausendvier-hundertfünfzig*	*three thousand four hundred and fifty*
3.0	*drei Komma null*	*three point zero*
2,400,000.3	*zwei Millionen vier-hunderttausend Komma drei*	*two million four hundred thousand point three*

Kommas zwischen Verb und Objekt

Anders als im Deutschen soll man kein Komma benutzen, wenn es ein Verb von seinem Objekt trennen würde (27).

(27) *He claimed that Annette had already been there.*   *Er behauptete, Annette sei schon da gewesen.*
I don't think that there will be a simple solution.   *Ich glaube nicht, dass es eine einfache Lösung geben wird.*

Die Nebensätze, die hier mit *that* anfangen, sind im jeweiligen Satzgefüge die direkten Objekte und können nicht von den Verben *claim* bzw. *think* getrennt werden.

Das Komma und der Infinitiv

Anders als im Deutschen steht kein Komma vor dem erweiterten Infinitiv (28).

(28) *I called to congratulate him on the victory.*   *Ich rief an, um ihm zum Sieg zu gratulieren.*
I went to the library to look for some books.   *Ich ging zur Bibliothek, um einige Bücher zu suchen.*

21.2. Der Strichpunkt

Regel: Der Strichpunkt wird benutzt, um gleichwertige Satzbestandteile voneinander zu trennen.

Der Strichpunkt zwischen Hauptsätzen

Hauptsätze werden meist durch eine koordinierende Konjunktion verbunden (→ 8.). Doch in Fällen, in denen der Zusammenhang zwischen diesen Sätzen klar ist, wird oft ein Strichpunkt gebraucht (1):

(1) *I chose not to join them for dinner; I had already eaten a lot that evening.*

Ich entschied mich dafür, nicht mit ihnen zu essen; ich hatte an dem Abend schon viel gegessen.

The boss thought Thorn was the best man for the job; I was inclined to disagree.

Der Chef hielt Thorn für den besten Mann für den Job; ich war anderer Auffassung.

Adverbien und Adverbialbestimmungen verbinden manchmal Hauptsätze. In solchen Fällen steht ein Strichpunkt vor dem Adverb (2) bzw. Adverbiale (3).

(2) *I found physics very difficult; nevertheless, I managed to pass the course.*

Ich fand Physik sehr schwierig; trotzdem gelang es mir, den Kurs zu bestehen.

(3) *Studying all night before an exam doesn't always help; in fact, those who have a good night's sleep get the best marks.*

Vor einer Prüfung die ganze Nacht zu lernen hilft nicht immer; tatsächlich bekommen diejenigen, die richtig ausschlafen, die besten Noten.

Wenn das verbindende Adverb bzw. Adverbiale im Verlauf des zweiten Hauptsatzes erscheint, stellt man den Strichpunkt zwischen die beiden Hauptsätze (4).

(4) *Many of my friends are good at sports; Jeff, for example, is a fine volleyball player.*

Viele meiner Freunde sind gute Sportler; der Jeff ist zum Beispiel ein ausgezeichneter Volleyball-Spieler.

I didn't think I would win; my victory was pure luck, as a matter of fact.

Ich dachte nicht, dass ich gewinnen würde; mein Sieg war eigentlich reine Glückssache.

Der Strichpunkt bei Listen

Man verwendet auch einen Strichpunkt, um Teile einer längeren Liste zu trennen, wenn die bloße Abtrennung mit Kommas unklar wäre (5):

(5) *His best friends are Thomas,*   *Seine besten Freunde sind Tho-*
    a muscular fellow with a   *mas, ein muskulöser Typ mit*
    mischievous smile; Frank; Ed,   *einem schelmischen Lächeln,*
    Chip's former roommate; and   *sowie Frank, Ed, der ehemali-*
    Stephen, the comedian of the   *ge Zimmergenosse von Chip,*
    bunch.   *und Stephen, der Spaßvogel*
                               der Truppe.

Mit den Strichpunkten ist es klarer, dass es sich in dem Beispiel nur um vier Freunde handelt. Für den Leser bleibt es sonst offen, ob *Chip's former roommate* etwas über Ed erzählt oder einen weiteren Freund vorstellt.

21.3. Der Doppelpunkt

Der Doppelpunkt hat im Englischen in den meisten Fällen dieselbe Rolle wie im Deutschen: Er richtet die Aufmerksamkeit auf die darauffolgenden Worte (1):

(1) *She promptly gave me her*   *Sie gab mir sofort ihre Antwort:*
    answer: "No, thank you."   *»Nein, danke.«*
    Even for a man as wealthy   *Selbst für einen Mann, der so*
    as he the price was high: *reich ist wie er, war die Sum-*
    two million pounds.   *me hoch: zwei Millionen Pfund.*

Ein Doppelpunkt leitet auch eine Liste ein (2):

(2) *I have a plan for this morning:*   *Ich habe für heute morgen eini-*
    I want to do some sightsee-   *ges vor: Ich möchte einige*
    ing, do some shopping, and   *Besichtigungen machen, et-*
    enjoy a hearty lunch.   *was einkaufen und ein herz-*
                               haftes Mittagessen genießen.

    Amy has three important quali- *Amy besitzt drei wichtige Eigen-*
    ties: patience, charm, and a   *schaften: Geduld, Charme*
    willingness to compromise.   *und Kompromissbereitschaft.*

Einen Doppelpunkt kann man für eine Liste aber nur benutzen, wenn der Satz vor dem Doppelpunkt einen vollständigen Satz bildet. In den obigen Beispielen ist das der Fall. Aber (3):

(3) *This morning I plan to do some sightseeing, take a boat ride, and enjoy a hearty lunch.*

Three qualities everyone should have are patience, charm, and a willingness ta compromise.

Im ersten Beispiel ist *to do some sightseeing...* das direkte Objekt, und *This morning I plan* könnte nicht allein stehen. Im zweiten Beispiel liegt Inversion zur Betonung der Subjektergänzung vor. *patience, charm and a willingness to compromise* ist das Subjekt des Satzes.

Ein Doppelpunkt wird manchmal statt eines Kommas in der Anrede eines Briefs gebraucht:

Dear Mr. Kiesbauer:

21.4. Der Apostroph

Der Apostroph wird hauptsächlich benutzt, um einen Genitiv zu bilden (→ 1.) und bei Kontraktionen.

Er wird außerdem gebraucht, um Plurale von Ziffern (1) und Buchstaben (2) zu bilden, die als solches genannt werden:

(1) *figure 8's*   *Achten*
(2) *His name is Phillip, with two L's.*   *Sein Name ist Phillip, mit zwei L.*

Sonderfall: Ein Jahrzehnt wird nummerisch ohne Apostroph ausgedrückt (3):

(3) *the 1970s*
    the 1830s

Plurale von Abkürzungen schreibt man mit auch mit Apostroph (4).

(4) *Three different DJ's played records at the party.*
    Abner claims to have seen some UFO's.

Wenn ein Jahr angegeben wird, ohne dass man das Jahrhundert nennt, wird das Jahrhundert durch einen Apostroph ersetzt (5):

(5) *He competed in the '84 Olympics.*
    I graduated in the class of '91.

Hinweis: Obwohl Possessivpronomen (→ 3.) eine Zugehörigkeit aus-drücken, werden sie nicht mit Apostroph geschrieben (6):

(6) *Each office has its own fax*   *Jedes Büro hat sein eigenes*
     machine.   *Faxgerät.*
     The red one is his, the blue one *Die rote ist seine, die blaue ist*
     is hers, and the other one is   *ihre, und die andere ist deine.*
     yours.

Man sollte sich insbesondere den Unterschied zwischen *its* (Possesiv-pronomen) (7) und *it's* (»es ist«) merken (8):

(7) *The dog closed its eyes and*   *Der Hund machte seine Augen*
     went to sleep.   *zu und schlief ein.*
(8) *Today isn't Friday, it's Thurs-* *Heute ist nicht Freitag, es ist*
     day.   *Donnerstag.*

21.5. Bindestrich

Im Englischen wird eine Zusammensetzung entweder mit oder ohne Bindestrich als ein Wort oder mit Leerzeichen als zwei Wörter geschrie-ben. Die einzelnen Fälle sind in einem Wörterbuch nachzuschlagen (1):

(1)

mit Bindestrich	ohne Bindestrich	zwei Wörter
water-cooled	*piecework*	*cold storage*
long-legged	*watertight*	*water pipe*
colour-blind	*pigheaded*	*love letter*
penny-pincher	*backache*	*colour television*
top-secret	*sandstorm*	*pine needle*

Manchmal zeigt die Art der Zusammensetzung, um welche Wortart es sich handelt. Sie unterscheidet z. B. Substantiv (2) und Verb voneinander (3):

(2) *short circuit*   *Kurzschluss*
     break-in   *Einbruch*
(3) *short-circuit*   *kurzschließen*
     break in   *einbrechen*

Die Art der Zusammensetzung unterscheidet manchmal zwischen leicht verwechselbaren Wörtern (4).

(4) *recount*   *erzählen*
     re-count   *nachzählen*

Gelegentlich wird ein Bindstrich gebraucht, wenn sonst doppelte (5) oder dreifache (6) Konsonanten entstehen würden, und macht somit die Aussprache klarer:

(5) *pre-eminent*
     de-emphasize
(6) *full-length*

21.6. Anführungszeichen

Der Gebrauch des Anführungszeichens ist im Allgemeinen derselbe wie im Deutschen. Doch ist wichtig, dass die öffnenden Anführungszeichen immer hochgestellt werden (1):

(1) *Churchill once said, "I have nothing to offer but blood, toil, tears*
     and sweat."
     I thought to myself, "How did I ever get into this mess?"

Wenn ein Zitat innerhalb eines anderen Zitats steht, wird es in halben Anführungszeichen gesetzt (2):

(2) *"I told him, 'Sir, if you want it, get it yourself'", Josh said with*
     a chuckle.

Die Interpunktion von Zitaten

Die Interpunktion von Zitaten erfolgt folgendermaßen:

Punkte und Kommas werden innerhalb der Anführungszeichen gesetzt (3):

(3) *"Im not kidding," he said. "I really did ask her to marry me."*
     "I think so," she said. "In fact, I'm sure of it."

Strichpunkte und Doppelpunkte stehen außerhalb der Anführungszeichen (4):

(4) *He said he liked a lot of things about "your little get-together":*
     the people, the atmosphere, the food and the music.
     The salesman called it "the fastest car ever produced"; I found
     that hard to believe.

Bei Fragezeichen und Ausrufezeichen kommt es darauf an, ob sie sich auf den ganzen Satz beziehen. Wenn sie es tun, werden sie außerhalb der Anführungszeichen geschrieben (5). Wenn sich das Frage- bzw. Ausrufezeichen aber nur auf das Zitat bezieht (6), steht es innerhalb der Anführungszeichen:

(5) *Can he play any other songs*   *Kann er irgendein anderes Lied*
     besides "Moon River"?   *spielen außer »Moon River«?*
(6) *A stranger approached me and*   *Ein Fremder kam auf mich zu*
     asked, "Do you have a light?"   *und fragte: »Haben Sie*
                                         Feuer?«

Vor einem Zitat steht entweder ein Doppelpunkt, ein Komma oder kein Satzzeichen, je nach dem Satzzusammenhang. Wenn das Zitat mit einem Hauptsatz eingeleitet wird, benutzt man einen Doppelpunkt (7):

(7) *His statement caught me by surprise: "I've just won the lottery."*

Wenn eine Wendung wie *he said* direkt hinter oder vor einem Zitat steht, benutzt man an Stelle des Doppelpunktes ein Komma. Das Gleiche gilt für ähnliche Pronomen und Verben, die man bei einer solchen Wiedergabe verwendet, wie z. B. *she observed, they remarked, I suggested* usw. (8):

(8) *"And it's pretty inexpensive as well," she added.*
     She said, "Let's go home."

Wenn das Zitat in den Satz integriert ist, wird es nur in Anführungszeichen gesetzt (9) oder, je nach der Struktur des Satzes, durch ein Komma abgehoben (10):

(9) *The director said that his screenplay "is very, very faithful to the*
     book on which it was based."
     The building had been "blown to smithereens," as my grand-
     father might have put it.

(10) *The building had been, as my grandfather might have put it,*
      "blown to smithereens".

Wenn ein erläuternder Zwischensatz zwischen zwei Sätzen eines Zitats erscheint, wird ein Komma davor und ein Punkt danach gesetzt (11). Wird er aber in einen Satz des Zitats eingeschoben (12), stehen Kommas vor und nach dem Einschub.

(11) *"The most important thing in fishing is the weather," my father
     would say. "If it rains, the fish won't bite."*

(12) *"If you go fishing on a rainy day," my father would say to me,
     "don't expect to catch many fish."*

Wenn ein Zitat durch einen Zwischen- oder Schlusssatz weitergeführt
wird, wird es mit einem Komma beendet (13), es sei denn, es handelt
sich um eine Frage (14) oder einen Ausruf (15).

(13) *"I've lust been to the grocer's," said Emma as she sat down on
     the couch.*
(14) *"What's her name?" he asked.*
(15) *"Look out below!" I shouted.*

Anführungszeichen bei Titeln

Anführungszeichen benutzt man immer bei Gedichten, Kapitelüber-
schriften, Kurzgeschichten, Femseh- oder Radiosendungen, Liedern
und Zeitungs- oder Zeitschriftenartikeln (16):

(16) *"The Ransom of Red Chief," by O. Henry
     The Beatles' "Revolution"*

Andere Titel (Bücher, Filme, Gemälde, Opern, Theaterstücke, Zeit-
schriften, Zeitungen) werden kursiv geschrieben, in Hand- oder Ma-
schinenschrift werden sie unterstrichen (17):

(17) Leo Tolstoy's *War and Peace*
     The Empire Strikes Back
     The Washington Post

Übungen

1. Setzen Sie die nötigen Kommas im Satz, aber nur dort, wo man sie braucht.

a. To be honest I just want to sit down and rest.
b. I first visited Frankfurt in 1977 and I first saw Munich on May 11 1991.
c. It was the kind of peaceful warm wonderful day that one never forgets.
d. My father who used to play professional tennis enjoys sports of all kinds.
e. I went to Naples and also visited Rome Milan Turin and Bergamo.
f. Being allergic to caffeine I drink milk not coffee.
g. The title characters of Dumas' exciting memorable book "The Three Musketeers" were named Athos Porthos and Aramis.
h. Rex's lovely blonde girlfriend is a friendly intelligent likable person.
i. First of all I would like to welcome our guests and thank them for coming.
j. I explained that I was talking about Paris France not the small American town known as Paris Texas.
k. Let me introduce you to my friend Bruce and his lovely wife Audrey.
l. I hope you will report many results and few excuses.
m. These problems are all I think the result of what Bret Wade a noted expert on the subject called "aftershock syndrome".
n. No I don't think I'll be joining you.
o. Ted mentioned the movie *Casablanca* which has never been one of my favourites.
p. Randall Bert and Andrea each recommended that we should not try to sell the family jewels.
q. The thieves stole everything that looked like it was valuable.
r. He told me to be careful yet he didn't say what I should be careful of.
s. Everyone knows that old Carrington-Holmes is rich but nobody seems to know how he made his fortune.
t. I would like a long detailed report on the situation.
u. His rusty old car the only one he had ever owned was very important to him.
v. I on the other hand was not afraid to ask questions.
w. Pluto my friend's big hairy dog came in and wagged its tail.
x. He picked up the book examined it for a moment and threw it to me.
y. Except for the mice which I never could get rid of the flat was perfect.
z. "That will be all" he said standing to indicate that I should leave.

2. Setzen Sie die nötigen Kommas zwischen die Adjektive:

a. the cold hard wet ground
b. a new sleek-looking red Porsche
c. my long relaxing holiday
d. old faded newspaper clippings
e. a tall strong insurmountable barrier
f. warm juicy delicious food
g. three young attractive blonde girls
h. hard-working good-natured cheerful men
i. a wealthy, respected businessman
j. our dedicated young apprentice

Lösungen

1. a. To be honest, I just want to sit down and rest.
   b. I first visited Frankfurt in 1977, and I first saw Munich on May 11, 1991.
   c. It was the kind of peaceful, warm, wonderful day that one never forgets.
   d. My father, who used to play professional tennis, enjoys sports of all kinds.
   e. I went to Naples and also visited Rome, Milan, Turin, and Venice.
   f. Being allergic to caffeine, I drink milk, not coffee.
   g. The title characters of Dumas' exciting, memorable book ,"The Three Musketeers" were named Athos, Porthos, and Aramis.
   h. Rex's lovely blonde girlfriend is a friendly, intelligent, likable person.
   i. First of all, I would like to welcome our guests and thank them for coming.
   j. I explained that I was talking about Paris, France, not the small American town known as Paris, Texas.
   k. Let me introduce you to my friend Bruce and his lovely wife Audrey.
   l. I hope you will report many results and few excuses.
   m. These problems are all, I think, the result of what Bret Wade, a noted expert on the subject, called, "aftershock syndrome".
   n. No, I don't think I'll be joining you.
   o. Ted mentioned the movie *Casablanca*, which has never been one of my favourites.
   p. Randall, Bert, and Andrea each recommended that we should not try to sell the family jewels.

q. The thieves stole everything that looked like it was valuable.
r. He told me to be careful, yet he didn't say what I should be careful of.
s. Everyone knows that old Carrington-Holmes is rich, but nobody seems to know how he made his fortune.
t. I would like a long, detailed report on the situation.
u. His rusty old car, the only one he had ever owned, was very important to him.
v. I, on the other hand, was not afraid to ask questions.
w. Pluto, my friend's big, hairy dog, came in and wagged its tail.
x. He picked up the book, examined it for a moment, and threw it to me.
y. Except for the mice, which I never could get rid of, the flat was perfect.
z. "That will be all," he said, standing to indicate that I should leave.

2. a. the cold, hard, wet ground
   b. a new, sleek-looking red Porsche
   c. my long, relaxing holiday
   d. old, faded newspaper clippings
   e. a tall, strong, insurmountable barrier
   f. warm, juicy, delicious food
   g. three young, attractive blonde girls
   h. hard-working, good-natured, cheerful men
   i. a wealthy, respected businessman
   j. our dedicated young apprentice

22. Groß- und Kleinschreibung

Grundwissen: Ein großer Unterschied zum Deutschen besteht darin, dass Substantive (→ 1.) im Englischen in der Regel klein geschrieben werden.

Eigennamen werden aber auch im Englischen groß geschrieben. Wenn ein Artikel, eine Präposition oder eine beiordnende Konjunktion zum Namen gehört, wird dieser Bestandteil normalerweise klein geschrieben, wenn er nicht das erste Wort des Namens darstellt. Dies gilt auch für die Übernahme ausländischer Namen (1):

(1)   *Frederick the Great*
      Stratford on Avon
      Bosnia and Herzegovina
      Rio de Janeiro
      Gloria von Thurn und Taxis

Groß geschrieben werden:
Vor- und Nachnamen (2):
(2)   *Peter Mollenhauer*
      Mary Ellen Hayes
      Colin Wellington-Smythe

Anreden an Verwandte (3):
(3)   *Daddy*
      Uncle Albert

Aber (4):
(4)   *Albert is my uncle.*
      My friend and his cousin Cary.

Eine Anrede wird normalerweise nur dann groß geschrieben, wenn sie vor einem Namen steht (5):

(5)   *Professor Hugo Steiner*
      Hugo Steiner, a professor of German
      Sir Alec Guinness
      Yes, Sir Alec.
      Yes, sir!

Städtenamen (6):
(6)   *Manchester*
      St. Petersburg

Einwohner einer bestimmten Stadt (7):
(7) *Londoner*
Parisian
Milanese

Länder (8):
(8) *Germany*
Switzerland
the United States of America

Nationalitätsbezeichnungen (9):
(9) *German*
Swedish
Iranian

Kontinente (10):
(10) *Asia*
Europe

Wassermassen (11):
(11) *the Pacific Ocean*
the Black Sea
Lake Constance
the Thames
Cripple Creek

Berge (12):
(12) *Mount McKinley*
the Matterhorn

Inseln (13):
(13) *Easter Island*
the Isle of Man

Straßennamen (14):
(14) *Avenue of the Americans*
Fleet Street

Denkmäler (15):
(15) *the Statue of Liberty*

Brücken (16):
(16) *London Bridge*
the Golden Gate Bridge

Parks (17):
(17) *Central Park*

Gebäude (18):
(18) *the White House*
the Empire State Building

Schiffe (19):
(19) *the Mayflower*
H.M.S. Pinafore

Flugzeuge (20):
(20) *the Enola Gay*
the Spirit of St. Louis

Satelliten und Raumschiffe (21):
(21) *Voyager VI*
Sputnik

Lehranstalten (22):
(22) *Trinity College*
Riverdale High School

Firmen (23):
(23) *Universal Exports Ltd.*
General Motors

Abteilungen (24):
(24) *Internal Affairs*
Bookkeeping

Vereine (25):
(25) *the Rotary Club*
Manchester United
the New York Giants

Politische Parteien (26):
(26) *the Labour Party*
the Republican Party

Geschichtliche Ereignisse und Ären (27):
(27) *the Franco-Prussian War*
the Renaissance
the Stone Age

Geschichtliche Urkunden oder Verträge (28):
(28) *the Magna Carta*
the Treaty of Versailles
the German Basic Law

Völker (29):
(29) *the French*
Eskimos

Sprachen (30):
(30) *English*
Serbo-Croatian

Religionen (31):
(31) *Catholicism*
Judaism

Gläubige einer Religion (32):
(32) *Catholic*
Muslim
Jew

Religiöse Titel (33):
(33) *God*
the Bible
the Koran
the Almighty
He
His
Him

Aber: *god* wird nicht groß geschrieben, wenn es als Gattungsname benutzt wird (34).

(34) *Bacchus was the god of wine in*
classical mythology.

Wochentage, Monate, Feiertage (35):

(35) *Wednesday*
February
New Year's Eve

Richtungen werden klein geschrieben (36), außer wenn sie als Substantive (37) oder Teile eines Eigennamens (38) erscheinen.

(36) *It's three kilometres south of here.*
    Birds head south for the winter.
    the southern part of Chicago
(37) *He's from the South.*
(38) *South Carolina*
    Chicago's South Side

Jahreszeiten werden klein geschrieben (39), außer wenn sie sich auf Epochen beziehen (40):

(39) *summer*
    spring
    the summer of 1985
(40) *The Summer of Love*
    The Prague Spring

Namen von Himmelskörpern (41):
(41) *Saturn*
    the Milky Way

earth wird nur groß geschrieben, wenn es als astronomischer Begriff benutzt wird (42), sonst klein (43).

(42) *The satellite orbits the Earth.*   *Der Satellit umkreist die Erde.*
(43) *No person on earth could have*   *Kein Mensch hätte das vorher-*
      predicted that.   *sagen können.*

Regel: In einem Titel werden Substantive, Pronomen, Verben, Adjektive und Adverbien groß geschrieben. Artikel, Präpositionen und beiordnende Konjunktionen werden nur dann groß geschrieben, wenn sie das erste oder letzte Wort des Titels bilden. Der zweite Teil eines Ausdrucks mit Bindestrich wird nur dann groß geschrieben, wenn er zur erstgenannten Gruppe gehört (44):

(44) *Where the Red Fern Grows*
    To the Lighthouse
    "Close to You"
    The Catcher in the Rye
    Pride and Prejudice

Regel: Das Pronomen *I* wird stets groß geschrieben.

Immer wird, wie im Deutschen, das erste Wort eines Satzes groß geschrieben. Auch das erste Wort eines Zitats wird groß geschrieben (45), es sei denn, es ist in den Satz integriert (46).

(45) *He walked through the door and said, "There's a snake in your driveway."*

(46) *My friend said the snake was "scary-looking but quite harmless".*

Wenn eine direkte Rede durch einen Zwischensatz unterbrochen wird, wird das erste Wort des zweiten Teils so geschrieben, wie es ohne den Zwischensatz geschrieben werden müsste (47):

(47) *"The worst thing you can do," someone told me, "is scratch where it itches."*
"When this becomes known," Craig muttered, ,"I'll be in big trouble." "Of all the cities I have seen in my long career," said Sir Richard, "Athens is the most spectacular."

Das erste Wort nach einem Doppelpunkt wird klein geschrieben, wenn es nicht zu einem Hauptsatz gehört (48). Andernfalls darf es groß geschrieben werden, muss aber nicht (49):

(48) *We have two choices: eat at a restaurant or have dinner at home.*
(49) *There is one reason to eat there: The food is very cheap.*
I'll say one thing tor the place: the food there is very cheap.

Übungen

1. Entscheiden Sie, welche Wörter aus diesem Text groß, welche klein geschrieben werden müssen:

dear aunt polly,

i have just returned from my holiday in new york. i went there with some of my fellow students from cambridge university. we were joined by professor graham urquhart-oakes and a scottish art expert named angus mactavish, who is also a professor. our tour guide was john coppinger, a native new yorker. we saw staten island, the atlantic ocean and sixth avenue.

at the museum of modern art there was an exhibition on the art of the years after world war II. i loved it but john thought it was "a waste of time". he said, "my favourite paintings are by renaissance artists." please say hello to uncle albert and my cousins for me.

love,

ken

2. Entscheiden Sie, welche Wörter in den folgenden Sätzen groß, welche klein geschrieben werden müssen:

a.
the man from global products ltd introduced himself as carter from quality control.

b.
my uncle and my brother garth went to see the match at wembley stadium.

c.
i offered to help, but father said that "would not be necessary".

d.
yesterday professor linden discussed primitive tribes and the gods they worshipped.

e.
the shop is located near the university.

f.
my uncle told me about his travels to the netherlands and to southern denmark.

g.
"it's cold outside this morning," he said and added, "it was never this cold in cairo."

h.
this summer I read "the sufferings of young werther".

i.
president george w. bush had a meeting with the presidents of five large companies.

j.
last june i hired lee, a chinese engineer who is buddhist.

Lösungen

1. Dear Aunt Polly,

I have just returned from my holiday in New York. I went there with some of my fellow students from Cambridge University. We were joined by Professor Graham Urquhart-Oakes and a Scottish art expert named Angus MacTavish, who is also a professor. Our tour guide was John Coppinger, a native New Yorker. We saw Staten Island, the Atlantic Ocean and Sixth Avenue.
At the Museum of Modern Art there was an exhibition on the art of the years after World War II. I loved it but John thought it was "a waste of time". He said, "My favourite paintings are by Renaissance artists." Please say hello to Uncle Albert and my cousins for me.

Love,

Ken

2. a.
The man from Global Products Ltd introduced himself as Carter from Quality Control.

b.
My uncle and my brother Garth went to see the match at Wembley Stadium.

c.
I offered to help, but Father said that "would not be necessary".

d.
Yesterday Professor Linden discussed primitive tribes and the gods they worshipped.

e.
The shop is located near the university.

f.
My uncle told me about his travels to the Netherlands and to southern Denmark.

g.
"It's cold outside this morning," he said and added, "It was never this cold in Cairo."

h.
This summer I read "The Sufferings of Young Werther".

i.
President George W. Bush had a meeting with the presidents of five large companies.

j.
Last June I hired Lee, a Chinese engineer who is Buddhist.

23. Britisches und amerikanisches Englisch

Amerikanisches Englisch wird in den Vereinigten Staaten und in Kanada gesprochen. Britisches Englisch ist dagegen das Englisch des gesamten Vereinigten Königreichs. Da die USA und Kanada zusammen mehr als viermal so viele Einwohner wie das Vereinigte Königreich zählen, ist amerikanisches Englisch doch eine sehr weit verbreitete »Variante«.

23.1. Der amerikanische Wortschatz

Neben mehreren geringen Unterschieden in der Rechtschreibung und in der Aussprache gibt es viele Fälle, in denen eine Sache im amerikanischen Englisch einfach anders benannt wird. (1):

(1)

	britisches Englisch	amerikanisches Englisch
Benzin	petrol	gasoline
Lastwagen	lorry	truck
Fahrstuhl	lift	elevator
Kofferraum	boot	trunk
Reißzwecke	drawing-pin	thumbtack
Mülleimer	dust-bin	garbage can
Pommes frites	chips	French fries
Taschenlampe	torch	flashlight
Unterhemd	vest	undershirt
Schäferhund	Alsatian	German shepherd

In zahlreichen Einzelfällen hat ein- und dasselbe Wort unterschiedliche Bedeutungen im britischen und amerikanischen Englisch (2):

(2)

	britisches Englisch	amerikanisches Englisch
cot	Kinderbett	Feldbett
biscuit	Keks	Brötchen
public school	höhere Privatschule mit Internat	staatliche Schule
MP	Parlamentsmitglied (Member of Parliament)	Militärpolizei (military police)
subway	Unterführung	U-Bahn

23.2. Amerikanische Rechtschreibung

Viele Abweichungen in der Rechtschreibung zwischen britischem und amerikanischem Englisch sind nicht regelmäßig (1):

(1)

britisches Englisch	amerikanisches Englisch	
kerb	*curb*	*Bordkante*
manoeuvre	*maneuver*	*Manöver*
tyre	*tire*	*Reifen*

Doch es gibt einige Regeln.

Hinweis: Die folgenden Regeln gelten meistens nicht umgekehrt: Obwohl z. B. die Endung -*our* im britischen Englisch zu -*or* im amerikanischen Englisch wird, kann man nicht davon ausgehen, dass ein Wort im amerikanischen Englisch, das auf -*or* endet, im britischen Englisch mit -*our* geschrieben wird.

Regel: Bei vielen Wörtern, deren *ae* oder *oe* mit dem Laut [i:] ausgesprochen wird, entfällt im amerikanischen Englisch das *a* bzw. das *o* (2):

(2)

britisches Englisch	amerikanisches Englisch	
diarrhoea	diarrhea	Durchfall
encyclopaedia	encyclopedia	Enzyklopädie
mediaeval	medieval	mittelalterlich

In nicht-betonten Silben mit einem ursprünglich doppelten *l* steht im amerikanischen Englisch nur ein *l* (3):

(3)

britisches Englisch	amerikanisches Englisch
travelled,	traveled,
travelling	traveling
dialled,	dialed,
dialling	dialing
woollen	woolen
marvellous	marvelous

Bei betonten Silben mit ursprünglich einem *l* setzt das amerikanische Englisch ein doppeltes *l* (4):

(4)
britisches Englisch	amerikanisches Englisch
distil	*distill*
fulfil	*fulfill*
instalment	*installment*
skilful	*skillful*
wilful	*willful*

Regel: Wörter, die im britischen Englisch auf *-our* lauten, werden im amerikanischen Englisch mit *-or* geschrieben, wenn dieser Laut (wie das *e* in *Wissen*) ausgesprochen wird (5):

(5)
britisches Englisch	amerikanisches Englisch	
colour	color	Farbe
favourite	favorite	Lieblings...
labour	labor	Arbeit
candour	candor	Offenheit

Regel: Die Endung *-re* wird im amerikanischen Englisch zu *-er,* wenn vor dem *-re* ein Konsonant steht (6):

(6)
britisches Englisch	amerikanisches Englisch	
centre	center	Zentrum
sombre	somber	melancholisch
fibre	fiber	Faser

Sonderfälle (7):

(7) *ogre*

Wörter, die auf *-cre* enden (*mediocre, acre*)

Regel: Einige Verben kann man im britischen Englisch mit den Endungen *-ise* oder *-ize* schreiben. Diese werden im amerikanischen Englisch nur mit *-ize* geschrieben (8):

(8)	britisches Englisch	amerikanisches Englisch
	realise, realize	*realize*
	apologise, apologize	*apologize*
	recognise, recognize	*recognize*

Andere Verben jedoch werden sowohl im britischen als auch im amerikanischen Englisch nur mit *-ise* (9) bzw. nur mit *-ize* (10) geschrieben:

(9) *surprise*
advertise
advise
(10) *size*

Von einigen Wörtern ist sowohl ihre amerikanische als auch ihre britische Variante im amerikanischen Englisch gebräuchlich (11):

(11)	britisches Englisch	amerikanisches Englisch	
	moustache	*moustache oder mustache*	*Schnurrbart*
	theatre	*theater oder theatre*	*Theater*
	axe	*axe oder ax*	*Axt*

23.3. Aussprache

Bei Wörter mit dem ursprünglichen Laut [aː] wie after, ask, can't, laugh wird dieses [aː] zu [æ].

Wenn *ar, er, ir, or, ur* am Wortende stehen oder ihnen auslautendes *e* bzw. ein auslautender Konsonant folgt, wird im amerikanischen Englisch das *r* ausgesprochen, während es im britischen Englisch stumm bleibt (1):

(1)

	britische Aussprache	amerikanische Aussprache
are	[aː]	[aːr]
bar	[baː]	[baːr]
her	[hɜː]	[hər]
girl	[gɜːl]	[gərl]
advisor	[əd'vaɪzə]	[əd'vaɪzər]
church	[tʃɜːtʃ]	[tʃərtʃ]

Bei einigen Wörtern mit drei oder mehr Silben, die auf *-ary, -ery, -ory*
enden, erhält diese Endung eine Nebenbetonung, und der Vokal *a* bzw.
e oder *o* wird nicht abgeschwächt (2):

(2)

	britische Aussprache	amerikanische Aussprache
secretary	['sekrətrɪ]	['sekrəterɪ]
cemetery	['semətrɪ]	['seməterɪ]
allegory	['æləgərɪ]	['æləgɔːrɪ]

Regel: Das [ɒ] in Wörtern wie *dog, rock, office* wird zu [aː].

Sonderfall: Wenn das *o* vor *ra, re, ri, ro, ru* steht, bleibt [ɒ] erhalten (3):

(3) *coral*
     more
     boring
     robot
     decorum

Der ursprüngliche Laut [əʊ] wird im amerikanischen Englisch grundsätzlich zu [oʊ] einem Laut, den es im britischen Englisch nicht gibt.
Zum Aussprechen dieses Lauts gleitet man von einem deutschen *o* wie
bei Moral zu dem Laut [ʊ] (4).

(4)

	britische Aussprache	amerikanische Aussprache
phone	[fəʊn]	[foʊn]
go	[gəʊ]	[goʊ]
road	[rəʊd]	[roʊd]

Ein anlautendes *t* oder *tt* in der auf eine betonte Silbe folgenden Silbe (wie bei *water, meter, jitterbug, chaotic, rebuttal*) wird zum Laut [d] abgeschwächt.

Mehrere Wörter, die im britischen Englisch mit [juː] ausgesprochen werden (z. B. *due, new*), werden im Amerikanischen mit dem Laut [uː] ausgesprochen.

Diese Regel gilt nicht für alle Wörter dieser Art, u. a. nicht für *cube, fuel, few, music, humorous, view*.

Regel: Im amerikanischen Englisch benutzt man nur das dunkle [l] (→ 19.1.).

Bei einigen Wörtern mit [ʌ] wie *courage, hurry, worry* wird im amerikanischen Englisch [ʌ] zu [ə].

Bei Wörtern, die den Plural mit *-es* formen (*beaches, glasses, pieces, breezes*) oder bei Verben, die die dritte Person Plural mit *-es* bilden (*mixes, kisses*), wird dieses *-es* im Amerikanischen [əz] statt [ɪz] ausgesprochen.

Es gibt mehrere Einzelfälle, bei denen die Aussprache eines Wortes im amerikanischen Englisch vom britischen Englisch abweicht (5):

(5)

	britisches Englisch	amerikanisches Englisch
patent	[ˈpeɪtnt]	[ˈpætnt]
lieutenant	[lefˈtenənt]	[luːtenənt]
schedule	[ˈʃedjuːl]	[ˈskedʒuːl]
banana	[bəˈnaːnə]	[bəˈnænə]

Hinweis: Der Buchstabe Z heißt im Amerikanischen [ziː] statt [zed].

23.4. Verben

In Fällen, in denen das einfache Perfekt in Zusammenhang mit *just* oder *recently* benutzt wird, wird im amerikanischen Englisch das einfache Präteritum gebraucht (1):

(1)

britisches Englisch	amerikanisches Englisch	
I have just eaten dinner.	*I just ate dinner.*	*Ich habe gerade zu Abend gegessen.*
I have recently gone to Madrid.	*I recently went to Madrid.*	*Neulich ging ich nach Madrid.*

Im amerikanischen Englisch benutzt man eher *have* statt *have got* (2).

(2)

britisches Englisch	amerikanisches Englisch
He has got every reason to be upset.	*He has every reason to be upset.*
Have you got a cigarette?	*Do you have a cigarette?*

Das Partizip der Vergangenheit von *to get* lautet im amerikanischen Englisch *gotten* statt *got* (3):

(3)   *He has got old.*   *He has gotten old.*

Wunschsätze (→ 16. Bsp. 1–5) werden im amerikanischen Englisch ohne *should* bzw. *might* ausgedrückt (4):

(4)

britisches Englisch	amerikanisches Englisch
I suggested to the driver that he might take a different route.	*I suggested to the driver that he take a different route.*
It is important that you should not forget about it.	*It is important that you not forget about it.*
She insisted that I should accompany her.	*She insisted that I accompany her.*

23.5. Artikel

Im amerikanischen Englisch fallen die bestimmten Artikel bei *university, hospital* und *future* nicht weg (1):

(1)	britisches Englisch	amerikanisches Englisch	
	He's in hospital.	*He's in the hospital.*	*Er ist im Kranken-haus.*
	I will do it different-ly in future.	*I will do it differently in the future.*	*In der Zukunft wer-de ich es anders machen.*

23.6. Pronomen

Statt beim Telefonieren z. B. *Is that Clive?* zu fragen, fragt man im amerikanischen Englisch *Is this Clive?*

23.7. Zeichensetzung

Im amerikanischen Englisch werden Punkte öfter hinter Abkürzungen gebraucht als im britischen Englisch (1):

(1)	britisches Englisch	amerikanisches Englisch
	Michael C Robbins	*Michael C. Robbins*
	T S Eliot	*T.S. Eliot*
	Mr Austin	*Mr. Austin*
	Universal Exports Ltd	*Universal Exports Ltd.*

Im amerikanischen Englisch wird ein Doppelpunkt verwendet, um die Zeit auszudrücken (2):

(2) *It started at 11:30 a.m. and ended at 2:00 p.m.*

23.8. Datum

Die Kurzform eines Datums wird im amerikanischen Englisch mit Schrägstrichen geschrieben (1):

(1) *7/8/67*

Dabei steht im Amerikanischen der Monat vor dem Tag. D. h., in diesem Beispiel ist der 8. Juli bezeichnet. Dagegen benennt die Kurzform *7.8.67* im britischen Englisch den 7. August.

Der 22. Oktober 2004 heißt im britischen *Englisch October the 22nd, 2004,* im amerikanischen Englisch *October 22, 2004.*

23.9. Uhrzeit

Statt *zehn Minuten vor acht Uhr* mit *ten to eight* auszudrücken, sagt man im amerikanischen Englisch *ten till eight* oder *ten of eight.*

23.10. Zahlwörter

Zur Ziffer *Null* sagt man im Amerikanischen immer *zero* statt *nought.*

Im britischen Englisch bezeichnet *one billion* eine Billion; im amerikanischen Englisch entspricht *one billion* einer Milliarde. Auch die über einer Billion liegenden Zahlen heißen im amerikanischen Englisch anders (1):

(1)

Zahl	britisches Englisch	amerikanisches Englisch	Deutsch
1 000000	*one million*	*one million*	*eine Million*
1 000000000	*one thousand million*	*one billion*	*eine Milliarde*
100000000000	*one hundred thousand million*	*one hundred billion*	*einhundert Milliarden*
1 000000000000	*one billion*	*one trillion*	*eine Billion*